Rethinking
Reconstructing
Reproducing

*

"精神译丛"
在汉语的国土
展望世界
致力于
当代精神生活的
反思、重建与再生产

*

Hegel ou Spinoza

Pierre Macherey

精神译丛·徐晔 陈越 主编

[法] 皮埃尔·马舍雷 著 赵文 曹振威 林佳信 译

黑格尔或斯宾诺莎

西北大学出版社
·西安·

皮埃尔·马舍雷

目 录

第二版序言 / 1

替 代 / 1

一、斯宾诺莎的读者黑格尔 / 11
  实体立场 / 13
  开端哲学 / 22
  体系重释 / 30

二、几何学方式 / 43
  黑格尔与方法 / 45
  斯宾诺莎体系对方法的重估 / 59
  由原因去掌握知识 / 73
  充分观念和不充分观念 / 82

三、属性难题 / 105
  属性概念的含混性 / 107
  属性的现实性 / 118
  属性的多样性 / 130
  实体在其诸属性中构成 / 137
  "事物"的顺序与联系 / 143
  黑格尔对属性的曲解 / 148

四、所有决定都是否定 / 155
  斯宾诺莎的否定论 / 158

一种无力的辩证法 / 170

有限与无限 / 178

决　定 / 200

无限样式 / 206

没有对立，只有差异 / 228

个别本质 / 239

作用力和努力 / 261

目的论 / 287

译后记 / 303

第二版序言①

对斯宾诺莎和黑格尔这两位具有历史意义的哲学家之间的关系进行研究,无疑要突破在学术上和在内容上形式化的外部比较的局限,无疑要深入到普遍的哲学方法的基本难题的比较当中。

"斯宾诺莎""黑格尔":这两个名词首先向我们标明了分别具有各自内在价值的两个思想体系,这两个思想体系分别和它们作者个人的存在相联系,他们直接使这两个思想体系得以命名,也就是说他们的名字既标明了这两种思想体系,也是这两种思想体系的徽号。不过,如果我们严肃地对待哲学思想活动,我们就必须承认哲学思想在这种同一化过程中具有相对独立性,就必须承认同一化过程固然可使哲学思想获得个别性,但实际上却打散了哲学思想,仅强调哲学思想的思辨性"要点",使这些"要点"构成为反映在作者名下体系的经验现实性之中的某种特殊立场,从而使哲学思想被笼统地说成是某某学说。然而,个人话语毕竟是弥散在思辨活动之中的,要把思辨活动和个人话语截然分开就会

---

① 本书第一版于1979年由马斯佩罗出版社(Maspero)出版,收入路易·阿尔都塞所编的"理论"丛书(«Théorie»)。

有这样一种风险,即僵化地把握原本活生生的思想行动,只对它们作抽象和永恒性的评估,这种评估终究是缺乏内容的。也正是由于这一原因,学说的生成是绝不可能脱离开这种活生生的活动的。哲学反思的工作与哲学家所形成的立场息息相关,这些立场在一定程度上为哲学的发展、表达和阐释创造了条件。在斯宾诺莎那里有哲学真理,正与在黑格尔那里有哲学真理相同,换言之,哲学真理并不全在他们二人的任何一边,而是在他们之间,在一方向另一方的过渡之中。让我们换一个说法吧:哲学是一种处在运动中的、发生着的事物,在其运动和发生的地方,思想与思想之间交织关联,但思想之间的这种交织并不取决于它们的作者在其著述之中表现出的历史首创性,人们在把握这里的思想交织过程时,势必减少对这种思想交织的体系性目标的兴趣,因为这种把握将会有力地把人们带入一个集体性规划本身的匿名运动之中,此一集体性规划不是将哲学给予这些或那些个体的哲学家,而是将哲学给予哲学家全体。

当被识别为属于斯宾诺莎和属于黑格尔的斯宾诺莎思想与黑格尔思想相互作用的时候,也就是说当它们互相施加作用并且互相反对的时候,必定会出现某种东西,这种东西并不出现在两种思想的任何一方之中,而是出现在使两者分开的间隙之中,这种东西构成了两者的共同的真理。然而就这两位哲学家的具体情况而言,如果说他们对峙总会产生特别的效果的话,这是因为两种观念之间的关系并非理智上毫不搭界的中性关系。相反,两种思想之间是相互较量的关系,它使两种思想体系在互相向对方言说的同时,也从它们的内部打开了两种思想体系本身,并且使这两个思想体系都被置于对方的挑战之中,正是这种相互挑战使两种思想体系不得不各自面对其自身的内在局限。因此我们不可能回避这样一个双重要求：在黑格尔之中阅读斯宾诺莎，并在斯宾诺莎之中阅读黑格尔，这两种阅读就像两面相向而立的镜子那样，相互反射着影像。

"黑格尔或斯宾诺莎"，这里用来描述这种对峙的此一提法是有语义含混性的，就算我们消除不了这种语义含混性，至少也必须对之加以强调，从而更好地描述其特征。在法语中，"或"这个连词混合了在其他语言中被区分开来的两个比较性的评价形式；拉丁语中的连词"vel"和"aut"无差别地都被翻译为法语的"ou"。拉丁语"aut"连接的是两个截然相反的事物，"aut…aut"这一拉丁语句式表达的是对立和排除关系：要么是这个事物，要么是那个事物，这两个事物不能同时兼容。如果"黑格尔或斯宾诺莎"表达的是"aut 黑格尔 aut 斯宾诺莎"的意思，也就是说表达的是"要么是黑格尔，要么是斯宾诺莎"的意思，这一提法就必定使我们认为他们的思想是两种不可调和的思想形式，使我们面临不可能无限期悬搁的二者择一的局面。而为了强调这种抉择的不可避免性，我们从一开始就把优先性赋予了这样一种选择，即把两个名字的时间顺序颠倒过来，不再把斯宾诺莎置于黑格尔之前，而是放在黑格尔之后：因为这样才能对构成黑格尔体系核心的进化逻辑作出含蓄的否定，根据进化逻辑，后起的事物必定吸收和包含先起的事物，先起的事物无非是后起的事物的预兆或准备；通过这种颠倒，我们因而也将要求对斯宾诺莎作黑格尔式阅读的立场加以反转，使之从属于另一种立场，这一立场要求对思辨的力量似乎更占据上风的黑格尔作斯宾诺莎式的阅读——这当然是一种假说性的阅读。"要么……要么"的这种游戏并非是以两种系统在它们的关系基础上所作的相互限界,不是将斯宾诺莎置于黑格尔的反面,而是使斯宾诺莎成为黑格尔的平行并列项,这将有助于解决——或多或少是武断地解决——由二者对峙所引发的危机,也就是说,我们将选择站在斯宾诺莎一方来寻找这种解决的条件,尽管这一选择的必然性仍有待于确定和证明。

但我们别忘了,"黑格尔或斯宾诺莎"还可以在相反的意义上被翻译为"黑格尔 vel 斯宾诺莎"和"黑格尔 sive 斯宾诺莎"。这里的"或"表明的是同一性和相等性。我们在"神或自然(Deus sive natura)"这一著名提法中找到了"或"的这种用法,这个提法常常被认为是斯宾诺莎提出的,但事实上斯宾诺莎从未以这一形式写出过这句话。"神或自然"的意思是神就是自然,自然即神,二者毫无差别,完全是同一个事物。"黑格尔"和"斯宾诺莎"难道不是同一个事物的两个名称吗？而他们无差别地指称的那个事物是什么呢？我们应该始终保留对这个问题的追问,而不是试图最终彻底解决它。正是这个问题支撑并贯穿着我们将读到的这项研究本身。本着这种追问的精神,斯宾诺莎和黑格尔之间的相互对立虽然显而易见(也就是说"或"的"非此即彼"的那方面意义显而易见),我们也还是必须把他们放置在一起,就仿佛同一个话语之中有着来自他们每个人的元素和部分那样,他们各自的立场在这个话语之中难解难分,因为这些立场的意义只有在它们的互相作用之中才能得到说明——这就是我们指出过的"或"的同一性方面。

如果这两种思想形式没有共同的真理,它们之间的争辩就既无必要也无意义了,而这真理的过程并不属于这两种思想形式的任何一方,而是发生在它们的路径的交叉点上。这种产生自冲突和对抗的被悬置的真理因而不再具有确定的论据的价值,相反具有批判和检验的价值,它的目标是哲学本身,是在差异和争论的难题性要素中、在它的整个历史中使其自身得以展开的哲学本身。

皮埃尔·马舍雷

1990年6月

替 代

1816年7月30日,海德堡大学监校校长写信给时任纽伦堡高级中学校长的黑格尔,请他就任终身教席,并对他的这个邀请作了如下解释:"海德堡大学,自从创办以来将首次拥有一位哲学家——正如您无疑知道的那样,斯宾诺莎也曾接到过海德堡大学的邀请,但未能成行。"事实上,我们都知道斯宾诺莎1673年3月30日那封"致尊贵的海德堡大学教授、帕拉庭选帝侯参赞、路易士·法布里奇乌斯博士"的信,在这封信中,斯宾诺莎拒绝了请他担任教职的邀请,理由之一是害怕致力于对青年人的教育将会使他不得不中断个人的哲学工作;但最重要的理由还是他怕从事哲学工作的自由会由于尊重既有法律和宗教规约的需要而受到限制。斯宾诺莎的回绝动机明确,他在信中是这样予以说明的:"我之所以回绝,并非因为还向往更佳的运气,而是因为一种对宁静的爱——我相信,在某种程度上唯有放弃公共教职我才能保持这种对宁静的爱。"黑格尔不仅熟知这则轶事,在《哲学史讲演录》(*Leçons sur l'histoire de la philosophie*)中还讲述了这则轶事:"斯宾诺莎(在他那些已经刊印出来的信里)怀着理由充分的顾虑谢绝了这项邀请,因为他不知道应当把那种哲学自由限制到多大的程度之内,才不至于被认为触犯大家所信奉的宗教。"

2 黑格尔或斯宾诺莎

1816年8月6日，黑格尔热切地向监校校长复信说，"出于对大学研究的热爱"，尽管他有机会去柏林大学任教，只要能提高待遇、提供免费住宿并报销旅费，他愿意接受海德堡大学的这个教职……不久之后，1816年8月20日，这些物质问题就得到了令黑格尔满意的解决，他遂接受了校方的任命，以表达他本人的感谢之情。"既要感谢您对我的事业的垂注，也要感谢您与我对德国以及德国大学中的哲学状况所见略同。"黑格尔还说："您对我以前的工作所抱有的善意，以及您对我在大学里的活动所寄予的希望，都令我感到高兴。事实上，我们在任何别的科学中都不会像在哲学中这么孤独，我强烈地感到一种对更生气活泼的活动圈子的渴望。我可以说这是我一生中最大的心愿。我还感到，到目前为止，相应行动的缺乏对我的工作是多么的不利啊！"黑格尔在海德堡大学待了一年，在那里一边撰写一边讲授了他的《哲学全书》。但他最终还是在1817年接受了他觊觎已久的柏林大学教职。

在这些轶事的背后已经浮现出了某种意义。关于这段历史，黑格尔主义者首先记住的是黑格尔占据了斯宾诺莎留下的空缺，黑格尔以这种"接手"的方式完成了另一个人不能或不愿完成的任务。谁都无法跳过属于他自己的时间：在斯宾诺莎的那个时代，真正的哲学公开展示它自身的时机还未到来。而在另一些人看来，也就是说在可以被我们称为斯宾诺莎主义者的那些人看来，这些轶事的意义恰恰相反表明了某种差异、某种不可弥合的差别：它就算不是两种哲学体系之间的差异或差别，至少也是两种哲学观点之间，甚至是两种哲学实践之间的差异或差别。

黑格尔体系的建立和发展的过程是和它的作者本人的发展同步的，在这个过程中，这位作者经历了学术生涯的各个阶段（从担任家庭教师,中间经历几个阶段最后进入柏林大学),这个体系的发展反映着它的作者的发展,反之亦然,二者相互为对方赋予真理,这种真理具有等级组织结构,也正是因此,这种真理这样才能在公共教学制度体系中被讲授——难道不是这样吗?雅克·德里达(Jacques Derrida)很好地指出过这一点:"黑格尔并不把学校视为体系的后果或影子,甚至不把学校视为 pars totalis[①]:体系本身就是一个巨大的学校,就是绝对精神进入到绝对知识的一部自我百科全书。一所没有人能够走出的学校,也是一种强制性的机制:既然必然性不再存在于它的外部,对它的服从也就成了一种义务。"[②]

与此恰成对照的是,斯宾诺莎学说虽然也成功地让政治考量在哲学思辨中获得了真正的地位(政治考量不仅见于《政治论》,而且还是《伦理学》中的一个关键),但对那样一种官方化是完全拒斥的。斯宾诺莎学说呈现的是一个孤独者、一个被拒斥者、一个叛逆者的观点,是只通过口耳相传在小圈子中传播的观点。学校体制使一切都服从于想象的观点,因而是一种对智力的物质性压制机制,如果接受这一机制中的位置,在课堂上被讲授的话,斯宾诺莎学说必定会陷入自相矛盾的危险。这种哲学既消灭恐惧,也不知顺从为何物,因而它也是不能被公开传授的。黑格尔哲学自上而下地传授给学生,而斯宾诺莎哲学则是平等地在他的追随者中间传播。这是一个必须被认真对待的不同点。

[①] 拉丁语:整体中的部分。——译注
[②] 雅克·德里达:《谁害怕哲学?》("Qui a peur de la philosophie?"),载格莱夫(Greph)编文集《黑格尔的时代》(*L'âge de Hegel*, Paris, Flammarion, 1977),第106页。

但话说回来，斯宾诺莎和黑格尔之间有着明显的亲和性，正是因此，人们才经常谈论斯宾诺莎和黑格尔之间的关系。我们在今天阅读斯宾诺莎时不可能不想到黑格尔，这是因为斯宾诺莎和我们之间横亘着黑格尔，他已经成了斯宾诺莎和我们之间的中间人和中介人。黑格尔从来没有停止过对斯宾诺莎的思考，更确切地说他是这样来思考斯宾诺莎的：出于要将斯宾诺莎当作被他的体系所支配的一个元素来加以消化吸收的目的，而不断地对斯宾诺莎进行着思考。但是黑格尔要不断反复面对斯宾诺莎哲学带给他的难题这一事实也表明，他在斯宾诺莎哲学中发现了一些他难以消化的东西，发现了一种他不得不一次又一次遭遇的阻力。斯宾诺莎好像占据了一个与黑格尔的话语相对反的极限位置，每当黑格尔的话语想要包含斯宾诺莎的时候都会遭到拒绝。

正是由于这一原因，将斯宾诺莎哲学和黑格尔哲学进行比较的工作总是令人十分失望。实际上我们必须搞清楚这种比较是何种意义上的比较：我们只能在体系之间建立一种对应关系，这些体系无非是在形式层面基于内部一致性原则而得到组织的话语，就此而言，我们才能在它们之间建立某种对应关系，从而把它们之间的关系阐释为"亲子关系"或排除了任何相互包含的可能性的差异关系。果鲁特（Martial Gueroult）①先生在其斯宾诺莎研

---

① 马夏尔·果鲁特（1891—1976），20世纪斯宾诺莎研究的重要学者之一。他在20世纪上半叶对斯宾诺莎的哲学体系进行了深入研究和分析，所著《斯宾诺莎：论神》（*Spinoza I Dieu*，1968，Editions Aubier-Montaigne）和《斯宾诺莎：论心灵》（*Spinoza II L'Âme*，1974，Editions Aubier-Montaigne）被认为是20世纪基于斯宾诺莎文本细读的研究的重要里程碑。——译注

究的不朽巨著的附录中,在分析了黑格尔对斯宾诺莎的阐释之后,断定这种阐释是基于"编造"的一种"无知":采纳了黑格尔的解释的人"不过是把来自别处的概念世界投射进了斯宾诺莎的义理之中,但那个概念世界是和斯宾诺莎的义理毫无关系的"①。正如我们对黑格尔关于斯宾诺莎所写的那些文本作细致的研读将会表明的那样,我们至少在如下一点上不得不相信果鲁特的这一判断:在这两种哲学之间寻找所谓的同质性、相似性或进化关系,即使不是绝对注定要失败的,也会导致毫无意义的结果。对这类关系的寻找无非是将这两种学说化简为不能真正代表它们任何一方的某种共同的模型。

我们必须要反对进行过于直白的类比的倾向,也一定要摆脱在斯宾诺莎和黑格尔之间寻找普遍而笼统的相似性的诱惑,仿佛在这种相似性之下这两种观念的同一性和趋同性就会显现出来似的。两种哲学反思形式固然完全相异,不相兼容,但将它们视作各自独立的系统的做法却也是完全荒谬的。实际上,黑格尔和斯宾诺莎无疑曾经相遇,尽管他们的相遇(对黑格尔这方而言)是一场非同寻常的误会。斯宾诺莎和黑格尔两人走的是不同的道路,他们既没有同途而行,也没有先后走着同一条道路,但即便如此,他们两人所循的路径还是有交叉的,他们时而越走越近,时而又背道而驰。如果我们不再对这两种体系作那种注定失败或太容易成功的比较,而是从着眼于两人的这种相遇的立场出发,在这两种哲学之间寻找独特的交汇点,或许就是一件有意义的事情。因为,这些交汇点将会对每个黑格尔的斯宾诺莎主义读者和

---

① 马夏尔·果鲁特:《斯宾诺莎:论神》,第468页。

每个斯宾诺莎的黑格尔主义读者都体验过的那种陌生感和熟悉感给出解释。

路易·阿尔都塞（Louis Althusser）在《自我批评材料》（*Eléments d'autocritique*）中曾谈到过"斯宾诺莎对黑格尔的预支重复"。在这里我们就来列举支持这一提法的若干要点。这种预支性的重复体现为完全拒绝关于认识的相对主义观点；体现为对理性中存在着绝对的东西的确信——理性中的这种绝对的东西是接近于现实性本身的；体现为揭示出所有有限性表现的形式性特征，有限性表现无非都是抽象；体现为对"坏无限"的批判；体现为这样一种观念，即认识是一个现实过程，认识过程本身就承载着它的客观性条件。尽管斯宾诺莎和黑格尔是以不同的甚至是导向截然相反的结论的概念元素来进行思考的，但在以上所有这些问题上，两人都有着某种使他们与其他人区别开来的共同之处。这种相近性是需要得到说明的。

我们将根据黑格尔本人对斯宾诺莎的阅读来处理这个问题。他的那种阅读具有启发性，这不是因为其阅读揭示了最终由黑格尔所发现的斯宾诺莎学说的真理，而是因为那是一种基于巨大的误解之上的阅读：黑格尔在他的阅读中似乎为自己创造了一种解释斯宾诺莎学说的方法，从而使他能够在斯宾诺莎学说同他自己的体系发生关联时做到完全无视斯宾诺莎学说的基本义理。这种解释就像是他在面对某种令其黑格尔主义哲学发生动摇的推理时所作的抗辩。于是就有了这样一种矛盾的效果：正是由于黑格尔对斯宾诺莎的拒斥有着某种症状价值，当黑格尔如此远离斯宾诺莎的时候，他才如此接近斯宾诺莎，这个症状透露出某种抵抗，抵抗所针对的即使不是黑格尔与斯宾诺莎所共有的方案，也是他们所共有的某个对象的无法绕开的存在,黑格尔对它的抵抗和拒斥既使两位哲学家不相混同,又使他们紧密地联系在一起。

我们一旦考虑到这种冲突关系,就会同形式主义的哲学史观相决裂,这种哲学史观只可能将哲学史的历史性全部消除,将哲学史切割为互不相通且任意武断的单元,人们充其量只能对这些驳杂的单元进行描述性评述:这种评述庞杂繁复、巨细靡遗,因为它从一开始就将它自身局限在体系的内部一致性范围之内,而绝不会对那些单元的历史地位作任何追问。这种庞杂繁复的评注把哲学学说艺术作品化,因而充其量只具有美学意义。要反对这种做法,我们就必须尝试着在各种哲学之间建立某种统一性的和联系的形式。如果说用虚构的共同真理对不同的哲学作简单粗暴的同一化处理只能造成混淆的话,我们如何在避免落入这种混淆的同时去在各种哲学之间建立那种统一性的和联系的形式就是问题的全部。

我们必须要让某种本质的东西发生,才能使我们将斯宾诺莎和黑格尔合理地联系在一起。我们要做的并不是把它们当作两种在内核上相同的思想,打开书本,把它们对着阅读,直接辨认它们在直接共有的话语统一性当中体现出的某种同一性,相反,我们要做的是构拟它们双方在共同作用于一个基础时产生的张力:至少是让它们去探索同一个难题,让它们以不同的,甚至是冲突的方式各自得出这个难题的解决方案。

简单说来,这个难题就是辩证法难题。但在斯宾诺莎那里去寻找辩证法的雏形或相关许诺确乎是缘木求鱼,他的著作当中显然并没有任何关于辩证法的论述。但这并不妨碍我们从斯宾诺莎出发对辩证法作出新的思考,也就是说,我们毕竟能够把黑格尔从他自己的体系中排除出去的问题(因为这些难题让他十分难堪)向斯宾诺莎提出来。黑格尔主义话语无疑会在斯宾诺莎学说之镜中现出它的边界,甚至是暴露出它的矛盾。黑格尔之中的斯宾诺莎:这并不是说,我们必须像黑格尔本人所做的那样,把《伦理学》当作《逻辑学》的一个未完成的开端来进行阅读,而是说,我们必须找出这两种哲学之间的冲突斗争的统一性,只有这种冲突斗争的统一性才能说明它们之间虽不相知却又相互承认(正是这一点使它们在对立中形成了联系)这一令人吃惊的现象。黑格尔或斯宾诺莎:一分为二,合二而一。

我们说"黑格尔或斯宾诺莎",而不说"斯宾诺莎或黑格尔"。这是因为斯宾诺莎学说才是黑格尔主义哲学的真正替代。正是由于这一原因,我们将要进行的探讨将会围绕不止一个关键展开:我们的探讨不仅要揭示黑格尔体系的局限,不仅要表明黑格尔体系的普遍性是一种历史性的普遍性,而且还要努力使我们摆脱作为黑格尔主义遗产之一的哲学史进化观。黑格尔从这种进化观出发把自己的学说视为斯宾诺莎理论的唯一可能的替代,因为在他看来,在精神越来越接近它自身的进化运动中,先行者必然会让位于后来者。但我们在这里想要做的恰恰是去推翻哲学史统一性和渐进发展的这种解释,这种解释显然是一种辩证法的解释。

在黑格尔眼中,斯宾诺莎的思想还不够辩证。但斯宾诺莎思想会不会是非常辩证的呢,或至少是在黑格尔所不能接受的另外一种意义上而言非常辩证的呢?黑格尔正是为了解决他自己思想发展中的不可克服的障碍,才一边以斯宾诺莎为中介,一边又对斯宾诺莎的那种辩证法作出了否定,就让我们在这里直接挑明说吧,斯宾诺莎的辩证法是一种非目的论的辩证法。我们不能说斯宾诺莎话语中的辩证法是还未发展为黑格尔式的辩证法,只能说它再也不是黑格尔式的辩证法。关于哲学史的进化论式的描述在这里开始遭遇失败——因为斯宾诺莎驳倒了黑格尔,客观地驳倒了他。

本书是在修改和扩充我于1977年在由莱顿大学和亚眠大学组织举办的斯宾诺莎研讨会上发表的论文基础上形成的,本书第三章中的一节曾刊于该研讨会的会议论文集中。此外我还必须在课堂讲授的过程中对这同一些问题进行反复研究。我要感谢那些有耐心倾听我的学生,他们的反馈、建议和贡献让我受益良多;我读到了多篇关于斯宾诺莎的硕士论文,特别是布鲁诺·于斯曼(Bruno Huisman)那篇硕士论文(《在斯宾诺莎前面的黑格尔》[Hegel devant Spinoza]),该文收入了《哲学史讲演录》有关斯宾诺莎那一章的法译(作者与A.拉克洛瓦[A. Lacroix]合作翻译),而我也曾经斗胆尝试着翻译过这个文本。

关于黑格尔其他文本,我参考的现有法语译本大致如下:

——《逻辑学》(La Science de la Logique)
拉巴里埃尔(Labarrière)和雅尔奇克(Jarczyk)译本(Aubier出版社 1972—1976年版),卷一和卷二
扬克列维奇(Jankelevitch)第二版译本(Aubier出版社 1947年版),卷一、卷二和卷三
多兹(Doz)译本(PUF出版社)第一部中关于"尺度"的章节

——《哲学全书》(l'Encyclopédie des sciences philosophiques)
布尔乔亚(Bourgeois)所译三个版本(Vrin出版社 1970年版)的第一部分
冈迪亚克(Gandillac)所译第三版(Gallimard出版社 1970年版)全文

一

斯宾诺莎的读者黑格尔

Hegel lecteur de Spinoza

实体立场

在黑格尔那里,一切都是由这样一种认识开始的:斯宾诺莎的哲学中有一种非同寻常且绕不过去的东西。"斯宾诺莎是现代哲学的关键点:要么是斯宾诺莎主义,要么根本不是哲学(du hast entweder den Spinozismus oder keine Philosophie)。"①我们必须经由斯宾诺莎,因为只有在他的哲学当中思维与绝对之物之间才建立起本质性的关系,全部现实性唯有从这一立场出发才能得到揭示,对这种立场来说,没有任何东西超出理性之外,理性可以理知一切。唯其如此,哲学——一切哲学——才成为可能。

因此,斯宾诺莎对黑格尔来说占据了一个先驱者的地位:某种事物自斯宾诺莎始。但他也仅仅只是一个先驱者:自他而始的那种东西由于某种停滞的思想方式有始而无终,正是那种停滞的思想方式使之毫无可能达到它所指示出的那种目标。正是由于这一原因,黑格尔才在斯宾诺莎的工作中发现了失败的尝试的所有特征,斯宾诺莎的工作为自身的进展设置了不可克服的困难,因而只得以失败告终。这种重要却支离的知识仅具有一种历史意义:斯宾诺莎在哲学的整个进程中之所以占据了一个非常特殊

---

① 见《哲学史讲演录》"斯宾诺莎"一章。

的位置,就是因为在他那里绝对之物是被感知到了的,但绝对之物又狭义地被界定为实体。斯宾诺莎以及他对绝对之物所作的思考努力在某种程度上当然是应予承认的,但这种思考的历史局限性使他根本无法深入下去,无法预见到那最终的立场,黑格尔则已然把握了那最终的立场并将以那最终的立场对此前的所有哲学进行阐释。

黑格尔每当谈到斯宾诺莎的时候,都会用一个非常独特的表达方式来表述以上这种分析。比如,在《逻辑学》当中,他就是这样说的:"但在斯宾诺莎那里,实体及其绝对统一具有不动的、死板的统一形式,我们在这种统一的形式之中还未发现自身的否定的统一性的概念,还未发现主观性。"①而在《哲学全书》的《逻辑学》第50节当中,又可见:"斯宾诺莎的实体还不是绝对精神。"②在《哲学史讲演录》"斯宾诺莎"一章中也可见此表达方式:"绝对实体是真的,但却还不是完全真的。"③斯宾诺莎在哲学史的系统中于是就显出了"既已"而又"尚未"的特殊样态(一切被预期的

---

① 《逻辑学》,拉巴里埃尔和雅尔奇克译本,卷一,第249页。

["但是在斯宾诺莎那里,实体及其绝对统一还只有不动的,即不是自己以自己为中介的统一形式,是一种僵硬的形式,其中还没有自身的否定的统一这样概念,还没有主观性。"《逻辑学》,上册,杨一之译,北京:商务印书馆1982年版,第271页。——译注]

② "斯宾诺莎的绝对实体诚然还不是绝对精神。"见《小逻辑》,贺麟译,北京:商务印书馆1980年版,第138页。——译注

③ "绝对的实体是真的东西,但还不是完全真的东西。"见《哲学史讲演录》,卷三,贺麟、王太庆译,北京:商务印书馆1983年版,第102页。——译注

事物都会有这种样态），以阻滞哲学进展的方式标明了哲学的进展。

因此，当黑格尔在《逻辑学》第三编导言"论概念一般"中，为了解释他本人对众多哲学学说进行阐释并对它们的特殊意义予以厘清所依据的基本办法，仅举了一个例子，即他对斯宾诺莎阐释的例子：

> 对斯宾诺莎学说唯一的驳斥就是首先必须从根本上承认它的立场，然后再将该学说的这种立场提升到一个更高水平。①

这种立场就是实体立场，这里的实体——用《精神现象学》序言当中的一个提法来说——"还不是"主体。

> 虽说实体是观念发展过程中的一个重要阶段，但还不是观念本身，不是绝对观念，而是尚被限制在必然性的形式里的观念。②

---

① 《逻辑学》，扬克列维奇第二版译本，卷二，第 248 页。
［杨一之译本《逻辑学》下册第 244 页，"概念通论"："因此对斯宾诺莎主义唯一的驳斥，只有首先承认他的立场是本质的和必要的，而其次又把这个立场从它本身提升到一个更高的水平。"——译注］

② 《哲学全书》，布尔乔亚译本，第 151 节，第 584 页，另见第 159 节，第 405 页。

斯宾诺莎的工作之所以有意义,就是因为它指向了它所达不到的东西:只有把握住了它所指向的方向,继续沿着这个方向推进下去,才能突破其局限,才能使这种工作的内在矛盾得以解决,从而超越它。

我们要做到这一点,就必须改变立场,上升到绝对之物的立场,而绝对之物不仅是实体也是主体。但从一个立场向另一个立场的转变取决于历史的制约:历史是一个不可抗且不可逆的过程,这一过程改造着立场,不仅使之逐步扩大,而且还使它发生真正意义上的分解,继而又使之在全新的基础上得到重构——我们就这样不断地向着更高的立场"提升"。我们甚至可以说斯宾诺莎就是一个黑格尔主义者,只是他对此毫无认识罢了,因此他也只是一个不完整的黑格尔主义者;而黑格尔却是意识到了这种个别之物的立场局限性、完全摆脱了这种立场并上升到了普遍之物的立场的一个斯宾诺莎主义者。

因此,黑格尔并不是为了探究斯宾诺莎学说的完整意义而对之进行阐释的:如果说这种学说之中有"真理"(任何从外部对该学说之真理进行批驳的尝试都是荒谬的做法,因为这种尝试无非是互不相关的立场之间的对抗罢了)的话,那么这一真理恰恰是与斯宾诺莎在哲学史的整个进程中的特殊位置相关联的。斯宾诺莎学说所给出的立场还只是被束缚在它摆脱不了的张力和局限内部的,这种立场本身既表明了它自己的合理性,又表明了对它自己的驳斥。如果我们在其内部运动之中考察斯宾诺莎的学说,我们就会发现它完成之时也就是它失败之时,它的完成也就是它的失败,因为这个运动由此将超越它自己的边界。正是由于这一原因,在黑格尔看来,问题不在于"回到"斯宾诺莎,以便在他那里发现一个完整、连贯和独立的真理的抽象形式；相反，我们必须指明这种内在的转变，指明使一种系统转变为另一种系统的"过渡"，因此我们也必须把原来那个系统理解为通向一种新方向的蓝图或规划，那是一种还在等待它的实现条件的蓝图或规划。实际上，黑格尔对斯宾诺莎的阅读是某种双重阅读：他在斯宾诺莎的学说中寻找真理现身的迹象，与此同时又对真理的缺席的现实形式加以揭示，找出压制真理表现并使我们不得不把真理当作某种缺席之物加以谈论的那些障碍。

因此理解斯宾诺莎学说，首先就是要去识别出它竖立于其上的那个矛盾。正如我们将会看到的那样，这个矛盾是显而易见的。我们曾说过，斯宾诺莎学说的深刻真理即在于思考绝对之物的努力。尽管他并不是在哲学史上提出这个难题的第一人——我们将会谈及他之前的一些先例——但他确乎是尝试使该难题得以展开并提出系统的解决办法的第一人。在斯宾诺莎那里有一种探寻绝对知识的导向，黑格尔认为，这种导向体现在"自因（causa sui）"这个概念上，此概念为斯宾诺莎学说奠定了它的理性基础。

> 斯宾诺莎的第一个定义就是对"自因（causa sui）"的定义，"自因之物"是这样被设想的，即"它的本质包含着存有[……]"，概念和存在者的不可分性是根本性的决定和前提条件。①

---

① 《哲学全书》，布尔乔亚译本，第 76 节，第 340 页。

"是着"的东西与"被设想"的东西、存在与思想之间的同一性实际上正是借由"自因"这个定义被提出的,在黑格尔看来,这种同一性正是绝对思想的条件,而绝对思想之为绝对,就是说这种思想没有外部,因而是在内在的和普遍的反思中展开其自身的思想。在《逻辑学》第二编专论斯宾诺莎的历史性评述中,黑格尔在检讨斯宾诺莎的那些定义时也说过这些概念"是多么的深刻和正确"①。黑格尔在其《哲学史讲演录》"斯宾诺莎"一章中更为明确地指出:"如果斯宾诺莎多注意进一步发展'自因之物(la causa sui)'中包含的东西,他的实体就不会是死板的东西(das Starre)了。"斯宾诺莎的学说的特有矛盾也就这样呈现了出来:他的第一个概念在自身之内就这样既预示着真理在望又标明了真理之殇,因为,这个概念通过一种不完整的知识所给予出来的只是一个立场而已。

在说明黑格尔认为"自因"概念缺少的东西是什么以及又是什么使这个概念无法克服它的局限之前,我们可以先来对黑格尔的这种阐释所具有的风格作一点说明,从而指明这种阐释与它所阐释的著作之间的差异。首先,我们能够证明的是——正如果鲁特已经做过的那样——"自因(causa sui)"概念实际上在斯宾诺莎那里算不上是一个起点性的基础:这个概念并不代表某种初始真理,并不是笛卡尔学说意义上的原则,笛卡尔意义上的原则或初始真理犹如真理的胚芽,从这个胚芽中将发展出体系的全部。相反,"自因(causa sui)"是实体的一种性状,实体通过这种性状而使自身得到说明。对事物的定义绝不可能——至少对斯宾诺莎来

---

① 《逻辑学》,拉巴里埃尔和雅尔奇克译本,卷二,第239页。

说绝不可能——借由该事物的性状得出;倘若通过事物的性状去定义事物的话,我们只可能落入严重的混淆之中。比如说,若是这样定义神,就会让神的本质隶属于神的力量,这也正是所有由想象支撑起来的目的论神学谬误的关键所在。因此,把实体等同于"自因(causa sui)"是简单且不充分的做法,相反,只有从实体概念出发才能真正搞清"自因(causa sui)"概念:"事物若是在其自身之中是其所是的,或如通常所说是自因的(si res in se sit, sive, ut vulgo dicitur, causa sui)。"这个见于《理智改进论》中的表述就表明了人们通常会说实体等同于"自因"①。

我们还可以进一步说:被黑格尔在这里当作前提的,与其说"自因"概念是斯宾诺莎学说的基础概念(正如我们看到的那样,此说已经引起了争议),不如说是斯宾诺莎学说把这个概念当作首要概念接受下来,并由此概念出发推进自身。这也就是说,由斯宾诺莎所勾勒的绝对知识的事业是从一个绝对开端开始发展的,而这个开端也正是黑格尔本人的阐释的真正起点。因此难怪黑格尔本人要从事对斯宾诺莎学说的批判:黑格尔本人的体系中有一个基本观点,这观点实际上认为绝对知识没有开端,或确切地说,绝对知识不可能有绝对的开端;如果说原初开端是真实开端或确切开端的话,那么,绝对知识的无限性就体现在它的原初开端的不可能性之中。因此,无论"自因"——用黑格尔的话来说,"居于自身之中"——这个概念的真实性本身如何,仅就此概念为斯宾诺莎体系给予了一个开端这一事实而言,斯宾诺莎体系的局限性就已显而易见了。

---

① 马夏尔·果鲁特:《斯宾诺莎:论神》,第41页。

在这儿我们可能会开始感到惊讶:黑格尔本人认为无限的认识过程不可能由某个本身乃是原则或原理的初始真理奠基,这就是[绝对知识的]开端悖论,他本人的《逻辑学》也正是由这个开端悖论启动的,然而让我们惊讶的是他却看不到他关于开端悖论的这种认识也正是斯宾诺莎学说的一个基本义理,斯宾诺莎正是秉持着这一基本义理才对笛卡尔哲学作出了根本性的驳斥——难道不是这样吗?《伦理学》依几何学方式进行的论述的开端是若干条定义,这种说法只能在"ut vulgo dicitur(人们通常说)"的意义上来理解,也就是说,《伦理学》借以开始的那些定义除非在证明中发挥作用或者真实地产生出它们的真理效果,否则便无实际意义;斯宾诺莎的思想显然不是某种坐落在地基之上的死板的建筑,这种思想也不可能被归结为一个最后要点,并不能够为一个开端和一个终点所限定。它并非论证程序模式所能框范。

这里让我们感到惊讶的,与其说是黑格尔对斯宾诺莎学说这个重要方面的盲视(任何人都可能有一时疏忽,即便是自称与别人不同,能做到万无一失的黑格尔),不如说是发生这样令人意想不到的盲视的人竟会是他。因为,黑格尔没能在斯宾诺莎那里看到的东西正是他自己所说由他本人发现了的新的真理,而且黑格尔还声称,正是得益于这一新的真理,他的哲学才获得了终极形式并达到了最高的成就。黑格尔在斯宾诺莎那里没能看到没人比他更应该看到的东西,那本是他自己也思考了的东西。我们甚至可以说,黑格尔拒绝承认在斯宾诺莎那里存在着具有黑格尔主义色彩的东西,或者至少是黑格尔在竭力地从自己身上清除具有斯宾诺莎主义色彩的东西,这就是黑格尔工作的起点。他担心斯宾诺莎已经是黑格尔主义者了,而且他更加担心的是斯宾诺莎比他本人更像黑格尔——难道不是因为这样,他才会作出这种拒绝吗?这里出现了令黑格尔难以接受的情况:如果说历史的发展是有不可抗拒的方向的,在这种历史之中,事物依次出现,过去的事物总是服从于后来的事物,于是目的论也就成为整个哲学的关键,那么,斯宾诺莎的情况却使得这种历史扭转了它的方向。

我们在作了上述评论之后(在后文中我们还会回到这些评论上来),现在可以指明在黑格尔看来"自因"概念的"缺陷"何在,这一"缺陷"又是怎样在斯宾诺莎那里阻碍了"自因"概念的发展的。"自因"之物停留在"缺乏人格原则的"实体原则之上①:因此,"自因"之物构成了不可能成为主体的实体,此实体由于缺乏主动的自我反思,因而不能在自身的过程中自由地实现自身。如果说斯宾诺莎没有或不能发展"自因"概念,原因就在于这个概念包含的无非是自我同其自身的抽象的和无差别的同一性,在这种同一性中,自我不过是一直在它的开端之中存在着的自我,而不可能有任何向自我的真正过渡,除了纯然隐没之外不可能有任何内在的运动。实体立场以它自身的方式表现绝对之物:被这样表现的绝对之物没有生命,因而毫无生气,也不生成存有。这种自我只是一种被束缚的和死的精神,仅仅是从一开始就注定会被限制在其始源状态的自我。

因此,实体立场在表达着它自身的同时,也表明了它自身的消解条件:它的不动性只是表面上的,因为它所表现出来的脆弱

---

① 《逻辑学》,拉巴里埃尔和雅尔奇克译本,卷二,第239页。

平衡状态是由一种内在冲突所造成的,因而也是不可能永久地保持下去的。体系的范围即使真实地限定了思想,从而对思想而言构成了真实的范围,但在绝对之物的立场看来,体系的范围却都是虚构,因为,绝对之物一旦遭遇强力的抑制,就会以更大的强力进行反抗,进而推动体系冲破为其强加了形式一致性条件的虚假边界。这就是内在否定性,内在否定性从内部消解着该学说,又迫使该学说申明它本身拒绝言说的东西:恰恰就是在这里,就是在这种申明之中,存在着成为主体的实体。

这个最初的矛盾一旦被揭示出来,我们就能够对斯宾诺莎哲学字面所言反其义索解,从而绝对地领会斯宾诺莎哲学。根据黑格尔所说,斯宾诺莎的话语带有这样一种命运的烙印,这个命运让它在受到永罚的同时又获得宽恕,在宣判它毁灭的同时又让它在绝对知识的活的身体中重生并得到实现。在黑格尔看来,真正阅读斯宾诺莎就意味着重构斯宾诺莎的思想大厦,从仅仅是未完成的形式或即将湮灭的废墟中让另一种知识条件显现出来:因为,在斯宾诺莎那里,把知识和绝对之物联系起来的努力终究只化作了一个无法兑现的承诺。

开端哲学

正如我们已经看到的那样,黑格尔就斯宾诺莎所给出的阐释把关于开端的观念摆明了出来。斯宾诺莎学说是开端性的哲学,同时也是关于开端的思想。按照《哲学全书》的说法来讲,斯宾诺莎学说是"一切真正后续发展的根本基础"。《哲学史讲演录》也说过:"这是一切哲学工作的重要开端。我们要想开始做哲学工作,首先要成为斯宾诺莎主义者。"斯宾诺莎哲学和所有关于开端的思想就这样形成了联系。

黑格尔在这里作出了一种相当悖论性的推理:他在把斯宾诺莎当作一个起点——甚至是哲学本身的起点——的同时,又把斯宾诺莎归入由这样一些人构成的谱系之中,他们知道如何开始,仅此而已,因此他们的努力并不能得出对真理的发现:

> 神诚然是必然性,或者我们也可以说,神是绝对的事物,但它同时又是绝对的人格,斯宾诺莎哲学没能把神理解为绝对的人格,就此而言,我们不得不承认他的哲学未能见到构成基督教意识内容的神的真性质。斯宾诺莎就血统来讲,是一个犹太人,因而具有一种东方式的直觉,在这种直觉看来,所有有限的存在者都不过是奄忽即逝、不能长存的存在者,这种东方式直觉在他的哲学里得到了一种思想性的表述。这种关于实体统一性的东方直觉确乎可以构成任何进一步真正发展的基础,但我们不能停留在那上面;斯宾诺莎的哲学所缺少的,就是西方的个体性原则。①

斯宾诺莎学说既是一个起点,又是一个终点;在已经开始的某种东西之中,也有某种东西已告终结。斯宾诺莎学说的独特性就在于它既是某种传统的延续,又是对这一传统的整个运动的概括:它仍旧——当然也是最后一次——受"东方式直觉"的支配。

---

① 《哲学全书》,布尔乔亚译本,第 151 节,第 584 页。

因此,《哲学史讲演录》专论斯宾诺莎的一章是这样开始的:

> 神虽然不显现为第三项,但却以其自身体现着无限事物和有限事物的同一性,体现为(大写的)精神,这就是斯宾诺莎哲学在欧洲表现出的深刻统一性,这一深刻统一性也正是东方的古风余韵。

正是由于这一原因,这种哲学具有不可替代的特征:它完成了起源的话语。

黑格尔认为,东方是那开端的事物的可见形象:这种形象与其说是历史性的不如说是神话性的,神话难道不是揭示起源的更为合适的形式吗?这种形式是第一次契机,绝对之物首次显现为不包含主体个体性的实体:

> 因而,在东方,基本的关系大致是这样的:只有那唯一自在的实体是真实的,个体只要与这自在且自为的事物相对立,则本身既不能有任何价值,也无法获得任何价值;相反,个体只有融入这个实体才能获得真正的价值。但当个体融入那唯一实体之后,实体则停止作为主体而存有的实体,主体也停止是意识主体了,而是消逝于无意识之中。①

把整个现实性吸收进单一存在者或单一观念之中的这种表

---

① 《哲学史讲演录》导言,基博朗(Gibelin)译,卷二,第74页。

象只是具有形式上的崇高性和无所不包的特征,其实质是这种实体的外在显现的极度贫乏,这种实体基本上仅具有空洞的外显形式。

只有没入实体之中,有限的事物才能够达到真理;若与实体分离,有限的事物就成为空洞的、干枯的,成为没有内在联系的、仅仅为自身而被决定的东西。我们在东方人那里能看到某种有限的、被决定的表述,这种表述无非是外在而枯燥的元素罗列——这是一种烦琐、空洞、乏味、令人痛苦的充满了学究气的东西。①

这种思想仅仅在一次性地反思了绝对之物之后,就只剩下抽象地罗列表象,当我们使这些表象脱离了它们的起源之后,它们就再也不可能表现出任何真正的统一性形式了。

绝对知识——还不仅仅是关于绝对之物的知识——在直接的狂喜之中显露了出来,仿佛犹在面前,以至于所有的意识都必须被废黜:这种知识以对自身否定的形式实现了自身。也就是在斯宾诺莎这里,在几何学的严格性表现背后(在黑格尔看来,这种表现只是一个面具,只是一种没有内容的形式),露出了——也是最后一次露出了——将理性话语排除掉的无意识深渊:

斯宾诺莎学说认为,样式本身是不真的东西,而只有实体是真的东西,万物都归结于它,这就把一切内容

---

① 《哲学史讲演录》导言,基博朗译,卷二,第76页。

都沉没在虚空中,沉没在仅仅是形式的、无内容的统一中;同样大自在天(Siva)重新是大全,与梵没有区别,就是梵本身;这就是说,差异和决定又消失了,既没有被保持,又没有被扬弃;统一性没有回复到具体的统一,分裂没有回复到和解。对于处在生灭领域、处在一般样式领域中的人来说,最高的目的就是沉没在无意识状态之中,与梵统一,即毁灭;这和佛教徒的寂灭、涅槃是一回事。①

"这和……是一回事":这种非同寻常的历史混沌在黑格尔看来没有界限,显然,它能够使"西方"思想的某些方面得到澄清。黑格尔在《哲学史讲演录》中对巴门尼德关于存在和非存在的著名格言进行评论时,在纯粹肯定与彻底否定之间发现了同样的勾连关系,纯粹肯定和彻底否定是一回事,这种勾连在斯宾诺莎那里获得了它的最终陈述:

["有"存在,而"无"是非存在,]这就是简短的决定,而且在这个"无"之中,以及在限度、有限、界限之类更为具体的形式之下,包含着一般否定性;"omnis determinatio est negatio(所有决定都是否定)"正是斯宾诺莎的宏大命题。巴门尼德说,无论否定的事物有怎样的形式,根本上就是无。

---

① 《逻辑学》,多兹译本,第一编,"尺度理论",第22页。

原初的东方思想也纠缠着埃利亚学派的学说,而斯宾诺莎与埃利亚学派有着尤为密切的关系:一是直接而纯粹的存在者,也是一切被决定的现实性、有限在无限中的隐没、一切个性和差异的取消;正如柏拉图在他最后的对话中评论的那样,从辩证法的角度看,被用来言说这种绝对性或原初整体性的话语只要还把所有否定性排除在外、只要还拒绝承认非存有之存有,就是一种不可能的话语。

请注意在《逻辑学》第一编有关"尺度"的章节中,黑格尔再一次把斯宾诺莎与巴门尼德相联系,但这一次是为了指明二者之间的差异:

> 斯宾诺莎的样式,像印度人的变化原则一样,是无尺度的东西。希腊人关于万物皆有尺度的意思虽然还不明确,但比起实体及其与样式的区别所包含的意识来,却是一个高得多的概念的开端。所以连巴门尼德也在抽象存在之后,引入了必然性,作为对万物所立的古老界限。①

因而有两种开端:一些开端比另一些开端开始得更早,而那些较晚的开端相反则"开始"使自身偏离纯粹的开端。不过,斯宾诺莎在这些编年史上的位置虽然相对较为晚近,但却厕身于那些绝对的开端者之间,厕身于那些秉持这一思想的真正的野蛮人之间,正是由于这一原因,黑格尔在评论斯宾诺莎的独特性时,才特

---

① 《逻辑学》,多兹译本,第一编,"尺度理论",第 22—23 页。

别喜欢把斯宾诺莎比作东方人的这个比喻。

在《哲学史讲演录》所给出的斯宾诺莎传略中,黑格尔评论道:

> 他被[光学]的光所吸引,这并非不重要的;因为在物质世界(in der Materie)里,光就是绝对同一性本身,而绝对同一性恰恰是构成了东方观点的基础的东西。

这种源初之光是无中介的思想的元素。有意味的是,黑格尔在《逻辑学》第一章之中为了说明关于纯粹存在的幻觉(所谓纯粹存在也是"无尺度的"存在)也使用了"光"这个形象:

> 此外,人们有时把存在想象成纯粹的光明,仿佛是某种无阴翳的清晰视象,而无则是纯粹的黑夜,并将它们的区别联系到人所熟知的感性的差异上。事实上,倘若更精细地想象这种视象,就能够易于体会到,在绝对光明中我们所看见的,和在绝对黑暗中一样,不多也不少,前一种视象和后一种视象,都是纯粹的视象,也是毫无视象。纯粹的光明和纯粹的黑暗,是两个空的东西,两者是同一的。①

无中介的、无决定的光,事实上就是黑暗,正与黑夜相同:凡是一切有可能对它的无限性造成限制的所有轮廓,都会被这样的

---

① 《逻辑学》,拉巴里埃尔和雅尔奇克译本,卷一,第68页。

光吸收、抹去、打散。同理,在存在自身之内把握存在,在存在与其自身的瞬时同一性中把握存在,就好像存在还没有被与他者的关系所沾染似的,这样被把握到的存在立即会被相反的纯粹性所吸收,在形式上完全等同于绝对的无:这就是开端——一切过程之肇始——的矛盾。

我们从这个角度,应该可以想见黑格尔在他的《逻辑学》第一编第一章本应该顺理成章地重述他对斯宾诺莎学说的阐释,从而以这种有利的方式表明直接性拒绝所有对它本身的幻觉。但是在这著名的第一章当中,黑格尔丝毫没有提及斯宾诺莎学说。这无疑是因为黑格尔想要避免这种过于简单的联系,从"联系"一词的字面上来说,"联系"就意味着混同。正如我们已经说过的那样,斯宾诺莎哲学是一个与其他哲学不同的开端:斯宾诺莎的哲学远远地落后于希腊哲学,但却以极其超前的方式预支了理性思维的那些最现代的方面。我们应该说斯宾诺莎的哲学是一种完全颠倒了时序的、错位的话语:它不再是这个开端的开端,而是开启于别处的开端。

实际上值得注意的是,黑格尔特意选择以《逻辑学》第一卷第二编最后的"现实性(die Wirklichkeit)"这一部分全力对实体立场作出阐述。这是一种非常关键的安排,很好地表明了斯宾诺莎学说在黑格尔看来有多么重要,对黑格尔来说,斯宾诺莎学说确乎决定着哲学的命运。斯宾诺莎学说是一个契机,构成了《逻辑学》第一卷和第二卷之间的连接,起着客观逻辑向主观逻辑过渡的作用。从实体立场在整个知识过程中所处的位置来看,实体立场显然是一个假开端:这个开端是先前运动的顶点和概括,而正是那个先前运动把存在的思想引向了本质的思想。客观逻辑的全部过程就是在实体——斯宾诺莎意义上的实体——之中完成并得到总结的。

因此,对斯宾诺莎意义上的实体的思考也相应地以概要的形式出现在关于"绝对的无区别"的那一节中,以此方式给出了客观逻辑的内部衔接,从而使存在过渡为本质:

> 关于绝对的无区别——绝对的无区别就是斯宾诺莎学说中实体这一关键概念,我们应该还记得,是本质在达到其自身之前的最终决定,因而还不是本质本身。①

斯宾诺莎就这样出现在理性思维的真正转折点之上:绝对开端不可能被限定为一个始发点。相反,每当理性的发展过程中生成本质性的事物的时候,都会有绝对开端一再出现。斯宾诺莎就游荡在黑格尔体系的这个展开过程之中:黑格尔体系对斯宾诺莎的这种顽念是一种症状,这种顽念不可能一劳永逸地消除,它会反复地出现在这一绝不可能以其开端而终结自身的话语之中。

体系重释

黑格尔的著作有很多处提到斯宾诺莎:这些文字常常采取或简明或详细的附带性评论的形式。不过,黑格尔对斯宾诺莎学说体系也给出过详尽的说明:《哲学史讲演录》专论斯宾诺莎的一章

---

① 《逻辑学》,拉巴里埃尔和雅尔奇克译本,卷一,第358页。

就是基于文本研究对斯宾诺莎学说所作的整体分析。但是我们首先应从黑格尔在《逻辑学》第二编关于"绝对之物"那个章节里所作的另一个评论①开始看起,这个评论有着完全不同的风格:此处的评论并不纠缠于细节,而是勾勒出其一般"意义",对斯宾诺莎学说给出了整体的阐释。这段文字在一开始并没有明确提及斯宾诺莎,黑格尔一上来就使他自己与斯宾诺莎学说拉开了一段距离,根据他自己的观点自由地对斯宾诺莎学说的话语进行了重构。他对文本施加的这种暴力是有着明确的目标的:因为黑格尔认为斯宾诺莎学说体系的基本特征就是不动性,所以——如果我们可以这么说的话——他就是要施以暴力,使这个体系发生本质性的"运动"。这种重构——看似武断的重构——值得注意的地方就在于,它把斯宾诺莎思想的重要范畴解析开来,进而再将它们连接在一起,以黑格尔所理解的方式勾勒了斯宾诺莎思想的基本纲要。从这种解释出发,黑格尔在他对斯宾诺莎和莱布尼茨的重要"历史评论"中阐明了他对斯宾诺莎学说的批判,并以此结束全章。这段概括性的介绍非常值得注意,因为它条分缕析地厘清了斯宾诺莎学说的构成性元素,并对这些元素之间的连接方式作出了说明。

绝对之物就是展开的整体的根据,绝对之物的特征也首次由"它的单一和杂多的同一性"②得到说明:它显然是闭锁在实体——完全退回到其自身之中的实体——内部的。然而正如我

---

① 《逻辑学》第一部"客观逻辑"第二编"本质论"第三部分"现实性"第一章"绝对之物",拉巴里埃尔和雅尔奇克译本,卷二,第229—245页。

② 同上,第229页。

们将要看到的那样,绝对之物有一种展现过程:这就是它的外部显现。它的这种外部显现包括三个环节:首先,绝对之物作为实体得到最初确证,继而绝对之物在诸属性中得到反思,然后是在诸样式之中得到反思。这种"过渡"(我们将会看到这种"过渡"仅具有运动的表象)在其单一性的配置方式之中造就了实体立场,而这种实体立场在斯宾诺莎的著作中获得了它的历史性表现。我们现在就分几个连续的步骤考察一下这种"过渡"的展开。

这个过程从绝对之物本身开始,绝对之物使其自身直接地展现出来。黑格尔对此的论证的关键在于这个看似统一的整体会显露出隐秘地纠缠并困扰着它的种种潜在矛盾。绝对之物就其初始状态而言呈现为无区别的同一性,既无自我之分,也无形式之分和内容之分。这个绝对之物是绝对的绝对之物,它仅仅是吸聚着所有谓词的一个主词,也是使所有谓词在它之中都被全然否定的一个主词;它是一个起点、一个始基,其本身只能被认作一个环节,没有任何东西在那里树立起来,它只对无给予奠基。黑格尔的全部论证在这里都建立在围绕着"zum Grunde gehen"这个提法所玩弄的一个文字游戏之上:"回到基础"也意味着"堕入深渊"。绝对之物的充实性——被闭锁在实体彻底的内部性之中的充实性——是空洞的充实性。

同样,实体在表现为诸决定机制的源头的同时,其本身又是无决定的,因为它先于且制约着一切决定机制而不受任何决定。这就是实体本身所具有的矛盾:它从一开始就在其绝对的肯定性中使其自身被给予出来,作为最真实的东西显现自身;但与此同时,要想确保这种最大限度的存在,它就必须从并非它本身的东西那里收回现实性,从而使非它本身的东西都依赖于它。实体通过与在这开端中也显现的"无所是"的东西的表象相比较的方式，肯定了其自身的先在性和至上性，从而使其自身总是显现为"是着的"东西；因此，实体的功能从根本上说就是起收回现实性的作用，凡是不能与它的原初肯定性达成直接一致性的东西都会被它逼入否定性的无底深渊，否定性不是别的，就是不显现的消极本身。这样的实体在把其自身给予出来的同时，也使其自身隐没：它给予出了现实性，但同时也褫夺了现实性。

就另一方面而言，不受任何决定而进行着自我定义的实体之自足性使得从主词到谓词的过渡成了不可思议的东西，也就是说，使奠基和被奠基的事物之间的关系成了不可思议的东西。以绝对之物为依据的那些决定机制于是变成了在毫无内在发展的情况下事后从外部附加给绝对之物的东西。正是由于这一原因，实体——作为全部认识对象的实体——成了不可认识的东西：它本身只是这样一个主词，这一主词除了它自身之外肯定不了任何别的东西，它与以它为依据的决定机制之间的关系是不可思议的。由于它是完全自足的，它并不需要这些决定机制，相反，所有决定机制都是毫无必然性和理据性地附加在它上面的。

作为绝对的开端，实体也是终结：它的存在具有充实性，毫无所缺，因而也就排除了一切运动的可能性；它既是开始也是终结。它是一个无物开始的开端，在这个开端之中，不动的绝对之物构成了对一切过程的否认。这个从绝对之物之展露开始的体系随即便告结束：它一开始就给出了全部现实性，既然这样，它也不可能再发展运动了。

然而，斯宾诺莎学说(黑格尔在这里的分析只是隐含地指涉斯宾诺莎学说)并不限于以最基本的定义表明绝对之物的那种充实性;该学说还以连贯的方式呈现了其内部顺序,说明了它的理性内容。但是这种展示所给出的进展过程只是表面性的:其形式性的展开实际上是一种倒退过程,因为绝对之物的直接同一性是杜绝了任何进一步的进展的。使绝对之物的显现得以开始的实体"过程"是一种假象,这种假象性的"过程"不可能是积极的构成运动——因为一切在最初就已经被构成了,而只可能是一种降解的运动,这一降解运动连续不断地把绝对之物的现实性元素扣除出来,同时使这些现实性元素转化为外在于绝对之物的种种决定机制,这些决定机制不可能为绝对之物实际增加任何东西,因为绝对之物本身是完全自足的。

这种倒退明显体现在第一个"过渡"环节之中,此环节即实体向属性(也就是说绝对的事物向相对的事物)的"过渡"。绝对的绝对之物无非仅是绝对的:它的原始的充实性也是它无可避免的阈限形式。与此同时,绝对之物也还不全然是绝对的,因为它缺少完满性:它要回转到自身,要仅是它自身之所是,就必须得对决定机制的全体进行否定。无非仅是绝对的绝对之物因而是绝对之物之否定:"它因此不是绝对绝对之物(l'absolument absolu),而是决定性上的绝对之物,它在此决定性之内是绝对的。"①绝对之物变成了属性,把受决定物容纳在自身之内,但同时也使它自身显示在一种被削弱了的现实性之中。

在开端就直接被给予出来的绝对之物虽然无须再发展其自身,但却有一种表面上的过程,属性就构成了它的这个过程的第

---

① 《逻辑学》,拉巴里埃尔和雅尔奇克译本,卷二,第233页。

二个环节或者说中项:"属性只是相对的绝对之物"①,或者还可以说,属性是仅就其形式而言被决定的绝对之物。实体在诸属性之中使其自身得到表现的同时,又发现每个属性都与它本身相等,此时的实体就是在它的外化物之中反思它自身的绝对之物:之所以这样,就是因为实体本身无任何决定,也不能执行内在反思。绝对之物在这种外化物之中的反思是一种决定,一对一地决定绝对之物,就如非本质与本质相对立从而使本质得到决定那样,因此,绝对之物使其自身穷尽在这一反思之中。绝对之物在这反思之中也仅辨识出了它自己的虚空性。属性是在主词自身之外反思主词的谓词:它就是对主词的代表,它就是主词的显象;属性给出的仅仅是实体的一个影像。

属性因而是空形式,因为它从外部且毫无必然性地示现着实体:属性虽号称与实体相等,但却通过它自身而使绝对之物受到了限定并且受到了削弱。实体被一个属性反映,就会受这种拘束,实体被众多属性反映,则其拘束愈甚。凡是形式,相对绝对之物而言都是外在的和偶然的,故此,任何一种形式都不足以代表绝对之物;正是由于这一原因,绝对之物为了使自身全部显现,只得永无穷期地求得互不兼容的新的决定性(比如思想和广延这两种决定性就是互不兼容的),但就算它集齐了全部属性,也不能从全部属性总和之中重现它自身的真正完整性。在任何一种属性形式之中,无限必然具有无限乃无量众数这一表象:任何形式的属性的内部反思都是一种虚假的运动,而这一虚假的运动一旦开启,就生成诸相的无穷无尽的连锁序列,而无限也就使它自身分

---

① 《逻辑学》,拉巴里埃尔和雅尔奇克译本,卷二,第233页。

解、离散和消失在这诸相的无穷无尽的连锁序列之中。实体向属性的过渡就是绝对之物的表象生成,它的这种表象生成也总是在单纯差异的比量切分之中思想它自身的统一性。

实体被打散、分解在它的诸属性之中,并因而使其自身投射在必然与它相异的一个意识之中。因为必须有抽象理智的介入才可能把内容同一性分解为它的众多形式,从而使实体的统一性在这些众多形式之中获得决定。主观性的外部形式就出现在绝对的客观性——也就是说纯粹的绝对性——对面,并与之相对立,主观性的这外部形式就此也打开了一个视野,创生出了存在的一种样式,并且映射出了一种表象。属性本身可以被理解为抽象同一性,它以形式性的代表关系使自身与实体相联系,但是,属性因而也脱离了实体,作为一种单纯样式性远离了实体:这就是属性向样式的"过渡",也是绝对之物退化过程的第三个环节。

样式仍然是实体,但却是在绝对外部性元素内被把握到的实体:"样式是绝对之物的自身外部性,是绝对之物的自身在存在之多变性和偶然性之中的丧失。"[1]因此,绝对之物不再与自身相同一,它已经全然失去了它的现实性,使其自身消融在它自己的表象之中、消融在不再有在其自身之内的原因的事物的无穷事实性之中。实体在其显现的极致,犹如蒸发的香水留下的尾香,已然耗竭,耗散为纷繁复杂的诸多方面,所有这些方面都是以打散它的方式对它的展示,实体于是最终化为了乃是纯然否定性的一种呈现。如果我们再反过头去回看绝对之物,就会看到,由所有这些样式相加之和所生产的可直接感知的现实性变成了一种表

---

[1]《逻辑学》,拉巴里埃尔和雅尔奇克译本,卷二,第236页。

象——在该词最严格的意义上而言的"表象",这种表象所给予出的并不是绝对之物,而是一种虚幻的表现,绝对之物最终在这虚幻的表现之中完全消失了,用表示相同意思的话来说,绝对之物在这虚幻的表现中隐没入了它自身。至此,绝对之物之内从一开始就展露出来的现实性完全消失了,实体的"运动"——本质上是否定性的"运动"——也在这里完结了。

在实体中被给予出来的一切东西都不可能留驻于样式之中,在样式内留驻的唯一东西就是使全部现实性都告消失的虚无。在另一段文字中,也即在《逻辑学》第一部第一编之第三部分"尺度"的开头,黑格尔关于"样式一般"是这么说的:"如果这个第三项被把握为单纯外部性,那么它就是样式。在这个意义上说,这个第三项不向自身返回,但由于第二项是外部性的初显——这一肇始性的外显毕竟还与原初存在保持着关联,第三项就是完成了的破裂。"①

黑格尔紧接着就提到了斯宾诺莎:

> 在斯宾诺莎看来,"样式"同样是实体与属性之后的第三项;他把它解释为实体应变致动的效果(分殊),或"是于"他物之中、只有借助他物才能被理解的事物。按这个概念来说,这个第三项就是外部性;如我们在别处论述过的那样,在斯宾诺莎那里,僵硬的实体性缺乏向自身的返回。②

---

① 《逻辑学》,拉巴里埃尔和雅尔奇克译本,卷一,第291页。
② 同上,第292页。

这种"三段论"用属性这一中项将实体与其应变致动的效果（分殊）联系了起来，从而可以概括斯宾诺莎学说的基本意义；但在黑格尔看来这是一种抽象的三段论：它所描述的并不是绝对之物的实现过程，而是绝对之物不断远离其自身的衰变过程。

我们可由整体的这种重构中看到实体立场为什么以实体的不动性为特征。从绝对之物开始的这种运动，使实体过渡到属性，再过渡到样式，这完全是一种与现实的运动（绝对之物的构成过程）相悖的运动；正是由于这一原因，现实的实际性在这里被扭曲成了一幅讽刺画，因衰败而受到奚落。这是一个连续衰变的退化运动，这个运动在一开始就给予出了最大限度的存在，然后便使这最大限度的存在渐次耗尽，消解在那些对这存在而言越来越外在的形式之中，这些形式与其说是这存在的式样，不如说是使这存在因之变得越来越非其所是的式样。这种自上而下的运动被封闭在两极之间，一极是绝对肯定的始源，另一极则是彻底的消极的终末，在这个终末之后再无任何东西，这与理性的循环是完全相悖的，与黑格尔在别处据以建立起全部现实性原理的辩证法过程是完全相悖的：与前面描述的那种运动不同，辩证法过程呈现出它的开端的无决定性，也总是发现它自身的临时性和表象性特征，从而使其自身通过这样一种同一性的总决定机制渐进地达到一个它将在那里实现其自身的目的——它所依赖的这种同一性的总决定机制总是在演变成实际的决定机制的那一刻才可能得到确证。无非仅是绝对的绝对之物的显现只可能空洞地反复表现为同一性的消失、减少和丧失，而由于这个过程是被内容物的"逐步增长的"匮乏所决定的，因此这个过程显然只是一种形式性的过程。

实体立场——这一立场号称可以用一个概念容纳全部现实性——于是就颠倒成了一种否定的意识:包含现实性的绝对之物(据称此即实体)恰恰得自于对现实性的否认,二者相辅相成,而现实性也不过是由非它自身而是由它而起的所有事物所组成的东西。这种关于绝对之物的纯粹话语就是对这样一个主题的展开,此主题即:万事万物不是现实性本身,它们只具有较少的现实性。绝对之物的变化无非就是变得越来越远离它的初始完整性,最终耗散殆尽。这就是实体的怀疑论,它把全部的现实行动吸收进了它的形式主义之中:否定仅仅只是导致消亡的减法运动,这种减法运动完全是在决定机制的真实工作之外发生的。《哲学史讲演录》下面这段文字非常清晰地表达了这一点:

> 因为事物和意识的一切差别和决定性都被归结为实体的统一性,所以可以说,在斯宾诺莎的体系里,事实上一切都被投进了这个毁灭的深渊。但是没有任何东西跑出来,而他所说的特殊的东西只是从表象里找出来、拾起来的,并没有得到论证。要得到论证,斯宾诺莎就必须把它从他的实体中推演出来;但实体不能展开自身,不能到达生命、精神、活动。[……]不幸的是,这种特殊的东西只是绝对实体的变相,而非如他宣称的那样;此外这个不动和僵硬的存在缺乏否定的环节,对它做出的事情只是剥夺掉它的决定性和特殊性,以便把它抛回到绝对实体的统一性里去,它在那里消散了,一切生命都在那里腐化了,这是斯宾诺莎在哲学上不能令人

满意的地方。

绝对的事物只是像深渊一样开放自身,在那里所有的决定性都被废除了,所有的现实都消失了,没入了不可抗拒的空虚的深渊。

斯宾诺莎哲学因而对黑格尔来说是一种完全抽象的思想,一切运动都消失在其中,一切生命都结束在其中。在黑格尔为《哲学史讲演录》提供的斯宾诺莎生平传略的结尾,我们可以看到这样一段非同寻常的提示:

> 斯宾诺莎1677年2月21日死于肺结核宿疾,享年44岁——像他的学说所主张的那样:一切特殊性和个别性都归于唯一的实体。

斯宾诺莎学说是罹患肺疾的哲学,逐渐衰弱,直至全部实际的现实性都消失殆尽,这一学说只呈现了绝对之物的不活动的和无生命的外部,而这个学说本身也在这种绝对之物的肯定性中耗尽了自身。

因此,对这一哲学及其背后立场的不充分性作出的裁决是合法的。关于纯然否定性的否定性东西的这种否定的思想只可能导致其内容的取消;这种思想由于其缺陷和它本身的虚无,也只可能以否定的方式展开自身。开端哲学=衰败哲学。唯有通过反对这个开端,通过一种不单单是否定之否定的工作,思想才可能超越实体的深渊,发现实际性的具体运动。必须从斯宾诺莎开始,必须经由斯宾诺莎,但也必须离开斯宾诺莎。

为此，必须让这个学说接受这样一种批判的检验，此种批判不再是只基于整体阐释而作出的批判，而是应该像我们在前文中看到的那样，必须把这学说的论证细节纳入考察。只有这样，它的内容的内在矛盾才会显现出来。黑格尔所从事的这种批判所作的分析把这个学说体系中的三个关键点、三个概念提取出来，并着力论证了这三个关键概念：其论证涉及证明方式难题（"more geometrico"①这个著名提法说的就是这一难题）、诸属性界定难题，以及最后，"omnis determinatio est negatio"②这一提法所包含的难题，黑格尔不仅认为这三个难题始于斯宾诺莎，而且斯宾诺莎的整个体系也集中于对这三个难题的解决。本书下面的章节就是对这三点的详细考察。③

---

① 拉丁语：几何学方式。——译注
② 拉丁语：所有决定都是否定。——译注
③ 把斯宾诺莎学说阐释为东方思想的说法在德国哲学中是一个老生常谈。我们在康德《万物的终结》一文中也能看到这个说法："至善据说就在于无，也就是说，在于通过与神性合流，因而通过消除自己的人格性而感觉到自己被吞没到神性的深渊之中的意识；为了对这种状态有预感，中国的哲学家们在暗室里闭着眼睛，努力思考和感受他们的这种无。因此，就出现了（西藏人和其他东方民族的）泛神论，以及后世从泛神论的形而上学升华中产生的斯宾诺莎主义：这二者与远古所有人的灵魂都出自神灵（而且它们最终被吸入同一神灵）的流溢体系密切相关。这一切都只是为了让人最终享有一种永恒的安宁，而这种安宁就构成了人们所谓的万物的至福终结；真正说来，它是这样一个概念，由于它，人们同时失去理智，而一切思维本身亦告终结。"
我们可以看到这种阐释并非黑格尔个人的发明。

二

几何学方式

More Geometrico

黑格尔与方法

黑格尔首先就斯宾诺莎在哲学认识中为方法赋予的位置以及这种方法本身的内容对他展开了批判。

黑格尔认为,斯宾诺莎追随笛卡尔,从数学中借取证明程序,将之当作理性话语的组织模型:他实际上使哲学真理服从于形式性证明——在某种意义上说也是外在的和抽象的规则——的担保。因此,尽管斯宾诺莎本人主张实体的绝对统一性并因而宣称自己是一元论者,但毕竟由于给知识强加了形式与内容的分离,从而再次确立了某种二元论。从关于方法的形式性角度来看,知识的条件(这些知识条件的普遍性是以完全抽象的方式被决定的)与知识的对象漠不相关,而只能在知识对象的外部给定。这样一来,这种分裂也就没办法理解哲学知识所特有的东西,也就是说没办法理解存在与知识(知识也即落实在概念中的存在)的同一性:

> 表面上看,斯宾诺莎的数学证明方法只具有一个简单外在形式方面的缺点,但它关乎一个根本的缺点,这一点从总体上构成了斯宾诺莎主义观点的特征。由于这种方法,哲学知识及其对象的性质完全不为人所知;因为在数学中,认识和方法只是形式上的认识,因而

完全不适合哲学。数学知识通过将其应用于现存对象而非设想出的对象来展示证据。因此,它缺乏的是概念,而哲学的对象是概念和设想出来的东西。此外,就像关于存在的知识一样,这个概念只能在事后被发现;然而,斯宾诺莎哲学的特殊方法也是这样呈现出来的。①

这种方法像古代逻辑学那样为演绎法的形式性、外在性和严格反思性的那个方面赋予了特权,黑格尔认为,古代逻辑学的立场自亚里士多德至笛卡尔未曾变化,完全主张真理是靠这样一套处理程序来确定的,即,在相互关联的关系中将若干命题前后相继地、构成性地组织起来,从而通过某种表述的顺序来确定真理,这种表述顺序却是全然外在于真实的、因而内在于(大写)主体之中——或内在于(大写)概念本身之中——的决定的,而在黑格尔看来恰恰只有(大写)主体才对真理作出陈述。这种方法的形式主义把思想的实际内容与它在话语展开之中的反思形式分离开来,斯宾诺莎学说体系也正是由于这种形式主义才被归入本质领域,该体系构成了对本质领域的某种绝对限制——为此黑格尔才专门在《逻辑学》第二编结尾对斯宾诺莎学说作了长篇的历史评述。

黑格尔不仅质疑斯宾诺莎学说的方法原则,而且还对这种方法原则的实际展开啧有烦言。正如我们已经看到的那样,这种"方法"的特征就是其空泛性:它将所有真理的条件都化简成了命题的形式性顺序。知识由此而在由抽象陈述构成的连锁序列中得到展示,那些抽象陈述构成的连锁序列的有效性必定是建立在

---

① 《哲学史讲演录》,"斯宾诺莎"章。

其开端、建立在它的第一组命题之上的,全部真理都是从那个开端、那第一组命题派生出来的,或者可以说是从那里提取出来的:除非与那些第一命题相关,否则便不存在知识。黑格尔在对《伦理学》第一部分的定义——《伦理学》的全部论述都是从这些定义开始——的内容进行说明之后,接着说道:

> 全部斯宾诺莎哲学都已经包含在这些定义里面,尽管它们完全是形式性的;一般来说,斯宾诺莎主义固有的缺陷就是它从定义出发。在数学里,我们承认这个过程的价值,因为数学是从诸如点、线等这样的前提出发的;但在哲学里,则应当认为内容是自在自为的。我们可以不时承认一个字面上的定义是正确的,使"实体"一词与其定义提供的表述相一致;但它所指示的内容是否自在自为地真实,这完全是另一回事。在几何学命题里,这样的问题完全没得到讨论,然而对哲学反思来说,它却是最主要的事情;而这正是斯宾诺莎没有做的。在他一开始提出的定义中,他仅仅解释了这些简单的思想,并把它们说成具体的东西;相反,需要做的是研究它们的内容是否真实。他只是从表面上对词句作了说明,但重要的是词句中所包含的内容。只要把其他一切内容都归结到这个内容,就能让该内容被它的中介证明;此外,这个第一内容是其他一切内容都依赖的东西,因为它是一切必然性从中产生的基础。①

---

① 《哲学史讲演录》,"斯宾诺莎"章。

我们在这里可以看到黑格尔完全反对使知识从属于绝对开端这一限制条件的任何主张:由这种方式得出的知识纯粹是相对知识。若干基本命题(例如定义,定义旨在固定概念的含义及其作用)作为真理之源而存在,后续的知识都取决于它们,因为后续的所有知识不过是对由它们已一下子直接给予出的东西的说明:悖论就在于,后续的一切东西都取决于它们的这些命题之所以似乎是不能被质疑的,恰恰是因为它们是在开端被设定的,是在没有先决条件的情况下被设定的。但设定这种初始真理的行动只可能是某种形式性的决断,这种决断的内容只可能是停留在语言上的东西:诉诸自明性标准的做法为这种程序赋予了一种一般的和抽象的担保,这种担保所具有的价值完全是相对性的,它仅"奠立了"诸命题的外在顺序,并且是在不决定它们的内容——也就是说它们的真理——的情况下保证了这些命题的连贯性。

> 这种客观思维构成了一门纯粹的科学的内容。所以这门纯粹的科学既不是形式性的,也绝不缺少现实的和真正的知识的质料,倒是唯有它的内容才是绝对真的东西,或者,如果人们还愿意使用质料这个词来说的话,只有它的内容才是真正的质料,但它又是这样一种质料,它的形式不是外在于它的东西,这种质料毋宁说就是纯粹的思维本身,因而也是绝对形式本身。①

---

① 《逻辑学》,扬克列维奇第二版译本,卷一,第35页。

从这个角度来看，这是一种被证明为无效的认识方法论规划。举例来说，在黑格尔看来，亚里士多德的逻辑学只是一种必然在事后被建构的对认识过程的经验描述，这种经验描述是将认识过程系统地化简为若干规则、程序的操作，而这些规则和程序是完全外在于任何内容的：

> 这门科学的主旨在于认识有限思维的运用过程，只要这门科学所采用的方法能够适合于其所设定的对象，这门科学就算是正确的。①

一套方法论设定了它的对象，这套方法论因为无法构造它的对象，所以只能面对着它面前发生的一切全盘照收，并且把这种外部给定的东西当作它自己的对象。正是由于这一原因，这种保持着对内容的真实运动的冷漠的方法，或者说保持着对事物本身的冷漠的方法，绝不能仅仅因为它在操作层面的有效性而被认为是自在的真实的。方法不是知识，甚至连学问都算不上，而只是或多或少有效的知识技术。因此，方法论在制约真理本身、用同其形式性程序保持一致性的良好方法来指导认识方面表现出的那种野心确乎荒谬：

> 所谓规则、规律的演绎，尤其是推论的演绎，并不比把长短不齐的小木棍，按尺寸抽出来，再捆在一起的做法好多少，也不比小孩们所玩的用多种方式被剪碎的图

---

① 《哲学全书》，布尔乔亚译本，第 20 节附释，第 421 页。

画碎片拼出原图的游戏好多少——所以人们把这种思维和计算等同,又把计算和这种思维等同起来,并不是没有道理的。①

在黑格尔看来,《伦理学》中的证明并不能使真理借以获得其必然性和总体性的形式,而只是对真理的某些散乱的、注定不完整的元素的毫无意义的排列——那些证明除此之外还能是些什么呢?

就此而言,任何方法都不可能先于思维的活动,也无须先研究它自身才能使思维得以开始活动:"对方法的讨论"不可能先于"对这种方法的尝试"。因为,对方法的讨论只可能是对一门实际科学的回顾性的拙劣勾勒,这门实际科学的运动(它的运动是已经完成了的)在这里不过是倒映在一种普遍知识形式的幻觉之中罢了。如果说我们还能谈论方法的话,这是因为,在我们谈论方法的时候,我们是在表明方法与生产了它的知识是不可分割的,也就是说方法既不出现在知识之前,也不出现在知识之后,而是伴随着它出现的:

>方法无非是整体按照其纯粹本质性而建立起来的一个构造。②

---

① 《逻辑学》,扬克列维奇第二版译本,卷一,导言,第 23 页。

② 《精神现象学》(*la Phénoménologie de l'Esprit*, Paris, Aubier-Montaigne, 1966),伊波利特译,序言,第 111 页。

方法不可能用一种初始规则的形式性条件囊括知识的全部展开:方法不是别的,而就是知识的展开本身,就是在其具体必然性中被把握的、与其发生相同步的知识的展开本身。这使黑格尔能够作出如下补充:

> 对于迄今谈到方法的那些流行言论,我们必须意识到,一个由某些与哲学方法相关的观念所构成的体系也隶属于一种过时的教化。①

知识使方法得以实现,离开这一点,方法便没有任何价值:

> 对于那唯一能成为真正的哲学方法的阐述,则属于逻辑本身的研究;因为这个方法就是关于逻辑内容的内在自我运动的形式的意识。②

方法不应是别的,而是知识的自我知识,是它在它的实现过程中所辨认出来的它的自我知识。

这样一来,"方法",就这个词仍然是有意义的而言,便蜕去了全部的形式性的和抽象的特征,因为"这个方法与其对象和内容并无不同"③。

方法不再是"某种"方法,或者说,不再是一种认识的窍门,而

---

① 《精神现象学》,伊波利特译,序言,第111页。
② 《逻辑学》,扬克列维奇第二版译本,卷一,导言,第24页。
③ 同上,第26页。

是反射在它自己的对象之中的、反射为它自己的真正对象的知识本身:

> 由此足见,方法不是外在的形式,而是内容的灵魂和概念。方法与内容的区别,只在于概念的各环节,而就它们本身、就它们的规定性来说,方法表现为概念的总体。由于这种规定性或内容和形式要返回到理念,所以理念便被表述为体系的总体,这体系的总体就是唯一的理念。唯一理念的各个特殊环节中的每一个环节都同样自在地是同一理念,又通过概念的辩证法而推演出理念的简单的自为存在。在这种方式下,[逻辑]科学便以把握住它自身的概念,作为理念之所以为理念的纯理念的概念而告结束。①

方法的形成与知识的展开相吻合,前者在总体中表现着后者的运动,并将后者的运动表现为总体:方法并非在初始奠基的行动中开启知识过程,而是从对知识过程所达到的成就作最后的回顾中得出结论。显然,黑格尔认为方法范畴已经丧失了全部的独立意义:要保留方法范畴,就只有对其哲学价值作彻底的颠覆。

不过,当黑格尔讨论方法的概念和有关哲学方法的规划时,他总是参考方法在数学中的作用。即使不在数学本身之中,也是在"数学提供了普遍有效的推理模型"这类观念或偏见中,方法在认识过程的展开中、在真理的展开中享有的特权有其根源。但黑

---

① 《哲学全书》,布尔乔亚译本,第243节,第463页。

格尔却有一个一贯的论点,即,数学再也无权声称自己在认识工作中承担这种调节功能:

> 那种先建立一个命题然后作出证明,并以同样的证明来反驳另一个命题的做法,并不适合用来表达真理。真理是一种盘桓于它自身之内的运动,但那个方法却是一种游离于材料之外的认识活动。就此而言,这是数学独有的方法,而且必须交给数学来保存。①

如果说知识是必然地受决定的一个过程,那么,它之所以必然受决定,就不再是由于它符合于控制着一系列命题的推理的形式性顺序使然:哲学——就其作为概念的自我生产的运动而言——再也不能被细致的推导这一理念所框范。

就算哲学毕竟在其早期阶段遵从这样的义务,这也是因为哲学和数学之间确乎有着某种共同之处。二者共同之处就是通过思想将现实的决定性投射在具有一般性的尊严的认识之中。但这个共同要素不是本质性的,因为它外在于认识的内容,只是由抽象反思得出的东西:

> 科学文化与哲学共享的东西,是形式性的东西。②

故此,数学真理和哲学真理之间只可能具有表面上的相似

---

① 《精神现象学》,伊波利特译,序言,第 113 页。
② 《哲学史讲演录》导言,基博朗译,卷一,第 183 页。

性。接下来要指明的就是究竟是什么——尤其是在斯宾诺莎的时代——使数学真理和哲学真理的混淆合法化了:在黑格尔看来,这纯粹是环境使然,在另外的历史时刻,这种环境原因便失去了它全部的价值。在知识的事业被不可逾越的教条权威所阻遏、压制的时代里,数学推理显然是抵御这种压迫的最有力的斗争武器:数学推理与哲学一道并且在它们共同的运动中代表了摆脱一切外部束缚而"通过我自己来思考"①的同一种努力。但时过境迁:与教义至高无上的权力一起消失的,是对它作出妥协的必要性,离开那个环境,那些妥协很快就变得暧昧模糊。黑格尔从事著述的时代则是一个自由思想的时代,思想以其自身的方式达到了它现实化过程的终点,在这个时代里,反倒是使哲学同它暂时的盟友数学区别开来的东西占据了上风。

这种区别从根本上说就是关于有限事物的科学和关于无限事物的科学的区别;显而易见,在这两种情况中,"科学"一词指的是完全不同的现实性——一种"科学"是抽象的认识,总是在外部寻找它的对象,而另一种"科学"则是具体的知识,它就是它自己的内容,因此也使它自身实现为绝对的知识。如果说理智(理智是认识与表述在形式上同一的一个绝佳场所)是理性思维中的一个必然决定,是在知识的整体过程中有其位置的一个环节的话,理智也正是通过限界而存在的,知识也正是通过它的限界活动而在知识整体过程的展开之中为自己划定了地盘的;与理智相适配的视角也仅具有与这个特殊位置相关的价值,仅此一个原因,便足以驳回它对普遍性提出要求的权利。

---

① 《哲学史讲演录》导言,基博朗译,卷一,第 193 页。

黑格尔之所以把数学放回到他所理解的数学应有的位置上，其根据可以在我们多次提到的《精神现象学》序言的一个著名段落中找到，那段文字以极其清晰的形式表明了黑格尔这么做的根据。黑格尔在那个段落以相当令人吃惊的方式先是指出数学真理和历史真理可归为一类，他将这种真理归结为以"独断论思维方式"为典型特征的就事论事的真理，而"独断论思维方式"总是在对真假作一劳永逸地区分：

> 诚然，诸如"恺撒是什么时候诞生的"以及"一个竞技场的长度为多少尺"之类问题应该得到一个利索的答案。同样，说直角三角形的斜边的平方等于另外两条边的平方之和，其真实性也是确凿无疑的。但是，这些所谓的真理就其本性而言是与哲学真理有差异的。①

这一合并极具意义，因为它表明黑格尔对数学的攻击既针对的是数学的形式主义，也针对的是数学的经验主义，这两个方面虽有异曲，但实质上同工：抽象不是使我们摆脱直接性的东西，相反是使我们陷入直接性之中的东西。正如勒布伦（Gérard Lebrun）在他关于黑格尔的卓越著作中所说：

> 理智性思维从来都是借助与感性同样的素朴性进行着它的工作的，而且对得自于它与感性的持续关系的那些表述（比如"时间"）丝毫不加质疑，但即便如此，理

---

① 《精神现象学》，伊波利特译，序言，第95页。

智性思维也还总是使其自身完全抽离于感性。①

在黑格尔看来,数学的这种"素朴性"可以由这样一个事实来说明,即,形式性推理无法运化生成它的对象。它的对象是被给予它的,是在这种推理就这个对象所做的思维运动之外存在的;这个对象因而就像常识所理解的属于经验的一切事物一样,是被设定在事实之中的。这种对象仅在理智之中得到表述,但同时却又存在于理智之外:

> 数学证明的运动不是其对象的一部分,而是游离于事情之外的一种工作。②

形式和内容因而由于在这里是互不相干的东西,所以必定是以必然有限的方式存在的。

这种有限性不仅仅是数学推理同它所瞄准的内容之间的关系的特征,而且还给数学推理的形式打上了烙印:黑格尔在证明的不可逆且强制性这一看似坚不可摧的顺序背后,发现了一系列互不相干的独立元素,这些元素只是以毫无联系的方式在毫无必然性可言的情况下简单地被相加在一起。因此,这种证明所给出的不过是一幅自由思想的漫画,不过是关于运动中认识的幻觉:演证只是对人为地排布成横行纵列的若干命题加以组合(参看前

---

① 吉拉尔·勒布伦:《概念的耐心》(*La Patience du concept*, Paris, Gallimard),第 78 页。

② 《精神现象学》,伊波利特译,序言,第 99 页。

面提到过的拼图游戏隐喻),进行有限操作所以得出的一种构造,这种构造以此方式得出暂时的确信,或者说,得出对证据感满满的"主体"的赞同——这个操作"主体"为自己强行设定了这种部署和限制,并不越雷池半步地履行这种运算工作。我们最好还是再一次援引勒布伦的评述:

> 把"思想"加以割裂孤立,再将它们当作简单的认识对象串联起来,理智通过这种做法认可了知识是一种"主观"策略这一观念。"思想"理当是抽象的,"认识"理当是片面的、"认识"的领地是与实践不搭界的,等等诸如此类的观念就是不言而喻的了。知识把"在我头脑中"真实的事物接受下来,并且把"知识"简化为按我能轻松地一览无余的顺序分配的内容。①

数学家声称自己生产客观性认识的自命不凡就这样被挫败了;但是,数学知识的主观性是僵死的思想的主观性,这种主观性受制于由幻觉性的个体自由决断所支配的技术性偏见,不可避免地受着来自外界的操纵;这种主观性不是概念的活的真实主观性,后者是通过实际的自我掌控来实现其自身的,而概念的活动真实主观性的这种自我掌控也是概念的知识本身。数学家的事业与哲学家的事业的区别就在于此:more geometrico, id est non philosophico(几何学方法并非做哲学的方式),反之亦然。

因此,斯宾诺莎的首要错误就在于他试图将数学推理引入哲

---

① 吉拉尔·勒布伦:《概念的耐心》,第77页。

学,从而将数学推理特有的缺陷也一并引入:《精神现象学》序言中有一个格外粗暴的说法还指出"把数学的认识当作哲学必须努力追求的理想的恰恰是非哲学的知识"①。实体观点就完全取决于外在模型的这种规定:"斯宾诺莎学说在这一点上是有缺陷的哲学,即,反思及其多样性的规定是一种外在的思维。"②黑格尔还说:"斯宾诺莎学说的缺陷在于并未认识到形式内在于内容里,而只是以主观的外在形式去规定内容。"③斯宾诺莎学说表面上体现出来的追求严格性的绝对志向,同它的无能性是一纸的两面,它的无能性就在于它无法在其自身之中发展出一种必然的、实际充分满足其客观具体内容的理性。

几何学在借给哲学形式连贯的表象的同时,又把乃是几何学自身全部工作程序基础的武断性传染给了哲学。在《哲学全书》第229节的附释中,黑格尔评论说:"无论综合的方法,还是分析的方法,皆同样不适用于哲学。"④而综合的方法正是几何学家们所使用的方法,他们通过定义构造他们的对象,斯宾诺莎所想要做的亦是如此。但在黑格尔看来,几何学方式的有效性是有限的,它在它自己所属的领域内处理的是抽象的现实性,若将几何学方式用到这个领域之外就完全不合适了;这种方法尤其会剥夺哲学有效处理对象的一切可能性,因为哲学对象是容不得一点抽象化的。这是斯宾诺莎不明白的,斯宾诺莎"就是从定义开始的,

---

① 《精神现象学》,伊波利特译,序言,第91页。
② 《逻辑学》,拉巴里埃尔和雅尔奇克译本,卷二,第238页。
③ 《哲学全书》,布尔乔亚译本,第151节,第586页。
④ 同上,第619页。

譬如他说：实体即是自因的东西。他的许多定义留下了不少最富于思辨的真理，但只是用论断的形式表述出来的"①。因此显而易见的是，斯宾诺莎从一开始就使自己置身于真理的领域之外。

斯宾诺莎体系对方法的重估

我们要问的不是黑格尔针对几何学家们的方法提出的反对意见是否成立，我们要问的是这些反对意见是否真正触及了斯宾诺莎哲学中的某种东西，以及这种相遇是在哪一点上发生的。

让我们从斯宾诺莎本人就方法给出的定义开始："真方法究竟是什么，真方法究竟主要在哪里，这一问题就很清楚了，它仅仅在于纯粹理智的知识、纯粹理智本性及其规律的知识。"②"假如思想的本性即在于构成真的观念，像我在方法的第一部分所指出那样，那么现在必须研究我们所了解的理智的能力或力量是什么。因为我们的方法的主要部分即在于对理智的作用力和性质加以透彻的了解。"③这就意味着方法并非通常意义上的一种"认识"；事实上，若非我们的认识能力（我们的认识能力表现着理智的性质）之故，方法什么都认识不了。把方法置于认识顺序之外的划分典型地表明了斯宾诺莎的反笛卡尔主义。

"对理智的作用力和性质加以透彻地了解"实际上是什么意思呢？这句话的意思绝非像在笛卡尔那里意味着对理智的用途

---

① 《哲学全书》，布尔乔亚译本，第 151 节，第 619 页。
② 标号为第 37 封的致鲍迈斯特的信。
③ 《理智改进论》，第 105—106 节。

划定边界:因为理性的能力不是先天地由限定其活动范围的那些条件决定的;只要我们循着与笛卡尔为认识设定的那种途径不同的另一途径思考、不再依赖他的"方法",我们就可以认识一切事物,达到绝对知识——这是斯宾诺莎那里的一个一以贯之的主题。

实际上,就方法瞄准的是我们认识对象的能力而非这些对象本身而言,方法是以这种能力的运用为前提的,方法的先决条件因而是方法所生产出的知识:"由此可见,方法不是别的,只是反思的知识或观念的观念。因为如果不先有一个观念,就不会有观念的观念,所以如果不先有一个观念,也就会没有方法可言。"①我们在这里看到传统的优先性顺序被颠倒了过来:观念的观念是反思性的认识,这种知识把理智的力量当作它自己的"对象",但作为反思性认识的这种观念的观念并不是真理外显的条件,相反是真理外显的效果和结果。方法并非先于认识的发展,而是对认识的发展的表现或对认识的发展的反思。这就是说,必须先产生真观念,然后才可能识别(按照黑格尔的说法来讲,才可能形式性地识别)这些真观念的观照条件:《理智改进论》中一则著名的插入语所提示的东西"habemus enim ideam veram":人有真观念,若非凭借真观念,人就既不可能知道他有此真观念,甚至也根本不可能知道什么是"有真观念"。但是笛卡尔所言正好相反:在正确按照顺序进行认识之前,我们必须掌握这样去进行认识的办法,或者说,我们必须知道如何根据真理的构成规则(黑格尔会说"形式性地")在可能的情况下识别出真理。

---

① 《理智改进论》,第38节。

斯宾诺莎所作出的颠倒引发了对方法的移置和重估。移置：如果说方法是一种效果的话，那么正如我们说过的，它必须是在认识之后而非之前出现的；这就解释了——比如说吧——《神学政治论》中的一处"反常"，这个"反常"的结构方式历来让所有评注者望而却步，行文至第七章，在对预言和奇迹作了充分的分析之后，斯宾诺莎才开始阐释他关于《圣经》解释的"历史的方法"；这意味着一种方法被阐明之前，必须先得到有效的运用。在方法中起作用的是认识，而非在认识中起作用的是方法。

重估：这种重估实际上是一种贬抑。"要理解这一点，至少就方法所需而言，我们无须通过心灵的第一因来认识心灵的性质，而只需按照培根的那种方式对心灵或感知作一个简单的说明就足够了。"①方法是在事后对有效工作着的认识的反思，因而方法也仅是对认识程序的经验性盘点，并且是处在对认识程序起指导作用的真实原因的一切决定机制之外的。这尤其表明方法丧失了由笛卡尔认识论为之赋予的立法性的奠基功能：它不再拥有为真理赋予其基始条件的权力，它能做的只是以某种孤立和武断的方式在事后得出真理条件的某些方面、某些性状。在这种意义上说，《理智改进论》就是一部"反方法谈"。

与关于方法的经典观念一起被颠覆的，还有关于"顺序"的经典观念：理性认识的展开不再从属于连续性工作程序的严格等级制，那种等级制的层层递进仿佛是一劳永逸地被固定了似的。如果说按《伦理学》副标题所示，这部著作"ordine geometrico demonstrata（依几何学顺序证明）"，那么，这里所说的"顺序"指的就绝

---

① 标号为第 37 封的致鲍麦斯特的信。

非命题与命题之间的上下关系,而是指的别的东西。我们知道,斯宾诺莎反复不断地重构并调整《伦理学》证明的部署方式,而且没有任何证据表明他留下的那些证明部署方式是最终确定的状态。因此,《伦理学》所说的"顺序"不是命题与命题的一种固定僵死的联结,就像在笛卡尔那里一样,仿佛一劳永逸地被开端和终结所封死,并通过线性的论证序列直接从一个命题进到另一个命题似的。对斯宾诺莎来说,关于方法和顺序的观念不应再由优先性标准来形式性地决定,相反,方法和顺序是对真实思想运动的表现。

> 既然真理无须任何标记,而只需具有(habere)事物的客观本质,或者——这是一回事——事物的观念,就已经足够驱除任何疑惑。所以真的方法不在于寻求真理的标记于真观念既已获得之后,而真的方法乃是教人依适当顺序寻求真理本身、事物的客观本质或事物的真观念(所有这些术语都是指同一个东西)的一种途径(via)。①

斯宾诺莎回溯"方法"一词的原始含义,由此指出方法就是真观念实际历经的途径(via),而真观念之为观念,是按照其自身性质特有的规律在心灵中产生的东西,并不依凭任何外部的模型。故此,观念的顺序就是观念的实际生产顺序;这种顺序是必然顺序,其必然性不来自某种仅以偶然方式得到满足的法定义务,而

---

① 《理智改进论》,第36节。

是来自真观念的内在原因性关系，这种内在原因性关系决定着真观念生产出它的全部效果，也就是说，所有的观念都取决于真观念的这种内在原因性关系。

所有这些考虑并未使斯宾诺莎远离黑格尔，反倒是使他更接近黑格尔：像黑格尔一样，斯宾诺莎也认为方法——笛卡尔意义上的方法——对充分的思想发展来说绝非一种有效的工具，而是一种障碍。这是相当有意思的一个后果，斯宾诺莎在把方法与认识之间的传统联系拆解开之后，却得出了与黑格尔本人提出的方法定义非常近似的方法定义：在黑格尔看来，方法是一种反思性的认识，使知识借以在其中得以形成的"内在自我运动的形式"正是在这种反思性认识中成了有意识的"自我运动形式"；在斯宾诺莎看来，"观念的观念"是对观念的真实运动的再现。因此，我们在两位哲学家的方法观立场上看到的不是一种对立（这种对立本可能为黑格尔的批评提供确凿的依据），相反，我们在他的意图中发现了某种与斯宾诺莎共同的线索，这条共同线索拉近了两种学说，使二者投入到反对共同对手的战斗之中。让我们对这场战斗作一切近的审视。

在《理智改进论》一段重要的文字（第 30 节）中，斯宾诺莎阐述了传统的方法观站不住脚的原因。倘若像笛卡尔所做的那样（例如《指导心灵的法则》的法则四），确立了方法相对于认识发展的优先性，我们必然会招致怀疑论者们的反驳，他们十分合乎逻辑地从认识的这种先决条件中推导出了任何知识都是实际不可能的。事实上，如果认识需要一个方法，那么它同样需要一个方法来建立这个方法自身，以此类推，以至无穷：这样我们就很容易证明人们永远不会通向任何认识，因为我们所宣称的追求真理的必要手段恰恰阻止我们到达那里。

为了说明这种困难,斯宾诺莎在这里再次利用了笛卡尔用过的一个奇特比方,不过斯宾诺莎对这个比方的利用却也让笛卡尔言说出了一些完全不同的东西。在《指导心灵的法则》第八条中,笛卡尔将他所说的方法比作某些手工技术,以此证明他所说的方法设计的合理性:铁匠需要诸如锤子、铁砧等工具才能进行他的实践,这些工具必须先于铁匠的工作而存在;他从大自然赠予他的材料(石头、大块的石料)中获得那些工具,然后才能从事产品(头盔、剑)的生产。笛卡尔说,道理与此相同,在认识事物之前,必须掌握从事这种活动的必要手段,利用直接属于我们心灵的先天元素:这个先决条件就是方法。

我们在这里引用的《理智改进论》的那段文字中,斯宾诺莎在字面上重复了笛卡尔的这个比方,但为的是得出一个完全相反的结论:认识的过程没有任何先决条件。事实上,就像怀疑论者借助传统的知识观证明了获取真理的不可能性一样,我们通过无限回溯的方式也只能证明人无法锻造金属;因为,人需要有锻造金属的工具,他们必须先利用已有的办法创造出这些工具,如此等等,回溯至无穷。但在这里,如同在认识中一样,实践作为明证揭穿了无限回溯性证明的虚假性:人确乎锻造了金属,人确乎有思想(《伦理学》第二部分公理二);因此,我们无须第一工具就能改造自然;同样,我们也无须第一观念(即笛卡尔意义上的原理)就能认识事物。与此同时,斯宾诺莎也解决了怀疑论者所提出的困难,并找到了攻破他们论证之盾的矛。这柄矛实际上是无坚不摧的,因为这柄矛的真实对象正是传统的认识观,正是这柄矛揭穿了传统认识观的内在矛盾。要摆脱这种矛盾,只需要抛弃使真理受制于可能性前提条件的这样一种真理难题性就足够了。

把理智的知识发展比作改造自然的技术史,斯宾诺莎在重提这一比方的过程中却是为了消除在笛卡尔思想中占支配地位的认识工具论观点。笛卡尔的推理是:我们要从事认识,就必须首先掌握方式方法,然后我们才可以通过这些方式方法获得正确的认识;因此我们必须从一个好的方法开始,我们必须知道我们能知道什么,我们必须知道我们能依赖哪些观念,我们必须知道为了达到这一目标必须采取什么道路。笛卡尔用来为他的上述要求进行辩护的例子,在斯宾诺莎这里,在相反的意义上得到了阐释:在认识的历史中(因为有的不仅是推理的顺序,还有认识的历史),"方式方法"并不是作为先决条件起作用的,方式方法本身必然是孕育出真观念或观念成品等其他生产过程的同一个运动中的产物。认识只能在它自身制定的范围内运用工具,没有任何法定的特权以天赋前提的名义规定工具的运用。这就是说,真观念的生产不是被理智技术的简单运用所控制的,就好像理智技术只是让真观念充当着某种前提性方法的有效性验证似的。正如我们已经指出的那样,对这种传统的方法观(这种观点将方法视为对工具的操作)的反驳在黑格尔那里同样非常重要;黑格尔对这种方法观的反驳甚至是他反对斯宾诺莎的论据。

现在我们可以进一步说:如果在斯宾诺莎看来,认识的发展不能归结为方法的运用,那么知识就是没有绝对开端的。然而在笛卡尔那里,与先前思想形式断裂的这种初始条件支配着对真理的追求,而先前那些思想形式不过是一种无知,注定要没入使它们混淆成一片的晦暗之中;决定[认识的]真起源的是理智的改进,理智改进从知识诞生的那一刻起就对知识进行着更新,其他所有观念也都由此产生,知识的更新和观念的生产也都在理智改进的作用下朝着理性和必然的顺序的正确方向展开。斯宾诺莎的"理智改进(emendatio intellectus)"——emendatio 是一个源于医学的术语,我在这里用法学或宗教语境中的"改进"一词来翻译该词——规划看似重复了知识起源论的观点,但实际上却是在全新的基础上提出有关认识及其历史的问题,进而压制或重塑了这个观点。

事实上,在斯宾诺莎那里,让我们借以摆脱知识工具论观点所造成的恶性循环的"被给予的真观念"与笛卡尔意义上的原理完全相反。斯宾诺莎的确说过心灵需要一种"自然的工具"才能开始认识,但在他看来,这种"自然的工具"根本不是什么"真理的胚芽"或"原初认识",仿佛必定由"真理的胚芽"或"原初认识"生出的知识都先于其自身的现实化而先定地蕴藏在那"真理的胚芽"或"原初认识"之中似的。

也就是在这里,借自笛卡尔的那个手工技艺历史的比方才获得了它的全部意义,这是一种必然远离笛卡尔的意义。铁匠使用的第一把锤子根本不可能是一把真正的锤子,非但如此,使用这把锤子的人也根本不是真正的铁匠,他使用的只可能是一块从路边捡来的石头,这块石头本身并不是完善的"自然的"工具,它仅仅由于人把它当作工具加以利用才成其为工具,它当然并非从一开始就作为工具存在。因此,在原始时期,人只是借助临时的工具来制造物品,先是造出不完善的物品,然后再造出越来越完善的物品,这些物品中就包括更适合用来改进制作工艺的种种工具:正是通过这种方式,人们"paulatim(一点一点地)"走上了进步的道路,"一直达到费最少的劳动完成大量复杂的器具"。与此相同,理智最开始不得不运用它所具有的观念来进行工作,就好像那些观念是真正的知识似的,在从事这样的工作时,理智使这些观念生产出它们所能产生的全部效果,在这一过程中,理智也逐步改进它自身的活动方式:理智就这样不断通过完成理智的作品(opéra intellectualia)而"到达智慧的顶峰"。

　　这一分析清楚地表明,思想并没有可以一劳永逸地保证它走上导向明确的正确道路的合适开端:合适开端之说纯粹是一种偏见,是笛卡尔学说中目的论幻觉的顽固症状。相反,认识是一种活动,这是一个对斯宾诺莎来说必不可少的观念,因此,认识既没有真正的开始,也不从真理开始,因为认识总是已经开始了的认识:既然根据人的自然/性质的事实而言,"人进行思想",那么从来都有观念在那里。正是由于这一原因,尽管我们否认了它的驳论价值,但毕竟我们之前提到的那种无限追溯的论证在一点上有其真理性:它回溯一个绝对连续的思想链条去描述知识发生的条件,但这个思想链条是没有可指认的开端的。真正的难题在于搞清楚我们实际掌握的这些观念("人有真观念[habemus enim ideam veram]")会变成什么、会被改造成什么,就像一块石头变成、被改造成一把锤子那样。这种改造涉及的不是简单的技术难题:难题的关键不在于去认识这些观念是怎么被利用的,因为在某种程度上说,观念并不先行存在,相反是它们的用途使它们得以存在于它们的运用结果之中。我们必须拥有它们进而才能"开始"获得认识的那些观念并不是我们可以赖以为全部的理性顺序奠定坚实基础的初始真理,毋宁说,那些观念是有待加工的材料,它们只有经过深刻地修改,才能在接下来的阶段服务于真理的生产。

我们在这里又碰到了曾在黑格尔那里看到过其重要性的一个论点:关于原初知识、认识基础的奢望是可笑的。这种奢望认为心灵注定在其实际的历史中会经历一个开端,但实际上没能看到这种开端的不可避免的虚假性:根据定义,所有的开始都是稍纵即逝、未完成的,也是注定要消失的,开始只有消失才能让真正的前提条件登场。开端的合理性仅在于它们的内部脆弱性、内在矛盾的性质,它们的内部脆弱性和内在矛盾的性质使它们实际发挥着助推一场运动的推动力作用,这场运动随后又会将它们全部抹除。如果说认识是可能的,也正是认识与它的开端之间拉开的这段距离使之成为可能:认识不是以展开已经确然在开端中被给予的内容的方式自开端"而来"的,相反是以摆脱开端的不确定性和必然抽象性的方式自开端"而来"的。不存在认识的先导,也没有认识的最佳方法,因为思想唯有在它的有效实践中才能得到推敲,才能被思考为心灵的实际活动;心灵的这种实际活动也唯有在实践中才能形成它自身的作用力(vis sua nativa),并让它自身的作用力得到运用和检验。

如果说认识的发展并不是先行抽象地固定一个框架,然后再循着推理的顺序去填补这个框架,这是因为认识首先是在它的真实历史之中、在它的实际工作之中存在的。我们可以说,知识是一个过程,是观念生产的过程,正是由于这一原因我们才能将知识过程比作物质生产的过程。当我们谈论观念同观念之间的原因性序列与事物同事物之间的原因性序列是一回事的时候,这一点就完全清楚了:在现实中和在思想中表现着唯一且相同的顺序,表现着唯一且相同的运动。也正是因为这一原因,知识必须被理解为一种活动,而不能被理解为一种消极的表述,这是斯宾诺莎反复不断强调的观点：认识并非先定真理的简单展开，而是知识在实际之中的发生，这种知识绝不可能先于它的现实化过程而存在。这就是认识的渐进过程不受通过"奠基"而担保着真理的某个绝对起源的制约的原因所在：与受开端划定界限决定的形式性顺序不同，实践并没有真正的开端，因为实践总是开始了的实践，它开始的方式也使它的"开始"不是"真正"的开始。我们看到，在斯宾诺莎那里也存在着有关认识的历史的观点：这种观点从不把真理视为从一开始就被固定下来的一种标准，相反，真理是与它在其中得以构成的运动分不开的，真理运动就是真理自身的标准。黑格尔指责斯宾诺莎建立起来了一种僵死的认识模型和理式，这种僵死的知识以复制某种固定不动的秩序为第一要务，因而也把一切运动摒弃于他的哲学之外，当我们看到黑格尔的这种指责的时候，我们惊讶地看到他对斯宾诺莎学说中的根本性倾向视而不见或作了歪曲的理解。

观念——一切观念——都有其原因并因而是充分的；在每个观念的内在决定之中，任一观念都表现着心灵（心灵即观念生产的场地）的动作力量。但是，这种力量（puissance）不是权能（pouvoir），即由其固有条件所限定的天赋所内禀的从事抽象的权能，或者说，不是笛卡尔意义上的"自然之光"；心灵的动作力量是投入到努力、劳作和现实化之中的思想的具体施展，我们甚至可以说是物质性施展。在《伦理学》中，斯宾诺莎试图"引导我们犹如牵着手一样达到对人的心灵及其最高幸福的认识"（《伦理学》第二部分的序言），要做到这一点，就须顺着我们必须遵循的证明的必然顺序来进行，而绝不能离开证明的必然顺序。但这一顺序与笛卡尔意义上的论证的顺序有什么不同呢？如果说，完全由方法这一先决条件决定的道路是僵死的,正如我们所知的,只能将我们导向对一个全能而诚实的神的虚构,那么,斯宾诺莎所开辟的道路与这僵死的道路有什么不同呢?

我们必须根据已经被我们建立起来的那些前提,开始对《伦理学》进行一种不带偏见的、摒弃绝对开端幻觉的阅读。斯宾诺莎学说的陈述即便是从定义、公理和公设开始的,即便是从实体开始的(或者只要你愿意,也可以说是从神开始的),这也不意味着这些初始概念构成了真理的源头,就好像从这个真理源头可以顺理成章地推导出一切真理,而由此推导出的一切真理也都是这个先定的来源的展开、都是对这个源头的说明似的。实体、属性、样式这些出现在初始原理中的概念,就类似于最早的铁匠赖以"开始"他们的劳动所需要的粗糙的石头:它们是仍然具有抽象性的概念,是一些简单的术语,是只有在证明过程中才能发挥作用并生产出现实效果并因而获得其真实含义的自然观念,这也就是说,这些观念的效能并不是在开始的时候就表现出来的。也许我们甚至有必要以理解黑格尔《逻辑学》的同样方式来理解斯宾诺莎《伦理学》:这部著作并非线性、同质的、有着自始至终一律为真的形式的陈述,就好像这种陈述为自身设定了一个一致性理念,仅是对一个已然确立的秩序的渐次展开似的;相反,它是一个真正的认识过程,在这里,认识的生成、认识的自我概念化是一个实际运动过程,在这一实际运动之中,认识一点一点地推进它自身的必然性并构成其自身。如此来看,我们在《伦理学》第一部分开篇就碰到的、以几何学式定义被介绍的实体或"causa sui(自因)"类似于黑格尔那里的"存在":这是一个不牢固的因而难以维持的概念,要理解并把握这个概念,就必须对它进行改造。

然而,刚刚指出的这种相近性很快就达到了极限:矛盾——这是在黑格尔那里构成了理性展开契机的东西——完全不见于斯宾诺莎学说的证明过程之中,要求在斯宾诺莎学说的证明过程中找到矛盾的做法无疑是荒谬的。对斯宾诺莎来说,理智的能力完全体现在理智的运用之中,因此是肯定性的,是与受挫和失败毫无关系的自我肯定:理智的能力不包含任何否定性。我们是否应该像黑格尔所说那样,将矛盾的阙如解释为斯宾诺莎学说自身缺陷的一种症状呢?这个体系既缺乏对它起决定作用的矛盾,同时还缺乏运动,也就是说缺乏引导并更新心灵自我返回的内在生命,以至于历史和理性无法在这个体系中实现汇合:只思考肯定性(纯然的肯定性)的思想仍然是僵死的和静止的思想。相反,黑格尔学说中的概念则不断地克服它所必然面临的种种阻碍,以此方式使其自身得到推进:这种概念所经历的历史更为真实和必然,因为这是一种充满了预期、焦躁和挫折的历史,这些预期、焦躁和挫折也使这样的历史真的持续长存。然而,如果说斯宾诺莎学说体系以它自身的方式将认识理解为一种过程,那么,这一过程的推进方式与黑格尔那里的认识展开方式是大为不同的,因为斯宾诺莎学说体系中的认识过程是对某种绝对肯定本身的永恒化:这是否意味着斯宾诺莎学说体系中的认识过程只是徒有渐进发展的外表,其内里仍旧受抽象时间——既具有平行性顺序又具有连续性顺序的抽象时间——的法则支配呢?倘若是这样的话,斯宾诺莎对理性历史的发现实际上不过是一种幻觉。

为了摆脱这个困难,我们必须指出,在斯宾诺莎学说所谈论的历史中不仅不存在矛盾这种推动力,而且也不存在矛盾最典型的产物,换言之,也不存在使全部过程指向一个目的(作为整个过程的全部工作的根本秘密的目的)的导向。斯宾诺莎之所以运用几何证明,其基本的方面就是对目的论的彻底拒绝。但是,在黑格尔看来,矛盾既是创造历史的手段,也是超越历史的手段,矛盾推动历史,直至将历史推向它所有连续的方面都得到统一和调和的终点。从这个角度来看,黑格尔辩证法很可能只是古典秩序概念的替代品,辩证法通过对这一概念的更新,恢复了它的担保功能;历史通过诉诸否定性的方式回归自身,在此过程中,历史也螺旋上升式地向着一个终点推进,而这个终点也就是历史本身的完成和实现;这样的历史是重复的,因为,它有一个方向,有一种意义,这种方向或意义在这种历史的每个阶段里都以永恒的方式确证其自身。因此,笛卡尔真正的继承人不是斯宾诺莎,而是黑格尔本人。

与黑格尔学说中具有目的论实质的精神展开相反,斯宾诺莎所阐明的认识过程是绝对原因性的;正是由于这一原因,这种认识过程是必然的,是不受任何先定规范制约的;它的肯定性不以任何使理智活动服从于某个外部、独立于其工作的某个模型的调节功能为前提。因此,这种认识过程与否定毫无关系:因为,否定是只有在目的论视角下才能建立起来的东西,正是目的论视角一劳永逸地让肯定的东西与否定的东西互补并立,让肯定的东西与否定的东西分有共同的意向并承诺二者的和解。如果说斯宾诺莎学说中存在一种历史的话,这种历史则是完全独立于上述假设的:斯宾诺莎学说中的历史的核心要义就是,这种历史的必然展开和它的物质性过程再也不用靠某种意义或方向的理念才能被理解。斯宾诺莎学说中的历史的理性不再与秩序的强制展开有关,因为这种历史不再是在某个目的之下实现自身的。

由原因去掌握知识

既然如此,那么,在斯宾诺莎本人来看,"more geometrico(几何学方式)"的程序还剩下什么呢?不断地提醒人们对数学家所提供的证明模型保持忠诚,恰恰与斯宾诺莎所走上的那条新路背道而驰——在那条新路上,斯宾诺莎不再将认识形式性地规定为一种顺序,而是将之视为一种实际的和非目的性的过程,难道不是这样吗?要想回答这个问题,我们就得搞清楚斯宾诺莎不断提及"more geometrico(几何学方式)"究竟是什么意思。

我们再次看到黑格尔仍旧认为斯宾诺莎延续了笛卡尔的思想,而完全轻视了斯宾诺莎的真实思想。于是,《伦理学》所组织的一系列命题不过是对笛卡尔《方法谈》所论述的关于严格性的理念的一种运用,不过是"那些冗长的、如此简单易懂的论证链条"的示例,那种"论证链条"只是几何学家为了直接获得某种认识而被构造出来的东西。但是,"more geometrico(几何学方式)"的程序实际完全表明了[斯宾诺莎与笛卡尔之间的]根本性分歧:斯宾诺莎非但与笛卡尔主义在认识难题性上并不一致,而且还与之形成了彻底对立。

要理解这种对立的意义,我们就必须回头检视笛卡尔《对第二组反驳的答辩》这一文本。在《笛卡尔哲学原理》开篇,斯宾诺莎就借该书的序言作者路易·梅耶尔之笔对此文本进行了评述。[1] 笛

---

[1] 斯宾诺莎说明了这篇序言是在什么条件下写的,请参阅标号为第13封的致奥尔登堡(Oldenburg)的信。

卡尔在《对第二组反驳的答辩》中区分了两种"证明方式",一种证明方式循着分析顺序,从效果追溯至原因,这种证明方式代表了"ratio cognoscendi(认识的根据)",也就是说,这种证明方式从它所处理的对象在思想中的表述出发,按照思想对这些被表述的对象的认识过程去把握对象——这也就是笛卡尔在《第一哲学沉思集》中所遵循的顺序。另一种证明方式则相反,从原因出发,借由原因推导出它们的效果,笛卡尔说,这种证明方法因而"使用一长串的定义、要求、公理、定理、问题,以便如果否认它的什么结论的话,它就指出这些结论是怎样包含在前件里边的,这样就会使读者们(不管他们是多么顽固不化)不得不同意"。这是古代几何学家所采用的方法:"但是它对于形而上学的东西却不怎么合适。[……]在术语形而上学的问题上,主要的困难在于清楚明白地领会那些第一概念。"把一种阐述顺序颠倒为另一种阐述顺序无疑是可能的。《对第二组反驳的答辩》以一个"几何学纲要"收束,在这个"几何学纲要"中,对神之存有的证明即"依几何学方式部署"。"部署",这个提法意味深长:这些证明依几何学顺序来"安排",因此,在笛卡尔看来,这不过是一种人为的顺序,只适合于处理某些特定问题,但毕竟仍旧外在于人的心灵特有的自然/性质,与自然之光/天赋理性相去甚远。因而这种综合顺序可以归结为对观念的形式性操作,因而也是应予从形而上学中摒弃的,只有这样才能为分析顺序腾出地盘,形而上学对分析顺序的迫切需要才是真正真理性的。由此可见,当黑格尔评价几何学方法并对之加以贬斥时,与笛卡尔的上述观点几无差别。

但就斯宾诺莎所采用的"more geometrico(几何学方式)"的程序而言,这种程序恰恰是以他对笛卡尔的批判为基准的,也就是说，斯宾诺莎拒绝笛卡尔就"more geometrico（几何学方式）"所作的推理和结论，并与笛卡尔相对立。在《依几何学方式证明的笛卡尔哲学原理》（而非《依几何学方式安排的笛卡尔哲学原理》）中，斯宾诺莎专注于一项乍看起来相当奇怪的事业：他以笛卡尔当作例子（并且是当作某种满足好奇心的东西）给出的几何学纲要为基础，重述了笛卡尔的全部学说，俾使此学说获得《沉思》所缺乏的一种证明形式。笛卡尔在阐述自己的学说时将分析的顺序放在优先地位，斯宾诺莎则拒绝了笛卡尔确立的这种优先性等级。斯宾诺莎抛弃的还不仅是这种体系的阐述形式：他从一开始就慎重地指出他不承认这个学说的内容是真实的。斯宾诺莎对笛卡尔哲学作几何学"翻译"并不是换一种方式言说同一个事物，这种几何学"翻译"实际上是借以采取与笛卡尔哲学拉开距离的新立场的一种方式。

斯宾诺莎将在《伦理学》中阐明一种完全不同于笛卡尔体系的哲学内容，而且这种哲学内容也是"依几何学方式证明"的；也就是说，这种哲学内容是在一个从原因进到结果的过程之中综合地呈现出来的。斯宾诺莎之所以要这样来呈现其哲学内容，显然是因为他确信这种呈现方式完全不像笛卡尔所揭示的那样是对证明的形式性安排。斯宾诺莎的这种选择表明根本不存在远离"几何学方式"（综合）程序的某种"哲学方法"（分析）程序，根本不存在远离阐述顺序的某种研究顺序，根本不存在远离"ratio essendi（存在的根据）"的某种"ratio cognoscendi（认识的根据）"。观念与观念之间如事物与事物之间一样，只有一种联系，即从原因到结果的联系，这唯一的联系也正是必然的原因性联系：观念间的原因性联系与事物间的原因性联系的这种同一性不以任何主观性担保为转移地决定了认识的客观性(任何主观性担保都是由"自我"或"神"提供的,而二者归根到底是一回事),或者说,决定了认识天然具备表现事物自身真理(而非仅对我们而言的事物真理)的力量。我们就此才能明白,"几何学方式"的程序是斯宾诺莎借以摆脱认识立法观的一种手段,而在笛卡尔那里,认识立法观仍旧使思想活动受某种人为构造系统的制约。

认识过程——综合地被决定的认识过程——再也不是以事物对我而言是什么为目标,而是以事物在其自身之中是什么为目标去把握事物。因此,这种认识过程完全摆脱了目的论幻觉,我们知道,目的论幻觉就是从自我出发投射出来的东西;这种认识过程基于一种严格原因性的必然性,而此必然性也是这一认识过程客观性的形式。从这个角度来看,非常有意味的是,《伦理学》第一部分就是以关于原因性关系原理的陈述作结的,该陈述为"无任何效果跟随着其自然/性质而出的东西是不存有的"①。这一陈述具有某些值得注意的特殊之处:首先,它是以绝对普遍的方式被陈述的,这说明该陈述的普遍性不是抽象的普遍性;斯宾诺莎避免说明这个原理适用于何种对象,从而也没有表明这个原理对一切内容都是漠不关心的,并不是说这个原理仅是在形式上被决定了但却不会对内容作出任何区分的一种可能性;这一原理适用于一切现实性(无论是被自然生产的自然还是生产自然的自然现实性),无差别地在一切现实性中发挥着作用。当然,原因与效果之间的关系在"自因"的东西的过程中和在样式性的连锁序列中有着不同的形式,因为在第一种情况中,原因与效果之间的

---

① 《伦理学》,第一部分命题三十六。

关系是内在性的,而在第二种情况中,原因与效果之间的关系是外在性的,但是,尽管如此,在这两种情况中,原因与效果之间的关系都肯定着同一种且唯一一种必然性,此必然性不可分割而只能作为永远到处同一的东西被认识:这就构成了第三种知识。其次,斯宾诺莎所陈述的这一原因性原理实际上颠倒了传统原因性原理的表述方法:"没有无原因的事物"这一众所周知的传统表述是由效果溯至原因的分析法得出的,如今被替换为了"没有无效果的原因"这一新的表述,此表述则是由从原因进到效果的综合法得出的,这个新的表述以一言蔽之的方式概括了斯宾诺莎所阐述的知识生成观。Causa seu ratio, ratio seu causa.①

也正是在这一点上斯宾诺莎与笛卡尔的方法难题性彻底分道扬镳。《第一哲学沉思集》从效果追溯原因:从有限的事物进到无限的事物,比如从人追溯到神,以与事物的实际生产顺序(这一顺序必然是从原因到效果的生产)相反的顺序来看待事物:我们可以看到,笛卡尔从这个角度首先把知识确定为表述,因为它反映了思想及其视角之中的现实,使这种现实符合事先在思想自身之中被给予出的真实性标准,以完全颠倒的方式来再现现实的顺序。相反,在斯宾诺莎看来,充分的认识"说明"着它的对象,因为这种认识肯定了它自身是与它的对象相同一的,这种同一性不是在表述的透明性方面的符合论同一性,而是在永远到处同一之必然现实性顺序的共同性方面的同一性。

这种现实顺序既是事物的生成顺序,也是观念的生产顺序。

---

① 拉丁文:"原因或根据,根据或原因。"亦可解作:"原因即根据,根据即原因。"——译注

它是由原因到结果的生成顺序,并且严格地表现着 more geometrico(几何学方式)的顺序:

> 我们已经证明了:真观念是简单的或由简单的观念构成的,因此它能表示某事物是什么和为什么产生的;我们还证明了真观念的客观效果在心灵中与其对象的形式本身相一致。这与古人所谓真知识是基于由原因推出结果的方法是相同的。①

斯宾诺莎提到了亚里士多德,他对亚里士多德的指涉在这里尤为重要:真知识是由把握原因而得到的知识(刘易斯·罗宾逊[Lewis Robinson]说明了这一指涉的出处:《后分析篇》I C2,《形而上学》983a,《物理学》II c3)。但我们必须要知道的是,斯宾诺莎对亚里士多德的指涉根本不是要返回那些源头,根本不是要越过现代的笛卡尔去恢复古老的传统。斯宾诺莎也立即谨慎地与这个传统拉开了距离:

> 不过就我所知,它们绝不是像这里所理解的那样,即认为心灵遵循一定的规律而活动,就好像一台精神自动机。②

古人(亚里士多德)在肯定通过原因获得知识的必要性方面

---

① 《理智改进论》,第85节。
② 同上。

优于现代人(笛卡尔)。但是古人并没有理解思想过程的原因性特征,思想过程本身也遵循着原因,思想过程的顺序必然与事物的顺序是同一的:因此古人对原因的真实性质也是无知的,他们也还不得不以虚构的顺序表述知识。

实际上,对古人来说,一个观念的形式性原因是一种抽象共相,即种或种属;但这种抽象共相归根到底还取决于在我们之内的想象的力量,我们借助这种想象的力量根据外在于知识的法则"自由地"进行着构造。但是对斯宾诺莎来说,一个观念的原因取决于理智的力量,而理智的力量并非个体主体的单一能力,而是思想的样式的永恒性状——这也就是斯宾诺莎所说的"精神自动机"理论的含义;因此,思想——实体的无限属性的思想——以被决定的方式在全部观念中表现其自身,并"充分地"生产着全部的观念。

在这一点上,斯宾诺莎是与笛卡尔一道反对古人的:思想是通过直观或推论的具体工作程序来进行的;思想的具体工作程序就是把呈现在心灵之中的种种观念串接起来,而完全无须通过共相——也就是说抽象的观念——去兜圈子。只纯然是可能性的合理之物只具有虚构意义,是实质上不充分的思想所表现出的症状。① "因此我们对于事物的研究,绝不容许根据抽象的概念去推论。"② "这是万分必须的:把我们的一切观念都从自然事物和真实存在推出,尽量依照由此一实在到另一实在的原因性序列,这样就可以不致过渡到抽象的或共相的事物:既不由抽象的或共相的事物推出真实事物,也不由真实事物推出抽象的或共相的事

---

① 《伦理学》,第二部分命题四十附释一。
② 《理智改进论》,第92节。

物。因为这两者都足以扰乱理智正确的进展(verum progressum intellectus)。"①这种"进展"即认识的过程,这一过程既不是由事物到观念的过程,也不是由观念到事物的过程,而是由观念到观念的过程,也就是说,它是思想行动的聚合过程,思想行动的这一聚合过程依据的是必然的原因性顺序,也就是与使实际的事物相互联系的必然的原因性顺序完全相同的那个顺序。Ordo et connexio rerum, idem ac ordo et connexio causarum, idem ac ordo et connexio idearum(事物的顺序与联系,和原因性的顺序与联系是一回事,和观念的顺序与联系也是一回事)。

"几何学方式(more geometrico)"因而是在一个复杂的哲学策略和理论部署的背景之下发挥作用的,在这一背景之中,几何学方式产生了一种双重效果,既利用亚里士多德反对笛卡尔,同时也利用笛卡尔反对亚里士多德:斯宾诺莎并不只在他的政治学中才是一个马基雅维利主义者。亚里士多德反对笛卡尔:他将优先性赋予了从原因综合地推出效果的发生学方法,迫使我们将事物的顺序同观念的顺序等同起来。笛卡尔反对亚里士多德:他排除了抽象的——无论是形式性的还是经验性的——概念化,而代之以实际的思想,即实际地呈现在表现着思想力量的观念之中的思想。但必须清楚的是,这种对抽象化的批判并没有使我们——用卡瓦耶(Cavaillès)的一个著名提法来说——从概念哲学回到判断哲学:在每个观念之中进行着自我肯定的思想绝非犹如在其王国中支配它所创制的造物的国王般的自由主体的表达活动(自我或神:二者互为镜像),相反,实际的思想取决于客观的现实过程,

---

① 《理智改进论》,第 99 节。

也正是客观的现实过程将作为思想样式的个别观念同自在地表现和动作着的实体联系在一起。既非亚里士多德,亦非笛卡尔:斯宾诺莎就是斯宾诺莎。

思想运动与任何现实性一样,都是循着同一个必然性展开的。"人有思想":这则公理以铁一样的事实证据表达了思想这个过程的绝对自然特征;我们只有依循思想本身的法则才能掌握思想,思想法则支配着"心灵的自动机器"的运转。在这里,我们可以看到,在何种意义上斯宾诺莎又是与黑格尔相近的:黑格尔在知识与其生产过程之间建立起了必然联系,从而使我们可以将知识当作绝对之物来把握,并且也使我们能够把握这种绝对之物;若把知识理解为外在于这种客观展开的东西,知识就仅仅是对现实性的形式性表述,以至于只能提供关于现实性的抽象幻觉。但斯宾诺莎又是与黑格尔不同的:斯宾诺莎指出思想是实体的一个属性,进而阐明思想运动是绝对客观的,使思想运动摆脱了对一切主体——哪怕是思想自身——的依赖。因此,为一切理性奠基的根本原因性是在没有任何目的论预设之下被界定的;而目的论预设的最精妙形式之一就体现为这样一种思想,这种思想是它自己活动的自由主体,只以它的自我实现为目标;认为思想是一种主体并且通过实现自身而能占有全部现实性的这种思想观,将思想理解为返回自身、自我返回的东西的这种思想观,恰恰是黑格尔主义观念论的关键。黑格尔对斯宾诺莎学说给出的阐释就此开始发生动摇:斯宾诺莎思想并不是早熟的(因而也是不可能的)辩证法的不可兑现的承诺,毋宁说是对误入辩证法迷途的一种批判,黑格尔本人通过创造"主观逻辑"也误入了辩证法迷途之中。对此黑格尔似乎应该给斯宾诺莎一个交代。

充分观念和不充分观念

在斯宾诺莎所制定的知识策略中,"几何学方式"的程序占据着重要的位置,与形式性的真理观不同,"几何学方式"的程序将真理展现为一个必然的、客观地被决定的过程。此外,"几何学方式"的程序还导致了对哲学家们(尤其是笛卡尔)在真与假之间建立起来的传统关系的颠覆。黑格尔对"严格地将真与假对立起来"的抽象思维的谴责的那些段落,读者们是很熟悉的,而我们也在斯宾诺莎的著作中读到过类似的文字;但斯宾诺莎又确乎是以完全不同的方式书写下那些文字的,斯宾诺莎的那些文字生产出了对黑格尔主义头脑而言不可接受的效果。

在《伦理学》第一部分公理六当中,斯宾诺莎对真观念与其对象的符合(convenientia)作出了肯定。但这个命题(命题不是定义)并不表示真观念的内在特性,换言之,这个命题不是从真观念的原因出发就真观念作出的规定,而仅是 a posteriori(后验地)借真观念的性状之一对真观念的说明——这一点将会在《伦理学》第二部分定义四那里得到确证,第二部分那则定义对真观念的外在特征和内在特征进行了区分。"符合(convenientia)"这个概念将观念与观念之外的对象关联起来,但显而易见的是,此概念指认的是某种外在特征。从原因性出发对真观念的定义是从观念的"充分性(adaequatio)"角度加以决定的。"充分性(adaequatio)"概念在斯宾诺莎那里是根本性的,标志着他与传统知识观的决裂。斯宾诺莎实际上以"充分性(adaequatio)"思考着与"符合(convenientia)"所意味的东西完全不同的东西。

"充分性(adaequatio)"是真观念的内在决定性,换言之,"充分性(adaequatio)"在观念内部生产着观念的真实性。我们必须十分严肃地对待这种决定是观念的内在决定这一断言:要确证观念内容的必然存有,根本无须求诸观念之外,比如说,求诸其对象——观念既然已经在它自身的范围内揭示了现实性,它就已经实际"包含"了它的内容的必然存有。我们在这里似乎看到我们站在了观念论的新顶点:观念的自足性使观念摆脱了一切外在决定,因而也摆脱了一切客观性(在该词传统意义上而言的客观性)标准。一种过度的观念论反而能通向一种唯物主义,或至少能造成某些唯物主义后果。

"充分性(adaequatio)"这一范畴的根本作用是打破认为知识是一种表述的这一知识观(这一知识观在笛卡儿主义那里仍占据着支配地位)。在"表述""再现"意义上而言的认识意味着照事物的原貌去复制、重述事物:这样一来,观念不过是它所表述的事物的复制品和映象,但那个事物毕竟是在该观念之外存有和持存着的。在这种经验主义知识论图式——这一知识论图式得到了庸俗唯物主义的支持——中最关键性的东西是什么呢?是这样一种假设,即,观念是在主体之内为主体就某对象作出的表述,观念在外部有其内容,它只能模仿、指示、模拟、表征——或如人们所说"反映"——这个内容。这样一来,认识难题就在于如何证明观念与它所对应的对象之间有符合关系:唯有找到一种担保来保障认识的形式与内容两者外在联系之间的有效性或"客观性",才可能解决这一难题。

例如,我们知道,当笛卡尔最初试图单凭观念的内在证据去证明观念的真实性的时候,他发现这个内在形式性标准是不够的,还必须获得一种更高的客观性的担保:这种客观性的担保是哪怕在极端怀疑的考验之下也无法动摇的一种确信,而此种确信只能由永恒真理的创造者、不施欺骗且全能的神来提供,这就决定了我们的观念在我们之外有其内容,它们严格地与那些内容相符合,而我们也一定会知晓那些内容。这个诚实的神是一个机械的神,它调节自然系统,根据若干独断的、不变的法则维持着自然系统的秩序。让观念与事物对应的是它,担保我们获得认识——真正的认识——而无陷入幻觉之虞的也是它。这个典范的担保系统也这样具象化为了一个全能存在者,它像国王统治其臣民那样统治着我们的观念,也为这样一种严厉的区分打开了方便之门,在这种区分之下,一方是真实的东西的秩序,这是神所希望的,我们必须服从神,另一方则是被划出此界外的存有着的东西的无序,界外的这些无序的东西构成了一个幽暗、无名和危险的谬误宇宙。

我们必须就笛卡尔所阐述的关于谬误的理论多说几句,因为斯宾诺莎将这种关于谬误的理论视为他自己的几个主要靶子之一。在这种关于谬误的理论看来,虚假观念不可能出自神的意愿,不可能与对所有真理作出担保的神的性质的完满性有关。谬误不是神创造的东西,否则就会有矛盾。因此,在认识领域,谬误完全是人的性质所致,属于人的性质固有的自由决断的部分(完全是否定性的部分)。人的这种否定性的自由决断在笛卡尔这里悖论性地使人的性质肖似神的性质,因为,我们这里的自由决断与神那里的自由决断一样是无限的;只不过,这样建立起来的这种同一性是一种颠倒的、倒错的、魔鬼般的影像。如果说创造者对它的受造物负全责、它的受造物取决于它的绝对首创性,那么,犯错就是我们成为创造者的唯一方式；但这恰是对神的创造的可笑讽刺、恶毒模仿，它以全然相反的方式、以阴影轮廓复制了神自身一次并永远地铭刻在理性中的光明粲然的东西。因此，谬误来自持存于我们之内的虚无部分，也是我们的可耻特征的真正标志。由此便有了一个重要的结论：如果我们犯错，那是因为我们意愿犯错。因此，根治错误的灵丹妙药也就隐藏在制造错误的这种自由决断之中：我们只需抵抗向下牵引我们的重浊，悬置我们所特有的、使我们违逆真理秩序的那种消极性所造成的种种后果，同时对我们的自由、我们的判断能力善加利用并且遵循神的命令，这就足够了。一方是纯粹的肯定性的真（它表现着真造物主的全能），另一方是纯粹否定性的假（它表现的只是一种受造者的无力和它取代它的主宰的徒劳努力），在这两方之间存在着一个绝对的区分，一条明确的界限，一个不容忽视的区别：它划定了真与假各自所属的领地，使二者之间绝无交集。

然而正如我们看到的那样，斯宾诺莎拒绝将认识行为与某个主体（在真理场合中的神、在谬误场合中的人）的首创性相联系；他还拒绝把真与假对立、对真假作截然的区分。首先，可以肯定的是，当我们犯错的时候，我们并不会也无法作出有害的自由决断；相反，我们把自己闭锁在幻觉和无知的无情秩序中，这种秩序不可避免地是由想象的视角所制造的。谬误是由若干极为严格的条件所调节的机制，那些条件也是造成我们日常奴役状态的条件。"不充分而混淆的观念，与充分的或清晰明白的观念出自同一个必然性。"①即使我们掌握真理，我们也不能获得造物主主体

---

① 《伦理学》，第二部分命题三十六。

的尊严:这不仅是因为所有的思想是在神之中,因而也是在我们的创造性之外为真的,而且是因为,在神之中,所有的思想都受必然性法则的支配,正是必然性法则根据某种顺序将所有的思想相互串联在一起,思想的串联顺序也正是事物的顺序,任何思想都不能须臾偏离这个顺序。因此,无论是在知识中还是在无知中,心灵归根到底都是一台"精神自动机",这台自动机的工作不容任何可能的干预(即便完满的存有的首创性保留了可能的干预),也超越了一切恩典——它的工作完全是在客观决定机制的基础之上进行的。真观念与虚假观念皆由它们的原因来解释:在这里我们看到了真观念与虚假观念之间有了一种基本的交集,我们再也不能把两者归为两种不同的顺序,再也不能把两者分别置于被截然分开的两个场所,也就是说,再也不能把两者分别置于肯定和否定的两方。

对斯宾诺莎来说,观念不是被动的印象和表述,不是以或多或少正确的方式对它们的外部现实性的复制:至少这些都不是使观念成为真正观念的东西。斯宾诺莎在明确反对笛卡尔时有一个著名的提法,说的就是这一点:观念不是"画布上静默的图画",不是对在它们之外持存的现实性或模型的幻觉虚构,这类幻觉虚构最多是与观念相似而已。观念——一切观念——就是活动,也就是说,一切观念都依据与它们的原因相联系的样式性对属于它们自身的某些东西进行着肯定,而所有观念的原因就是实体,所有观念正是在实体诸属性之一(即思想属性)的形式之中对它们的实体进行表现的。心灵是一台精神自动机,因为心灵绝不服从任何主体的自由决断,而自由决断的主体自主性完全是虚构:正是由于这一原因,观念绝不是自选图形,比方说,绝不是想要不惜一切代价将真与假区分开来的哲学家们发明出的某种拷贝现实的机器所生产出来的自选图形。不存在知识的主体，也不存在可以预先安排真理形式的真理之上的(大写)真理，这是因为，观念在其自身之中为真，观念的真实性是具体个别的真实性，是实际的真实性，是肯定性的真实性，没有任何外在的决定能使真实的观念服从于事物的秩序或造物主的命令。

在这里，我们看到了何为充分观念，充分观念实质上就是指在它与它自身的关系中为真的观念；因为实体就是这样根据决定机制——在思想属性内构成实体之形式的那些决定机制——的连锁序列生产[全部]观念的，而这种决定机制的连锁序列又与实体的其他属性的决定机制的连锁序列是完全相等的。因此，"充分性(adaequatio)"是"为真性"的关键，只有"充分性(adaequatio)"才表现观念同其自身的内在关系。这正是斯宾诺莎——比如说吧——在标号为第60封的致谢恩豪斯的信件中所说的东西："我不承认真观念和充分观念之间，除了'真'这个词仅指观念与它的对象相符合(convenientia)，'充分'这个词指观念自身的性质外，有什么别的区别；就是说，除了这种外在的关系，这两种观念之间实际上(revera)没有任何别的区别。"事实上，真观念和充分观念说的是一回事；但如果你要对二者进行解释，就另当别论了。"充分性(Adaequatio)"就直接字面来看，为"充分"的含义引入了"符合"的含义，或者说"外部对应"的含义，但斯宾诺莎却用"充分性(Adaequatio)"这个范畴来表示观念的内在必然性或内在原因性，在这种内在必然性或内在原因性中，每个观念都与同样依存于思想属性的所有其他观念相关联，从而每个观念都是绝对无限实体的一个具体个别的肯定、一种活动。观念也与存有着的其他所有事物一样服从于完整地使它们得到说明的原因性顺序。

因此，充分观念的功能首先是批判功能。它使得把任何属于另一种顺序（比如 ideato——观念对象——依之而必然存有的那另一种顺序）的东西从观念的原因性决定中排除出去成为可能："充分观念，我理解为仅就其自身（而不涉及它与其对象的关系）被考量而言，就具有真观念的一切特性或内在决定机制的观念。"①观念和事物之间并无那种使一个服从于另一个的符合关系，观念与事物之间有的毋宁说是一种原因性同一性，这是分别在观念和事物各自的顺序或运动的必然性之中——更准确地说，在它们各自的过程的必然性之中——建立起来的原因性同一性。因此，观念不是因它们与对象的相似性而形成的，就好像它们再现了对象、从作为来源的对象中汲取了某种东西似的，就好像我们可以在观念中找到先由事物给予出来的东西似的："神的各种属性的观念，以及个别事物的观念都不承认观念对象或被感知的事物为其致动因，但只承认就其为思想的事物而言的神是它们的致动因。"②同样，我们也不能说事物是由观念的形象创造的，就好像它们由观念获得其形式并表达着观念，就好像我们可以在事物中找到先由观念给予出来的东西似的："凡不是思想样式的事物，它们的形式性的'是'不出自神的这种性质，因为神须先知道这些事物；反之，观念对象要出自其所属的属性，是借由我们证明观念从思想属性得出时所根据的相同方式与相同的必然性。"③这个断言与前

---

① 《伦理学》，第二部分定义四。
② 《伦理学》，第二部分命题五。
③ 《伦理学》，第二部分命题六绎理。

面那个断言显然是对称的:事物不是神按照事先的观念"创造"的,事物也不是对观念的实现;同样,观念也不来自它们所表述的事物。斯宾诺莎在这里揭露了两种刚好相反的错误,但这两种错误归根到底是相等的,它们都来自同一个假设,即,关于诸属性及其应变致动的效果(分殊)的等级性从属关系的假设。但是,原因性连锁序列是在每个属性形式中完整地、完满无余地得到执行的,各个属性之间因而既无交集,也无比较。

因此,在观念和它的 ideato(观念对象)之间不再有使一方依存于另一方的那种符合关系,无论这种归并是在何种方向上进行的。这就是《理智改进论》中如下著名提法的含义:"圆是一种东西,圆的观念是另一种东西。"(第 33 节)因此,观念单在其自身之中有其决定机制,也就是说,观念只由它与其他观念间的串联连锁序列(正是观念与观念间的串联连锁序列构成了思想属性)所决定,既然如此,观念将丧失所有"客观性"一词直接意义上而言的"客观性"吗,或者说,将丧失其同其对象的任何关系吗?不会丧失。有两个主要原因:第一个原因是,由于观念与实体的所有应变致动的效果(分殊)一样,也是以符合原因性的方式被决定的,所以,观念本身就是一种事物,故此,观念也可以是一个观念的对象——我们后面将再谈及这个非常重要的性状;第二个原因是,任何一个个别观念都是与它的 ideato(观念对象)相同一的,这是因为,该个别观念作为思想的一个元素在思想元素整体的顺序与联系之中所占据的位置,与该个别观念的 ideato(观念对象)在其自身属性——无论这属性是什么——的顺序与联系中所占据的位置是同位的。这一顺序之所以与前一种顺序相同,是因为所有属性都相等地表现实体,而在所有属性之间不存在有可能使一种属性从属于另一种属性的等级制优先性。因此,观念与它的ideato(观念对象)无任何交集(它们的唯一中介就是实体本身,实体在任一属性形式中所给出的一切东西都是相等的),唯其如此,观念才是充分的,观念才是绝对地、完满无余地同它自身相吻合的。《伦理学》第一部分公理六(此公理也断言了真观念同其对象的符合性)的意义因此也就清楚了:充分观念同它的对象之间确乎存在着对应性;不过,对应双方的通常关系也被颠倒了过来:真观念并非由于符合其对象而对其对象是充分的;相反,必须说因为真观念是充分的,或因为真观念是在其自身之中以必然的方式被决定的,它才符合它的对象。

这就产生了如下极其重要的后果:如果说一个表述或多或少对一个模型进行了模拟,可以由符合度来加以衡量,那么,一个观念却不能像这样或多或少是充分的。充分观念学说既杜绝了向困扰古典认识论的目的论幻觉的复归,同时也把一切标准性从认识顺序中清除了出去。观念完全是充分的,因而是必然充分的,是不受任何自由裁断干预的:这就是观念的客观性的核心要义。斯宾诺莎用了一个富有挑衅意味的提法来表达这一点:"所有观念,就它们与神相关联而言,都是真的。"[1]"就它们与神相关联而言",这就是说,观念须根据生产它们的原因性必然性得到理解。从这个角度来看,所有观念都是充分的,所有观念都是真观念。所有观念,这就是说不充分观念或混淆的观念也在其中:虚假观念以它自身的特有方式作为真观念存在。正是由于这一原因,斯宾诺莎写下了这样一句话:"真实的东西指示它自身和错误

---

[1]《伦理学》,第二部分命题三十二。

(verum index sui et falsi)。"真实的事物的性质在于,真实的事物包含着指出并解释错误的成因的某种东西。相反,笛卡尔在真与假之间设置了一条不可逾越的律法界线(尽管这种界线并非事实),这使他不得不构造人的自由决断的学说,并从中寻找谬误的特殊来源。相反,在斯宾诺莎这里,关于谬误的理论从一开始便由关于为真性的理论所构成,两个理论实为一体:虚假观念也是个别观念,无论虚假观念还是个别观念,问题在于知道它们是如何必然地生产的。

因此,"区分真假"这个传统的提法在斯宾诺莎那里就有了全新的含义。这个提法不再表示基于善意和尊重在两个相互绝无交集之间的顺序之间画出界线、标出分界或立下禁令,相反,这个提法指的是搞清楚两种知识样式之间的不同。斯宾诺莎所说的"知识样式"是指人与观念结成关系的特定方式,这种方式是在实践中由存在方式(或者说生存条件)所决定的:无知是一种奴役。有许多不同的知识实践,这些不同的知识实践是由一整套物质的、社会的决定机制所决定的。想象不是——按古典时代的一个提法来讲——一种"知识的种类",或者说,想象不是制造错误的力量,不是产生就其本身而言虚假的观念的一种能力。因为,"在观念中没有任何肯定性的东西能使它们被称为错误的"①。错误,也就是说我们陷入的某种幻觉状态,是我们受决定而与观念——与所有观念——形成的某种关系,这种受决定的关系使我们以不充分的方式将观念——所有观念——感知为(我们甚至可以说体验为)"残缺和混淆的"。

---

① 《伦理学》,第二部分命题三十三。

因此,任何观念不可能就其本身而言是虚假的。这是不是说任何观念就其本身而言也谈不上是真实的呢?这正是笛卡尔的论点。观念就其本身而论皆是被动表述,它们既不是真实的,也不是虚假的;真是判断的作用结果,判断通过意志的中介为观念灌注生气,也正是意志使理智去对这些表述作出裁断,让理智对这些表述是否符合现实性作出断言。从这个角度来看,如果说认识中有某种主动性因素的话(例如,笛卡尔有关"专注"的理论中显而易见的那种主动性因素),这种主动性因素本质上也是主观的,因为它取决于来自"自我"的肯定,正是这种来自"自我"的肯定说出了判断,正是这种来自"自我"的肯定运用它自己的自由对是否信任那些观念作出裁断并进而将受其信任的观念交付理智。在斯宾诺莎这里没有这样的东西,他拒绝笛卡尔的理智与意志的区分:认识的主动性特征不在于自由主体的首创性,相反意味着观念就其以具体的方式表现着实体的无限原因性而言是主动动作着的,因此,观念不可能以被动表述的方式保持对其真理内容的冷漠。就在神之中而论,任何观念都遵循着自神而来的原因性连锁序列,从来都是真实的,从来都是充分符合其条件的。既然如此,那么是什么导致了在某些情况下观念被确认为虚假的呢?

当斯宾诺莎将错误定义为"知识匮乏"①的时候,他的意思并不是说,错误是某种在根本上是否定性的、完全外在于知识顺序的东西,相反,错误是只有通过与知识的比照才能得到理解的东西,错误也构成了知识的一种"样式"。不充分观念是残缺的观

---

① 《伦理学》,第二部分命题三十五。

念,是我们以残缺不全的方式把握到的观念;但就其自身而言,也就是就其在神之中而论,观念是充分的;但我们以片面的方式把握它,从而无法洞悉它的必然性,自由裁断的幻觉就源于这种偶然性,这种偶然性的真实原因是在我们之内的。

这里有必要重提一个例证:想象——作为在奴隶的被奴役的生存状况中物质性地和社会性地实现的生活方式和行为模式,将太阳"表述"为距离人两百步开外的东西;可是,一旦理性告诉我们太阳并非在我们的地平线上发光的巨大圆球,而是离我们十分遥远的天体,位于一个恒星系统的中心,而我们只占据这个恒星系统的一部分,我们就会发现原先那种感知是虚假的。将想象性表述与真实知识区分开来的是什么呢?是与知识相关的视角,是在此视角之下的我们的认识方式。在想象的活动中,认识服从于一个"自由"主体的视角,这个"自由"主体占据着这一表述体系的中心,并将这个表述体系构造得仿佛具有自治性,犹如一个国中之国。这样一来,在这个属于人的看似自由的宇宙中,太阳就像是一个巨大的饰物,装点着生活的布景并且在这个生活布景中找到了它的位置和用途,因为,想象的特性就在于将一切都与"我"联系起来。但如果我改变我的生活,不再根据"我"去"表述"现实性,也就是说不再根据种种目的去"表述"现实性,就仿佛现实性是为了我的用途被创造出来的似的,那么,我就会在完全不同的位置上来看待事物了:此时我就处在了一个绝对去中心化的宇宙之中,因为,这个宇宙因其完全的客观性而不再与某个主体的首创性相关联,即便这个主体是全能的创造者;事物不再取决于某个武断的命令,相反是在无任何目的决定的情况下在一个必然的原因性连锁序列中相互联系的。

想象地表述现实和充分认识现实是完全不同的两回事,但是,即使在我们刚给出的那个想象性表述的例子中,也必定包含有某种充分的东西、某种真实的东西。实际上,如果我们——大部分常人——是从想象的视角去考量现实的,这并不是出于我们的意愿、以我们应该为之承担法律责任的行为去这么做的,相反,我们只能这么做,别无他法,正是由于这一原因,我们必须认真对待"我们是想象的奴隶"这一观点。在想象给予我们的生活中,自由裁断恰恰是一种必然的幻觉,我们根本无法逃避。想象对真正决定着我们活动的那些原因是无知的,但想象又不能废黜那些原因。在这个意义上说,不充分的认识中包含着并非纯然主观性的某种东西,这种东西本身有其自身的道理,因而是真实的。正是由于这一原因,就算我们认识了现实性,即从必然性的理性视角充分地认识到太阳并不像我们"自发地"表述的那样距我们两百步开外,我们还是不会停止像原先那样——也就是从想象的视角——去看太阳。① 很好:我们认识到太阳如此向我们显现实属必然,它不可能是别的样子。如果说一个人立志一劳永逸地改进他的理智,想做到彻底把在理智中能找到的错误观念清除掉,进而使他自己的生存完全摆脱想象性的知识样式所造成的效果,那么智者就绝不可能是这样的人。这样的人只可能是半瓶子醋学者,这样的人对自己摆脱了一切激情/被动情状深信不疑,就仿佛激情/被动情状真的不再属于他,也不再取决于他似的。相反,自由的人知道如何估量激情/被动情状,因为他已经完全理解了它们的必然性。"真实的东西指示它自身和错误(verum index sui et

---

① 《伦理学》,第四部分命题一附释。

falsi)":真把错误的客观性揭示出来,直至使错误因呈现出了它自身的真实性而不再显现为错误。

那么,什么是在虚假观念中为真的东西呢?让我们回到原先被我们视为距我们两百步的太阳的例子。这个"观念"在神之中是充分和为真的,但在我们之内则是残缺和混淆的:因为在我们之内,这个观念是以脱离其原因的方式呈现的。这种想象性表述何以又是充分的呢?就它客观地指示出了在我们自发地与之形成关系的这个理念(即太阳)之外的全部实情而言,也就是说,就想象性表述实际上表现了我们的身体禀赋——正是我们的身体禀赋使我们总是对太阳形成歪曲现实的感知——而言,这种想象性表述是充分的。想象所得印象较之它所涉及的对象而言是虚假的。然而这并不意味着印象是一种纯然幻觉性的表述、一种无对象的观念,仿佛只需一挥便能烟消云散似的。事实上,想象所得的印象是一种观念,它即便不是真实观念,也是一种真观念,因而也是充分的,也是符合于某个对象的,但这个对象不是我们在该印象中直接指认给它的对象,而是存在于我们自发地划给它的地盘之外的东西:我们不是从客观地在那儿存在着的真实太阳那里获得这一残缺且混淆的观念的,相反是从我们这里、凭借着我们的身体而获得这一概念的,正是我们的身体使我们无法对太阳具有确切的表述。对太阳的虚假印象若能被我们同我们自身的这种身体生存条件联系起来就是一个真观念。这种虚假印象何以又是不充分的呢?就这种虚假印象同关于它的对象的知识相割裂、此知识被别的内容所取代而言,这种虚假印象是不充分的。帕斯卡尔以惊人的简洁表达了同一个意思:"……虽然人们的意见是健全的,但那在他们的头脑里可不是健全的,因为他们以为真理是在它所不在的地方……"①

　　有智慧的人的自由并不在于根除激情/被动情状和奴役的效果，而在于改变他自己与这些激情/被动情状及与它们相伴随或由它们而来的那些印象之间的关系：所有这些激情/被动情状及印象按其自身的方式表现着必然性，在承认这一点的基础上，有智慧的人才能将它们转化为快乐的激情/被动情状，转化为清楚的印象，从而使这些激情/被动的情状和印象在它们所受的决定机制的整体之中得到解释。这一点以特殊的方式构成了斯宾诺莎主义政治学，因为知识——首先取决于人们的认识实践样式的知识——也是一个政治问题。

　　与斯宾诺莎学说中的想象理论的真正复杂性相比，这里兜的这个圈子还是太小了，但它还是能使我们凸显由此产生的真理观的全新特征。这种独特性表现在两个主要的方面：一方面是源自充分性范畴的为真性之内在决定机制，另一方面是作为这一内在决定机制结果的真与假的关系。在这两点上，斯宾诺莎就像是"预支"了也将由黑格尔所论述的主题。

　　黑格尔实际上把一种思辨的真理观同教条的、形而上学的、"有域限"的真理观对立了起来，前者首先通过思想同自身的关系来构造真理：

　　　　通常我们把我们的表象与一个对象相符合叫作"真

---

① 帕斯卡尔：《思想录》，布伦斯维奇编辑版本，第335篇。
　　［参看《思想录》，何兆武译，北京：商务印书馆1985年版，第154页。——译注］

理"。这说法预先假定有一个对象,我们的表象应与这对象相符合。但反之,从哲学的意义来看,抽象地概括地讲来,真理就是内容与其自身的符合。①

因此,从哲学的角度来看,为真性不应被理解为在与其所对应的对象的关系中被设想的观念的某种性状、某种形式性的和外在性的关系,相反,为真性应被理解为内容自身的决定,凭此决定,内容使其自身在自身内确证为真或非真。真正认识某事物并不是从外部的和主观的视角对该事物形成表述,而是让该事物的性质得到展开,就像它在使它得以构成的运动中所反映的那样。在这里,我们已经十分接近充分性这个概念了:在清除掉由表述同其对象间的符合所定义的为真性这一抽象难题性之后,我们便发现了充分性概念的批判性功能;从肯定性的方面来说,我们也同时涉及了对认识过程的分析。事实上,在黑格尔那里,将自身表现为真的内容不是别的,就是通过实现自身的方式返回自身从而掌握自身的思想。正是由于这一原因,认识就是思想与自身的内在关系,且绝不包含思想为了加入某个现实性——在思想之外被抽象决定的某种现实性——而走向其自身外部的任何企图。

此外,众所周知,将真理视为思想的内在决定的黑格尔主义真理观也包含着真与假之间的一种全新关系。从思辨的角度来看,虚假并非仅是否定的否定性东西,因而也不是全然外在于真理的东西:知识与它实现自身的过程不能分离,就此而言,知识总是通过返回自身发展着一种内在否定性。在这个意义上说,真理

---

① 《哲学全书》,布尔乔亚译本,第 24 节,第 479 页。

本身也是对它在其自我展开过程之中所克服的虚假东西的否定。正是由于这一原因,在真与假之间划定严格区分不再成为可能。此外,辩证法也不允许把肯定性的东西和否定性的东西冻结在这种对立之中。真实的东西恰恰以其否定性形式"发生"在错误的东西之中,而只需对这种决定作出直接否定,真实的东西就能进入同其自身的更高形式之中。正如黑格尔的一则直白的提法所言:"人们很可能作出错误认识。"①错误认识也是认识:真理总是蕴含在错误之中,反之亦然。黑格尔将这一观点推到了极致,以至于不承认我们可以像辩证法归结所做的那样将错误视为"真理的一个环节"②,因为这类辩证法归结所循的方法仍旧使错误的东西被置于真理之下,充当着通向真理的中介,而一旦达到真理,错误的东西就会消失在它的结果之中。把黑格尔的这种观点推到底,我们必定会形成关于真实与虚假之间统一性的思想:若没有二者相互依存的这种统一性关系,真实就只可能作为某种被给定的事实状态被抽象地、片面地思考,并进而同它赖以实现自身并成为(大写)现实的运动相分离,最终仅是一种观念——仅仅是观念而已的观念。

这样看来,斯宾诺莎和黑格尔在为真性的问题上似乎得出了

---

① 《精神现象学》,伊波利特译,序言,第93页。

[此句德文原文为"Man kann wohl falsch wissen",参看《黑格尔著作集》卷三(*Georg Wilhelm Friedrich Hegel Werke* 3, Suhrkamp Verlag Frankfurt am Main, 1970),第40页。伊波利特译为"On peut bien savoir faussement",可以理解为"人确乎能错误地认识"。——译注]

② 同上,第95页。

类似的结论。他们的确是从不同的路径得出了这一类似的结论,并且用殊异的术语表述了这一类似的结论。这个过程除了让两位作者作出这一供述,还能从中得出什么结果呢？我们的目标不是为了得出两人的同一性而对他们作比较,只有以歪曲地简化他们的哲学内容为代价才能做到这一点,这么做只会导致方向的实际偏离；我们的目标是让这样一个令人困惑的现象变得显豁,即,在两人的学说显得极为相近的地方,黑格尔却宣称他与斯宾诺莎学说相距最远；在许多别的问题上的发现使得黑格尔远离了斯宾诺莎,也使黑格尔对斯宾诺莎学说的肤浅特征啧有烦言,但即便如此,他对斯宾诺莎的批驳难道从未能注意到他们两人的这种短暂的趋同吗？

黑格尔的做法恰恰相反：为了证明斯宾诺莎学说的不充分性,他把不属于斯宾诺莎本人且为斯宾诺莎本人明确驳斥过的若干哲学立场归给了他,尽管这些哲学立场只属于与内在的理性观毫不相容的抽象知识观。这一做法的奇怪之处在于,黑格尔据以驳斥斯宾诺莎的那些论据与斯宾诺莎在反对笛卡尔主义者时所阐明的那些论据极其相似：斯宾诺莎事先就对黑格尔提出的驳斥作出了回应。因此,黑格尔的态度透着一种显然无法解释的极度无知,黑格尔本应比任何人都更能意识到他在斯宾诺莎那里"忘记"读出的东西的重要性和意义。

这不可能是由于粗心大意,因为黑格尔极为重视斯宾诺莎学说问题,并在可靠的材料和全面论证的基础上对斯宾诺莎学说问题有极深的介入。因此我们必须在别的地方寻找这种误解的原因：真相只可能是黑格尔自己的体系迫使他作出行动,对斯宾诺莎学说的实际内容加以歪曲。实际上,黑格尔不得不用某种虚构的学说来替代斯宾诺莎学说,以便更好地与之区别开来。黑格尔出于他所需要的这一目的捏造出属于斯宾诺莎的学说,从而抹除掉斯宾诺莎理论体系的全部历史成就。为了更好地"超越"斯宾诺莎,黑格尔必须首先贬低他,必须化简斯宾诺莎学说,将斯宾诺莎学说摆到比黑格尔自己的真正论点更低的位置——一切似乎就是这么发生的。但是,在他为了驳斥斯宾诺莎学说而贬低该学说的这种必要性中,我们发现的并不是他在该学说那里所发现的肤浅性,反而却发现了一种提示,这一提示让我们看到斯宾诺莎学说对黑格尔来说具有一种过分难以容忍的特征——难道不是这样吗?

至此我们终于了解将两个体系放到一起进而宣布它们之间有着一种相似趋同的特征的做法何以是远远不够的。因为,两者的关系实质上是矛盾统一的关系:黑格尔恰恰是在两人呈现出近似性的那个环节上与斯宾诺莎相对立的。在斯宾诺莎那里有一种思想,正是这种思想让黑格尔无法容忍,并不惜以篡改为代价去加以消除,因为这种思想会让黑格尔的体系受到质疑,进而殃及他的哲学观点本身。因此,两人体系之间无论是各自独立还是近似,它们的这种关系都绝不仅仅是外在的:黑格尔与斯宾诺莎针锋相对的那些哲学论点支撑起了一种真正的抉择关系,抉择中的那些项之间又以内在性的方式紧密联系在一起。在返回我们这里研究的具体问题时,需要解释的事实是:黑格尔之所以同斯宾诺莎对峙,就因为他们在同一个概念——关于绝对的、实际的、具体的、真实的事物的概念——上各有主张。

与斯宾诺莎一样,黑格尔也认为为真性是无涉于任何外部对象关系的思想内部决定。但是(他们争执的真正之点就在于此),

他们在"思想"这个术语之下设定的是完全不同的现实。斯宾诺莎认为思想是一种属性，或者说是绝对无限实体的一种自类无限的形式。而在黑格尔看来，思想就是绝对精神，它是一种自我主体，因为它在生成绝对现实的自我运动中保持自我同一，在这个运动的终点，绝对精神将得到总体表现，将其自身表现为总体性本身：思想的这种理性展开由于将全部现实、全部内容都吸收到其自身内部，因而使思想将其自身展示为绝对的唯一者。思想的这种专有特权恰恰是斯宾诺莎哲学所不允许的，因为，在斯宾诺莎哲学那里，思想不是实体的唯一表现，也不是实体的最优表现：思想至多是诸多"本质"中的一种，作为其中的一种"本质"从它自身这里展开原因性并因而发挥它自己的作用。

因此，我们可以强行让时空发生倒错，以便谈论斯宾诺莎本人对黑格尔作出的反驳。斯宾诺莎的反驳针对的是从观念论角度陈述的辩证法，在黑格尔观念论的陈述中，这种辩证法建立其普遍性所依据的前提是：思想的内在反思性使思想作为现实——全部现实——的最佳形式而存在；因而思想也这样将自己呈现为绝对的理性秩序，把所有其他秩序都汇集和吸收到它自身的总体化运动之中。黑格尔辩证法将其自身呈现为内里套着众多圆圈的大圆圈，其前提条件就是它所汇集的那些元素之间的等级制从属关系，而且从一个最终项出发才可以思议它们的这种从属关系，也只有从着眼于这个最终项的视角来看，黑格尔辩证法的整个过程才会由于具有某种方向而成为可理解的。但这个前提条件正是斯宾诺莎从一开始就排除了的，斯宾诺莎把关于元素间存在着等级制从属关系的一切思想都从他自己的现实概念、实体概念中清除了出去：思想，作为实体的属性之一，与其他所有属性相等，再无任何东西高过其上；思想这一属性赖以使它自身得到实现的连锁序列同时也设定了该属性与实体的无限多个其他表现形式之间的绝对对等性。反之，黑格尔将绝对精神视为主体，从绝高的顶点出发来看，这个主体包罗万有，这种透视点也使得作为现实发生的一切事物从属于这个主体，从而表现为这个主体的活动结果。这种从属性将理式的等级制度内嵌在理性的运动之中，由此构成了黑格尔主义的目的论——斯宾诺莎要清理的正是这种目的论。

在这里，我们碰到了一个相当具有悖论性的问题。黑格尔论证了精神将自身把握为主体，而且是既作为总体也作为目的的主体，所有理式的高下等级的实现都取决于这个主体，这样一来，黑格尔本人在某种令人吃惊的颠倒之中也使他自己站在了实体立场之上，而实体立场恰恰是他对斯宾诺莎大加挞伐的理由——难道不是这样吗？黑格尔现在所处的这种实体立场的特征实际上就在于这样一种设定，据此设定，实体即总体，它集合了一切现实，它只是一点一点地连续地变现为现实的受决定物，直到把全部现实的受决定物序列用光用尽。这个"闭环"让黑格尔感到大为恼火的与其说是整体和它的部分之间的关系（这一关系正是这一实体观的核心），不如说是这个"闭环"在其中实现其自身的连续性顺序：据这种实体观看来，总体从一开始就是在绝对开端之中被给予的。黑格尔因此主张应该通过颠倒这一顺序的方式把整体放到过程的终点，把整体所决定的全部受决定物安排为各个环节，渐进地通向整体过程的终点。经此颠倒，使部分按照等级秩序从属于整体的这种内在整合关系就得到了完整的保留：黑格尔主义进化论从根本上就是由此构成的。

相反,斯宾诺莎认为认识过程并非进化式过程,而是一种无目的的过程:思想的这种自我决定过程使按照绝对原因性法则在整体中认识现实成为可能,这种认识又是不会完全耗尽现实受决定物全部的。对黑格尔来说,无目的的过程确乎是不可思议的。正是由于这一原因,黑格尔甚至无法识别斯宾诺莎用来思考这种过程所使用的那些术语,在黑格尔看来,必须用绝对开端的过程这一歪曲形象来解释这种无目的的过程。不过,从黑格尔的视角来看,这个扭曲变形的形象是充分的,因为,它给无目的的过程赋予了一个讽刺的形式,并进而重申了整体和它的部分之间的集束式秩序、上下关系和整合统一性,所有这些也正是黑格尔本人思想的必要前提。

显而易见,黑格尔因而绝无可能如实地理解斯宾诺莎所说的话,否则就等于放弃他自己体系的前提。因此,为了使斯宾诺莎提出的问题得到满意的解决,黑格尔必须把这个问题吸收到他自己的观点中去,从而将这个问题变成他的学说中的一个环节:开端的环节、暂时的环节、被超越的环节和一个已经被克服的威胁,因为它已经在某种回溯遥远历史的视角之中、在诉说与实际现实无关的记忆的视角之中被否定了。

黑格尔为了抵御斯宾诺莎学说的真理建立了这个防守体系,但只要我们发现这个体系与其说表述的是它所设定的对象——斯宾诺莎,不如说是它想要竭力维护的立场,即黑格尔本人的立场,这个防守体系就会丧失很大效力,它就会因而无情地暴露出黑格尔本人立场的弱点。黑格尔强加给斯宾诺莎一个形象,并且想成为控制这个形象的主人,但斯宾诺莎反而给了黑格尔一面镜子,他无意之间在这面镜子上映出了自己的真容。

三

属性难题

Le problème des attributs

属性概念的含混性

黑格尔在他对依"几何学方式"的方法作出批判的相同思路中就属性与实体的关系问题提出了反驳,并扩大了他的批判。前面的讨论主要集中于真知识的条件,因而也是围绕思想相对现实所处位置来展开的。现在,对实体与属性这两个范畴的处理则彰显了斯宾诺莎和黑格尔在处理整个难题时的根本分歧。在黑格尔看来,思想和现实在根本上是一而二、二而一的,因为它们属于同一个过程,精神这个实际有效的东西本身就是这个过程中的主体:这个过程除了从一侧让实体呈现为真理之外,还使其自身被把握为主体,也就是说使其自身被把握为运动中的总体。相反,斯宾诺莎认为思想与实体不同,它是实体的属性,这就再一次表明他还没有达到真正理性的知识,他的体系给出的仅是一幅不完满的和未完成的草图。

在这种位移——从生成为主体的、作为实体的思想到作为实体属性的思想的这种位移——之中,争执的首要问题是思想的地位问题。黑格尔认为,斯宾诺莎把思想置于实体"外面"并在某种程度上让思想依存于实体,在这么做的时候,斯宾诺莎也就取消了思想的卓越地位,同时也对思想的普遍使命提出了疑义:在这个意义上说,斯宾诺莎与观念论看问题的角度是格格不入的,因为他不承认实体特征系于思想(笛卡尔却是承认的)。在实体——"绝对无限"的实体——和实体属性——"只是在其自类中无限"①的实体属性——之间实际上似乎存在着等级差异,这种等级差异类似于使整体与其部分相区别的那种差异。思想若是一种属性(斯宾诺莎的体系无疑断言了这一点),而属性若只相对实体具有次要地位(实体只给予属性某种被扣减了的、不完整的功能),那么思想就不再是借由自身的实现表明必然性的绝对过程,而只是此过程的一个方面或环节,思想本身也就不再包含此过程的所有条件,也就是说,就其依赖于一个外部原因而言,思想的发展(即便我们思考它的发展本身)是偶然的。黑格尔也是这么谈论属性的:"即是说这样的东西并没有特殊的持续存在,没有自在自为的有(An-und-für-sich-Sein),而仅仅是作为被扬弃的东西,作为环节。"②但斯宾诺莎认为诸属性是实体的各部分吗?诸属性同实体相联系的依存关系像黑格尔解释的那样是要素之间根本上不平等的等级关系吗?问题的全部关键就在这里。

必须要知道的是,黑格尔在这一论述中从思想这一难点(对他来说根本性的难点,尤其是与斯宾诺莎学说中诸属性之一的思想有关的难点)过渡到了对普遍而论的诸属性之性质的批判性分析,从而将有关思想属性的最初的那些批驳扩大到了对诸属性性质的批判上。也难怪他在考虑诸属性时会重复他早先谈论方法问题时的同一些论证:黑格尔在这儿仍然就斯宾诺莎的形式主义

---

① 《伦理学》,第一部分定义六的说明。
② 《逻辑学》,拉巴里埃尔和雅尔奇克译本,卷一,第112页。

和抽象性对之大加挞伐,在黑格尔看来,形式主义和抽象性正是斯宾诺莎学说的基本特征。黑格尔认为,斯宾诺莎所定义的诸属性实际上是种种抽象本质,是从不同角度观照实体时所见的东西,这些抽象本质仍然外在于实体并因而是以不完整的方式对实体的"代表",绝无具体展开的可能性。

> 在绝对之物的定义之后,在斯宾诺莎那里,又出现了属性的定义,理智将属性理解为绝对之物的本质,属性就是以这种方式被决定的。理智就其本性而论,是在属性之后被采用的——因为斯宾诺莎将理智决定为样式——除此而外,属性,作为对绝对之物加以决定的决定,实际上还依赖于另一事物,即理智,理智外在地并直接地出现,同实体相对立。①

这里受到质疑的显然是斯宾诺莎《伦理学》第一部分开头的属性定义:"就属性,我理解为理智感知到的构成实体的本质的东西。"(定义四)从表面上看,黑格尔忠实地遵循这则定义的字句:属性是理智就实体所感知到的东西,既如此,属性除了感知了它的理智之外是不能凭借其自身而存有的,在理智当中,属性呈现为对于实体的表述,或者说呈现为对实体的印象或观念,这种表述、印象或观念是外在于实体的,因而也必然是不完整的。故此,属性与实体之间的裂隙也就是显而易见的了。属性是在某种视角中被反思的,而非在它的内在反思所固有的运动中、在其自身

---

① 《逻辑学》,拉巴里埃尔和雅尔奇克译本,卷一,第240页。

之内得到反思的,因为,在黑格尔看来,斯宾诺莎学说中的实体在实质上是僵死不动的;毋宁说,它是在它自身之外、在理智之中被反思的,是理智感知到的不可化约的本质,这种本质通过肢解实体、将实体的诸方面或诸环节化简为一个方面或环节的方式代表着实体的总体。

黑格尔的这一反驳把斯宾诺莎的陈述本身当中的一个可怕矛盾凸显了出来,因此看上去是非常有力的,斯宾诺莎的陈述即:属性"表现"实体并在某种意义上等于实体,属性从实体那里共享其无限性,构成着实体的本质,因而我们毕竟可以说属性是实体性的。但是,属性并非在实体的内在本质之中把实体呈现出来——但实体只有唯一的内在本质吗?作为一个基础,斯宾诺莎学说中的实体在黑格尔看来就是一个深渊,就是无决定的空无——属性呈现的不过是实体的表象,不过是实体在其自身之外的显现,是能理知它的这种表象或显现的理智所见的东西。

可见,理智不仅能感知实体,而且属性的本质也因而取决于理智,但理智又是什么呢?无论是有限理智还是无限理智——注意:斯宾诺莎的这则定义并没有包含这种区分——皆是样式,也就是说,皆是实体在其诸属性之一(在此,该属性即思想)当中的应变致动的效果(分殊)。困住了斯宾诺莎体系的抽象推理方式于是在这里清晰可见:在斯宾诺莎体系的"顺序"中,属性——作为实体本质的属性——理应先于样式,样式是属性所辖的受决定物;可是,属性的定义却牵扯到了对一种样式——理智——的考虑;确言之,这则定义使属性的性质取决于这种样式的存有,无此样式,属性性质就不仅是不可思议的,甚而也是不可能的。

在黑格尔看来,斯宾诺莎学说体系想要在一个绝对开端之中思考绝对之物,并将绝对之物当作一个开端来思考,因而这种体系是抽象的。这样一来,绝对之物的决定性就被归结为实体向它自身外部显现(因为它自身之中什么都没有)的退行顺序——先是显现在属性中,继而是显现在样式中。不过,由于实体的形式性特征,这个退行顺序自展开的那一刻就使其自身颠倒了过来:样式继属性而起,故此,样式取决于属性,但斯宾诺莎又是从样式来思考——或毋宁说定义——属性的,这就至少导致了一个结果,即属性与样式之间的区别变得不可理解。

  这种舛错不能归咎于推理上的错误。它具有一种意义:这种舛错表现了斯宾诺莎思想所固有的局限,依照它为它自身设定的前提、"原则",这种思想便不可避免地会落入此种困境之中。实体具有绝对自足性,若非展露表象或"存在的方式",实体便将一切现实性都吸收进自身之内,无物能出离实体。在这个基础上,实体自一开始便被给予了它的统一性,此实体虽然为这一体系提供了存在论担保,但同时也妨碍了它的展开;它的展开势必会让这些前提发生动摇:实体向属性的"过渡"是形式性的和武断的过程,实体在此过程中瓦解并耗竭自身,让它自身的基本统一性消散为诸属性的多样性,而诸属性的多样性在"理解"实体同时对实体的真正性质却完全无知。斯宾诺莎学说中属性概念的这种漏洞、缺陷表现了实体与它自身之间必然的——毋宁说不可避免的——外在性,实体只有在其本质之中才能被把握,但这种本质作为从外部对实体作出的一种决定又是同实体相对立的,因此,这种本质对实体来说必定是不充分的。这种不充分性无非是实体本身的缺陷:实体作为一种普遍且空洞的形式根本不可能返回其自身以使自身被把握为真理。正是由于这一原因,斯宾诺莎学说体系的舛错——如其属性定义所示——从"逻辑上"来自它的这些前提,此一舛错正是这些前提的必然结果。让斯宾诺莎在其中兜圈子的这个坏循环就是斯宾诺莎学说体系的真相,就是它的论述的可能性条件,也是它的死结的明显症状。

斯宾诺莎以抽象方式进行推理,因此只能通过把绝对之物拆散的方式去决定绝对之物,所以他才会从对被直接给予的一致性的观照"过渡"到对那些构成性的元素——"诸本质"——的分析。一旦我们离开绝对之物这个基础,转向它所奠立的东西,一旦我们去考量这个基础的后续决定机制——先是属性,然后是样式——我们就会看到绝对之物的统一性逐渐瓦解甚或消失,取而代之的是杂多性和多样性。诸属性外在于实体,以此表明了实体同其自身的外在性,实体的这种同其自身的外在性不可能使实体通过一种内在运动有效地让它自己聚合起来;不仅如此,诸属性彼此之间也保持外在,就像不同的方面和视角那样。不能化约的诸本质相互平行并立,虽可点数,但它们之间不可能建立起任何真正的共通性。事实上,斯宾诺莎确乎作出过明确断言,诸属性绝无相互作用,没有互通的关系,相互完全独立。

在诸属性间的这种分离当中,黑格尔明确看到了它们不能胜任同实体相等这一症状,诸属性只是部分地"代表"实体。实体直接而空洞的统一性于是便消散为诸属性的杂多性,诸属性以不完整的形式表现实体,但却不能被放在一起被把握、被理解为一个实际的整体;诸属性就像从一个集合中武断和抽象地被抽出的碎片一样,只能被收集、并置和在计数意义上相加。

诸属性不仅是作为各自分离的实存单一体而存有的——至此,黑格尔的批判抵达了它的关键点——诸属性还树立在它们各自本身之中,树立在它们各自孤立的抽象性之中,因此诸属性也是相互对-立的(op-posés)。每个属性都从自己的视角分有实体的内容,它们分别以残缺的方式展现实体,正是由于这一原因,诸属性在某种意义上彼此对峙;它们是相互竞争的形式,它们中的每一种形式各自之所有,皆是别的所有形式之所无,因此它们也是相互反对的形式。

这里出现了一个新的论据,此论据恰恰是以"omnis determinatio est negatio(所有决定都是否定)"这一众所周知的论点为其托词的;诸属性以否定的方式,也就是说以各自私有的方式对实体加以决定。因此,为一个属性赋予形式的东西,也正是所有别的属性所缺乏的东西;这也正是诸属性之间不可化约的原因所在。

我们会在后面专门探讨这个论据。目前我们暂时只单独考虑一个后果。我们已经看到,属性作为对实体的抽象决定而被置于实体之后,因此,斯宾诺莎学说体系不可避免地陷入了一种退行运动之中:斯宾诺莎从关于唯一实体的绝对知识出发,然而也仅仅是从这里出发(这是因为,让我们记住,斯宾诺莎的错误植根于他的起点,他会偏离这个起点),他继而却向后退去,于是又恢复了笛卡尔的二元论。正是由于这一原因,黑格尔在《哲学史讲演录》中通过把斯宾诺莎学说纳入该书的精神主线的方式这样谈论他所谓的斯宾诺莎主义观念论:

> 斯宾诺莎的哲学是笛卡尔哲学的客观化(Objektivierung),呈现为绝对真理的形式。斯宾诺莎主义观念论的基本思想就是:只有唯一的实体是真的,实体的属性

是思想和广延(自然);只有这个绝对的统一是现实的,是现实性(wirklich, die Wirklichkeit)——只有它是神。这就是笛卡尔那里的思维与存在的统一,也就是那种本身包含着自己的存在的概念的东西。笛卡尔的实体观念虽然在它的概念中也具有存在本身,但这种存在只是作为抽象存在的存在,并不是作为现实存在(reales Sein)的存在,或作为广延的存在,而物体性则是与此实体不同的某种东西,并不是此实体的样式。在笛卡尔那里,自我、思维者本身也同样是一种独立的东西。斯宾诺莎主义扬弃了两个极端的这种独立性,两个极端都变成了唯一的绝对本质的环节——我们看到,这个意思可以用一句话来表示:把存在理解为对立面的统一。

初看上去,这段文字揭示了斯宾诺莎与笛卡尔的区别:被笛卡尔当作两个独立实体的思想和广延(黑格尔将笛卡尔的"广延"等同于"自然"或"现实"),在斯宾诺莎那里被实体的绝对统一性重新统合、调和起来,这就是"对立面的统一"。但我们知道,在黑格尔看来,这种统一性是抽象的,也就是说,是一种假统一性,它的自我决定即自我分解,分解为这些对立面,这些对立面只是暂时统合起来、暂时"扬弃"了它们的对立罢了。正如斯宾诺莎所示,仅只是对立的这些对立只能被以幻觉的方式扬弃,只是被单纯地调换了位置而已。因此,我们在斯宾诺莎学说体系的根底会发现笛卡尔式二元论,即便是一种在形式上作了调整的笛卡尔式二元论。

黑格尔在《哲学史讲演录》中对属性定义的评述正是按这个方向展开的：

> 紧接着实体之后出现的是属性，后者属于实体。"就属性，我理解为理智感知到的构成实体的本质的东西。"只有这句话在斯宾诺莎那里才是真的。属性是巨大的决定性，它既是决定性，又是总体性。属性只有两个，思想和广延。理智认为它们是实体的本质；本质并不高于实体，然而实体在理智看来只是本质。这是在实体以外看的；对实体可以用两种方式去看；或者把它看作广延，或者把它看作思想。这两者当中，每一个都是总体，都是实体的整个内容，但只是在一种方式下看到的；正因为如此，这两个方面是自在地同一的、无限的。这是真正的完成。理智在属性中看到整个实体。但实体如何过渡到属性，他并没有说。

如果说我们在每个属性中都发现了实体的全部内容，这是因为实体本身已经没有了任何内容：属性只是一种形式，当然可以是独立和无限的，然而也被剥夺了一切实际运动，因而被剥夺了具体的统一性。诸属性是并行、对立的本质，它们之间的这种外在关系表明了实体或被直接给定的绝对之物没有能力在其自身之中进行自我决定。

但是上面两段文字有一个典型特征，即都存在着一个非同寻常的疏漏。斯宾诺莎断言实体是被无限多属性表现的，我们仅能感知这些无限多属性中的两种——思想和广延。黑格尔在说明诸属性性质时却说得好像唯有我们所感知的两个属性存有似的：
"属性只有两个，思想和广延。"这种缩减的后果极其重要，因为正是这种缩减才使黑格尔能在斯宾诺莎和笛卡尔之间建立起某种亲子关系；也正是这种缩减使黑格尔能把实体"之中"的诸属性的统一说成是对立面的统一。

让我们来重述一下斯宾诺莎给属性下的定义：诸属性是"理智感知到的构成实体的本质的东西"。我们可以注意到，斯宾诺莎并没有指明在这里感知实体的是哪一种理智：是无限理智（无限理智感知实体的全部本质），还是有限理智（有限理智仅能感知两种本质）？无限理智与有限理智的区别为什么没有出现在属性总定义之中呢？斯宾诺莎对此未作特殊说明或不作精确区分，这显然是黑格尔没有考虑的，黑格尔仅在相当特殊、相当狭隘的意义上阐释这则属性定义：在他看来，借助对实体的感知使属性得以构成的理智是有限理智，有限理智仅在思想和广延两种形式下把握实体。

果鲁特就曾强调说黑格尔对斯宾诺莎的所谓阐释颇受康德启发：黑格尔以不言明的方式参考了康德，正是这一点使黑格尔能理直气壮地对斯宾诺莎提出形式主义的指控。属性不仅是实体的"本质"，而且还是实体的形式，极言之，是实体的显象。属性是实体向理智显现出的样子，是理智循其感知条件对实体加以分解后所见的实体，或者说，是理智通过对实体作出界划的方式对实体施加决定后所见的实体。就此而言，黑格尔认为，诸属性各自的无限性（它们的无限性表现着它们与实体的同一性）是一种无内容的无限性：诸属性各自的无限性是在对实体"有感知"的理智视角下所见到的某一形式所具有的无限性，而任何形式，作为形式,在其自身所构成的形式域限之内都是有限形式。这样一来,一切就都说得通了:斯宾诺莎之所以无法正确思考绝对之物,原因就在于他从一开始就站在有限理智的视点位置上,而有限理智就其实质而言除非对无限进行分解——也就是说将之化约为种种抽象本质——否则根本不可能把握无限。我们可以看到,这一论证方式的基础是(注定指向无条件者的)理性和(只有在某些条件下才能确定其对象的)理智之间的康德式区分。黑格尔在斯宾诺莎给出的属性定义中未能看到、不愿看到的正是斯宾诺莎对这种区分的事先拒绝:理智这个概念以绝对普遍的样式出现在这则定义之中,该定义根本无须涉及种种理智间的差异——这就是斯宾诺莎对理性与理智之分拒绝的表现。

由此可见,黑格尔并没有解释(explique)斯宾诺莎的文本,而是对它进行了一种阐释(interprétation)。他借此种阐释在斯宾诺莎那里读出了笛卡尔:有限理智只能感知两种属性,也正是这种有限理智对属性性质作出了决定,实体的统一性于是分解、消失在思想和广延的区分之中,此种区分又重新建立起某种隐秘的二元性。黑格尔在此意义上可以说斯宾诺莎学说体系是为了克服笛卡尔学说体系所作的失败努力:两种学说基于同样的前提,处理同样的问题——尽管在方式上有所不同——这些前提和问题都与两个不同实存单一体间关系有关,必须要在二者之间建立起一致性的条件。斯宾诺莎的做法是从一开始就设定实体的统一性,但这却是一种无内容的统一性,而且,这种统一性继而瓦解在思想和广延之中,这两种属性平行对峙,但毕竟还是必须加以调和的对立面,但对它们的调和只能是形式上的调和,其他调和皆以失败告终。

我们将会发现这种阐释完全与斯宾诺莎实际在其证明中所阐明的东西是完全不搭界的。因为，在斯宾诺莎那里，思想与广延并非作为一定要被扬弃的对立项而对峙并存的东西；它们之间没有任何关系，甚至连对立的关系都没有，这正是诸属性之间的不可互约性的论点所表明的东西。只要我们忠实于斯宾诺莎学说体系字句的原意，我们就会看到：诸属性的对立性，所有属性本身都构成了实体的一个本质，而且也都在实体中同一，这一点只有这样才能被理解，即，实体不是表现在一两个属性之中的，而是表现在一切数量的属性之中的，是表现在无限多个属性之中的，也正是属性的数量无限性禁止在属性之间建立起两两对应的关系，无论任一属性有着什么样的形式。要理解这一点，我们就必须从黑格尔归给斯宾诺莎的那种推理方式中跳出来，进入到另一种完全不同的推理方式之中。

属性的现实性

如果说康德式的认识难题是从主体/客体或形式/内容的关系角度提出的话，那么斯宾诺莎通过批判笛卡尔主义预先避免了康德式的认识难题。黑格尔——毕竟他本人是反对这类难题并宣称要超越这类难题的——却忽视了这一点，他的这种忽视支配了他对斯宾诺莎学说体系的全部阐释。在这里，令人惊讶的是，黑格尔在其哲学与斯宾诺莎哲学显现出实质上相近的地方，反而发现了一个有分歧的主题。这个翻转只能以两种方式说明：黑格尔要么有无可辩驳的论据证明斯宾诺莎对古典真理观的批判是不充分的，并——如黑格尔所断言的那样——因而又落回到这种真理观所固有的失败之中；要么则是对黑格尔来说，斯宾诺莎的这一批判是无法容忍的，因为它比黑格尔自己的批判更为激进，相较之下，黑格尔自己的批判的局限性暴露了出来，黑格尔学说体系与先前那些观点的密切共谋关系凸显了出来，尽管黑格尔本人声称已解决了先前那些观点内部的所有矛盾，从而清除了它们。我们将看到，必须保留的是后一种解释。

让我们返回到属性难题上来。根据黑格尔的说法，诸属性是"决定""形式"，在理智的视角中，属性被反思为这些"决定"或"形式"。在某种意义上说，实体是无形式的内容，就像埃利亚学派所说的"空存在"那样，是在其绝对直接性之中被给予出来的东西；继而，这种实体又使其自身显露在无内容的诸形式之中。不过，这种图式至少在一点上违背了斯宾诺莎的学说：如果说，在斯宾诺莎看来，诸属性是"是"的形式或种类，是"性质"或"本质"的形式或种类的话，那么诸属性自然不是同内容对立的诸形式，更不是同主词相对立的谓词，或者说不可能是同处在它们之外的具体现实相对立的抽象范畴。或者，我们同样可以说，它们就是与形式相适应的内容本身，它们就是实体，因为，实体正是在它们之中"构成"的，并把它们作为"构成"其本质的东西包含在其自身之内。这就意味着，形式与内容这两个术语完全不适合用来说明使诸属性与实体相联系的这种关系。

如果说诸属性是"理智感知到的构成实体的本质的东西"，那么诸属性就不以它们作为被反思的形式而存有于其中的理智视角为转移，更不以同无限理性相对立的有限理智视角为转移。斯宾诺莎在其属性定义中使用了"感知（percipere）"一词，我们必须严肃对待这个事实：理智将属性感知为构成了实体本质的东西。

参考《伦理学》第二部分开头定义三说明，我们就会发现，这个词有着极为严格的含义。关于"观念"（"观念"是"心灵中的概念"），斯宾诺莎在那里写道："我说'概念'而不说'感知'，这是因为'感知'一词指示出的是心灵承受着来自对象的东西，而'概念'则指示出的是心灵中的主动动作作用。"我们可以把这个提示提前用来说明属性定义，斯宾诺莎不说诸属性是理智对实体作出"设想"而得出的东西，这恰恰是因为，"设想"意味着理智相对于其"对象"的主动性，在"设想"这一活动中，理智会为其对象强加某种更改，比如说，为其"对象"赋形、为之给予某种形式。而诸属性则是理智借由对实体作出"感知"而得出的东西，因为，在两者此处所建立的关系中，理智相对实体来说只具有被动性，理智在此关系中仅对实体的构成性本质，也就是说仅对实体诸属性如其所是地作出承认。

因此，属性定义中出现的"理智"一词不能在康德主义的意义上去解释。即使这则定义所谈的"理智"是我们的个别理智、有限理智，斯宾诺莎对培根的如下反驳也仍然有效："他假定，除感官的欺骗外，人的理智按其固有的本性也是易于受骗的。因为人的理智都是按照它自己性质的尺度，而不是按照宇宙的尺度来认识一切事物的，所以，它就像一面凹凸不平的镜子，在反射事物的光线时，把它自己的性质和事物的性质混杂在一起了。"①但黑格尔对属性定义中理智的角色的阐释方向却是：在其诸属性的形式中反思实体的理智确是某种变形或赋形的镜子，它所生产的镜像上带着它自己的烙印，以至于这些镜像与其说让我们看到的是它

---

① 标号为第 2 封的致奥尔登堡的信。

所反射的对象，不如说是这面镜子。但是，在斯宾诺莎看来，如果说理智是一面镜子（这一提法毕竟是值得怀疑的，因为观念不是一些镜像），它也一定不会是那种主动的镜子，后者的主动性必然会使它自己介入现实性、分解现实性，从而按照它自己的尺度重构现实性；至少就我们在这则定义里所看到的理智而言，它是完全客观的镜子，如其所是地、在实际构成了实体的那些本质之中"感知"实体。斯宾诺莎对属性概念的定义显然排除了一切创造性。

有必要对此作一评注，尽管此评注的意义只有到后面才会彰显出来。我们刚已指出，属性定义中使理智与实体联系起来的感知关系指被动关系而非主动关系。但关于被动性的这个观念——如果我们仔细检视一下的话——是相当尴尬的，这个观念或许意味着：属性，作为单纯复现某个模型的忠实镜像的属性，都是一些被动的表述，完全同它们所显示的对象相符合，用一个众所周知的表述来说，它们都是"画布上静默的图画"——难道不是吗？这样一来，我们虽然不再将属性理解为由理智所产生的形式，但我们却失之于将属性化简为被动映射现实的观念。为了避免这一新的困难，我们必须补充说属性既不是理智的"主动"表述，也不是理智的"被动"表述，原因很简单，即诸属性并非理智的表述、印象，也不是理智的——或理智中的——观念，诸属性并不是在理智之中的、理智借以把握——无论是否客观地把握——从实体内给予出的内容的种种形式；属性就是在实体本身之内、构成了实体的本质的东西；就实体在诸属性之中表现自身、表现实体自身的全部本质而言，属性是主动的。

一旦不再将诸属性理解为理智中的观念，黑格尔所作的阐释的另一个要素就会立即变得可疑。为了说明诸属性的抽象特征,黑格尔将属性与实体剥离,用先后相继来说明它们的关系:先是实体,然后出现的是诸属性。这样阐释之后,诸属性与实体的同一性——尽管斯宾诺莎对它们的同一性是作出了明确断言的——就变得相当成问题了。与实体相剥离并继实体而来,诸属性显然就只能是理智借以反思实体的诸形式,这些形式与它们所指涉的那个基础是完全分离的。但是,实体相对于其属性的先在性这一观念——此观念确立了实体与其属性之间的等级关系——却是与斯宾诺莎学说的字句完全相悖的。

这里,除非有无可辩驳的相反证据,我们有必要重申德勒兹(Gilles Deleuze)和果鲁特等评注者的论述。他们继罗宾逊之后,强调了《伦理学》第一组命题所具有的并非"假设"特征,而是"发生学"特征,因为这些命题证明了包含着无限多属性的神——也就是说实体——的存有。总体而言,斯宾诺莎《伦理学》从神"开始"这一观点是被广泛接受的:黑格尔以他自己的方式采纳了这个观点,并且批评斯宾诺莎像个中国人似的从绝对之物"开始"。不过,就算斯宾诺莎学说体系建立在一个绝对开端之上是相当可疑的,对《伦理学》的细读也会证明这个开端绝不可能是神,或者说,绝不可能是绝对无限的唯一实体:关于神,我们最初只能看到一个定义(定义六),只有到了命题十一,我们才能发现这个定义对应着一个真实的——实际上是唯一的——存在。在此期间发生了什么呢?

如果你在一般存在论意义或某种形式性排列组合的意义上解释《伦理学》第一组命题,这就等于否认它们具有任何实际意义,而仅使它们成了有关纯然可能性的陈述,①我们会说那里什么都没有发生;这些命题只有预备性价值,它们仅仅是关于诸纯粹本质的思考,这种思考绝不牵涉这些纯粹本质的任何实际存有,只有这种思考被关于实体存有的证明结束的那一刻起,关于实体的实际讨论才能开始进行,因此,这些命题只是有关实体的实际讨论的方法论准备。

但我们马上会发现,这种解释在一个关键点上与黑格尔的解释是一致的:它使关于实体的论述成了一种绝对开端;这样一来,只要还没有出现有关实体本身的问题,或者用某种人格化的方式来说,只要还没有出现有关神本身的问题,我们就必须说斯宾诺莎的那些证明就只具有介绍性的功能;它们实际上什么都没说,因为,它们的对象是"存在一般",是不牵涉"存在"之"存有"条件的"存在一般"。在前十一个命题里出现的仅是关于诸属性的形式主义思考,这种思考形成的基础是本质与存有的某种二元论——但这种解释所说的这种二元论恰恰是斯宾诺莎本人明确反对的:"诸属性的存在与它们的本质无任何意义上的不同。"②

但这种解读使综合过程、真正原因性过程之中的推理——依"几何学方式"程序所确立的推理——必然性变得可疑了,难道不是吗?在斯宾诺莎看来,真正的论述——同时也是有效的论

---

① 这正是多兹的做法。见多兹《对〈伦理学〉前十一个命题的评论》("Remarques sur les onze premières propositions de l'*Ethique*"),载于《形而上学与伦理学杂志》(*Revue de métaphysique et de morale*),1976 年。

② 标号为第 6 封的致谢恩豪斯的信。

述——必定不包含对任何可能性的探讨,也绝不会受某个开端先决条件或某种预备性的牵制。因此,我们必须重新考虑关于神的存有的证明之前的这组命题,辨明它们的地位。

果鲁特将这些命题分为以下类型①:

——命题一到命题八开始着手处理对神的诸本质的构成性要素的推论,神的诸本质也即各自皆为一单一属性的诸实体。

——第二批命题(命题九到命题十五)旨在从这些简单要素出发构造神,而这些简单要素就是指各自皆为一单一属性的诸实体[……]并把分别从这些简单要素上辨认出的特性归给神。

我们将看到果鲁特的一些这类提法会激起特别严重的反对意见,从而无法再站得住脚。不过,虽然这些提法是以不妥当的论述形式来陈述的,且至少在某一点上偏离了斯宾诺莎体系的原文,但毕竟将斯宾诺莎本人所作证明当中的某个尤其重要的方面凸显了出来,这是一个此前从未清晰展露的方面。

事实上,如果我们抓住了果鲁特分析的实质(尽管在某些点上,他的这些分析是不可接受的)的话,我们就会意识到从上面所提问题的角度来看,《伦理学》开篇的这组命题当中确乎有事件发生。这个事件就位于命题八和命题九的交接处,即位于从"substantia unius attributi"(我们暂且保留这个提法的拉丁文译文,

---

① 马夏尔·果鲁特:《斯宾诺莎:论神》,第109页。

因为该词正是难题所在①)"过渡"到绝对无限实体的那个环节,而绝对无限实体即拥有全部属性并且必然存有——这使除此实体之外的任何别的实体皆成为不可设想的东西——的实体。用果鲁特的提法来说,实体因而是由它的组成要素"构成"的,也就是说,就诸属性构成实体(因为诸属性虽不能严格地被说成是"诸实体",但却都是"实体性"的)而言,实体是由诸属性组成的。因此,实体是在它自己的实际过程中显现自身的,对这种客观生成的论述所表现的并不是可被概括为某种排列组合的形式性前提的某种空洞知识,相反,这一论述实际表现的正是论述对象的实际运动——是该对象以某种方式在具体生成过程中的实际运动本身。

这种分析的根本优点在于为"自因"概念赋予了它的全部意义。黑格尔曾这样阐释神是"自身的原因":绝对之物将其自身直接给予为绝对的不可转让的在场(这种不可转让性使它只能从外部被决定),借助这种一次性的交付,绝对之物在穷尽其自身同时完成原初的奠基。但斯宾诺莎绝不是在黑格尔的这种意义上谈论神是"自身的原因"的。"Causa sui(自因)"不是别的,就是实体由"诸本质"(诸本质构成了实体,实体的存有就建立在诸本质上面)生产其自身的过程。这一运动的最终环节就是产出实体,实体是这一运动的活动性的产物,是这一运动自身决定机制的结果。从这个角度来看,斯宾诺莎学说中的实体与埃利亚学派的"存在"再无半点关系:斯宾诺莎所说的实体有其内在生命(尽管黑格尔总说它是"僵死的实体"),它就是朝向自身的运动,是对自

---

① 果鲁特用此一拉丁文表述表达"只具单一属性的实体"的意思。详见后文"实体在其诸属性中构成"一节。——译注

身的肯定,与只能在自身之外寻求形式的无作用的内容完全相反。在这里,我们又"接近了"黑格尔,尽管他对这种接近完全视而不见。

这就是关于神的定义当中所表现的运动,这种运动必须从发生学和原因性角度去理解:"就神,我理解为绝对无限的存在,也就是由无限多属性构成的实体,它的每一个属性都表现着一种永恒和无限的本质。"①这则定义是综合的或几何学的,因为它生产出了它的对象,并因而以必然方式对其对象作出决定:神,如果它是自因的,那么它就不是无原因的;它恰恰是绝对地由它自身决定的——诸属性即是这种决定的诸形式。由此定义出发,我们就能以一种同样必然的方式推导出此则定义之对象的全部性状:"我若把神定义为至为完满的存在,这种定义就不表现致动因(我指内在和外在的致动因),我也就不可能从这种定义中推导出神的全部性状了。但是,当我把神定义为一个绝对无限的存在的时候(定义六),情况就完全相反了。"②由此来看,属性就是实体的内在致动因,在诸属性之中产生的这个实体同时也是自因的:因而显而易见的是,实体不是一个直接绝对的对象,它只能由推导得出,即便这种推导是一种由它自身出发的推导。

实体与它的诸属性的关系于是发生了深刻的变化。首先,我们再也不可能对诸属性相对实体的外在性作出断言:诸属性就在实体之内,是实体使自身得以构成的要素或环节。其次,我们若还绝对地坚持在实体与诸属性之间建立一种前后相继的顺序,实

---

① 《伦理学》,第一部分定义六。
② 标号为第 60 封的致谢恩豪斯的信。

体应置于诸属性之前这一点就完全不再是毋庸置疑的了,诸属性反倒应处于实体之前,它们是实体自我生产的条件,因为诸属性在实体构成的过程中一直起着本质上的原因性作用。这就解释了常被人们注意到的一个反常:《伦理学》不是从神开始的,而是以神为收束,或至少是经过了全部的证明之后才抵达神的;这是阐释者们避开的一个难点,他们传统的做法是掏空这第一组命题的内容(这些命题尚未论及现实地存有着的独一实体),以便将这组命题变成只有在它们之后才真正开始的论述之形式性前提。

不过,正如我们将看到的那样,谈论诸属性相对于实体的"先在性"也还是不能令人满意的。因此,我们只能暂时限于强调这个论点的另一个方面,即与诸属性与实体的同一性有关的那个方面。我们若是承认这一同一性,就再也不可能思考实体与诸属性之间的不平等性,此不平等性意味着实体与诸属性之间有着时间顺序意义上的承接关系,也意味着诸属性与实体之间有着等级从属关系。实体中的存在或现实性既不多于也不少于实体诸属性中的存在或现实性,它们的存在或现实性完全相等——或至少如果可以在数量上对它们当中的存在和现实性进行衡量的话,我们是可以这么说的。诸属性并不亚于实体;比如说吧,诸属性不是就它们自身而论缺乏存有的诸本质;而实体也正是诸属性之所是。在《笛卡尔哲学原理》中,斯宾诺莎就说过:

> 当他[笛卡尔]说"创造(或保存)实体的力量大于创造(或保存)属性的力量"时,就诸属性,他不会认为它们是形式性地包含在实体之中的、只能借推理上的区分才能同实体分离的东西。因为,就此情况而言,创造一个实体

和创造它的诸属性是一回事。①

然而,神——拥有全部属性的实体——既不"创造"实体,也不"创造"诸属性,这是笛卡尔不能理解的。

标号为第 9 封的给西蒙·德·福里的信——如果我们正确地阅读它的话——证实了属性和实体是同一事物的不同名称,就像以色列(Israël)和雅各布(Jacob)是同一个存在的不同名称一样。这封信确实总是在相反的方向上被解读成关于诸属性的形式主义阐释的根据。在这种形式主义看来,诸属性就好像是实体这个同一且独一的事物的不同名称似的。这种错误②的顽固性只能这样来解释:在这封信中,斯宾诺莎自己谈到了同一个事物的两个名称,而这种示例为此种假设打开了方便之门。这种情况的发生,就好像这封信的读者眼睛只盯着这个数字似的(但这个数字本身是毫无意义的);接着,这些读者便发现了把这个普通的幻觉复制到形而上学之中的机会,黑格尔就是作这种复制的一个好例子:"两个",这个数字看上去似乎意味着一件事,即根据笛卡尔对实体的划分方式得出的思想和广延的二元性;我们随即就会认为诸属性——被彻底认定为我们有限理智感知到的两个属性——都是一些名称,也就是说都是它们以外在方式所指代的某个内容的外部形式。但在这一点上,斯宾诺莎是绝对明确的:诸属性就是诸本质,就是种种现实性;因而它们本身绝不是名称,也

---

① 《笛卡尔哲学原理》,第一篇命题七附释。

② 吉尔·德勒兹:《斯宾诺莎与表现难题》(*Spinoza et le problème de l'expression*),第 52 页。

就是说，绝对不是通过中介，通过某种抽象地把实体分解为多种景观、多种表象的手段而对实体作出的指代。

要把握将属性和实体联系在一起的真实的同一性，只需要再次比较两个文本就够了，它们相互印证，从而排除了一切含混性：

> 就属性，我理解为凭借其自身并在其自身之中被设想的一切东西，所以，这样一种属性概念不牵涉别的事物的概念。①
>
> 就实体，我理解为凭借其自身并在其自身之中被设想的东西，也就是说，实体概念并不包含任何别的事物的概念。②

属性和实体有相同的定义，指涉同一个现实性：在这里，这一事实是显而易见的。斯宾诺莎也完全可以写道："我把实体和属性理解为同一事物。"

> 就神的诸属性，必须被理解为表现着（exprimit）神的实体的本质的东西，也即是说，属于（pertinet）实体的东西；甚至，我坚持这一点，诸属性本身必定包含（involvere）实体。③

117

Exprimit（表现）——属性表现实体；这绝不是说，属性以谓词、

---

① 标号为第2封的致奥尔登堡的信。
② 标号为第4封的致奥尔登堡的信。
③ 《伦理学》，第一部分命题十九证明。

性状或名称的形式代表实体；相反，这意味着诸属性构成实体，每个属性都可以被称为实体的具体存在。Pertinet（属于）：诸属性包含在实体内，同样，实体也在属性之中；它们绝不是对实体外在且武断的表述，这些表述只取决于理智——根据自身的范畴反思实体的理智——的自由意志；请注意，我们在这里所评述的这一定义不再提及理智。Involvere（包含）：诸属性与实体二者若无对方、若离开对方，就都成了不可理解的东西，因此，诸属性与实体是不可分离的；这种相互依存的关系表现的不是别的，正是它们具有真正统一性这一事实。

最后再作一点评论。如果斯宾诺莎对关于诸属性的最初定义（《伦理学》第一部分命题四）稍作调整，把它改写为"就属性，我理解为构成实体的本质的东西，这也正是理智［如其所是地］感知实体的原因所在"的话，这种改写就会消除诸属性对理智的依赖关系，也就能避免使这则定义的阐释聚讼纷纭的含混性了。毕竟，承认斯宾诺莎文本的严谨特征并不意味着必须认为它是一字不能更易的，更不能把斯宾诺莎的文本奉为崇拜对象、视为里面沉睡着奥秘的容器——我们只能对它远观，小心不要去吵醒它们。我们必须像斯宾诺莎在别处用《圣经》来解释《圣经》那样用《伦理学》来解释《伦理学》，也就是说，文本行文的组织基于由限制性材料架构起来的体系，正是这一体系使文本能有效地实现其目标，我们必须做的就是探测出这个限制材料组成的体系；由此出发，我们才可能在必要时识别出文本中的种种空隙。

属性的多样性

因此，诸属性与实体是同一的，换言之，实体与其诸属性同是一物:只有在理智看来,实体和诸属性间的区分才能够确立,这就意味着这种区分不具有任何现实性,而仅仅是一种推理的区分。

但我们切勿在形式性的相互依存关系意义上解释实体与诸属性之间的关系。就算实体与诸属性之间有着无可争辩的同一性,这种同一性也绝不会是抽象和空洞的相等;否则,我们就再也不会理解属性概念在证明的必然性体系当中所起的作用了,我们很可能会认为最好是干脆把属性概念废黜掉。斯宾诺莎似乎表面上肯定了"在自然万物中,除了实体与其应变致动的效果(分殊)外,别无他物,这自公理一、定义三与定义五即可明白"①;他还说:"除了实体和属性之外,绝无任何别的东西存在于现实中或理智外面。凡存在的一切事物,要么通过自身,要么通过其他事物被设想,它的概念或者包含其他事物的概念,或者不包含其他事物的概念。"②在现实中,也就是说在理智外面——我们似乎又回到了起点:如果属性没有现实的存有,如果它们仅是在理智角度("perspectu")中被与实体分离开来的,属性岂非毫无存在的根据,岂不是外在于任何内容的理智虚构或表述的纯形式吗?

让我们回想一下:仅对理智而言才存有的并非是诸属性本身(它们当然并不存在于理智"之中"),而是诸属性与实体的区分。但我们必须在这里加上一条新论点:诸属性在实体中的存有——此存有是诸属性与实体同一性的关键——并非一种无差别的统一性(此种无差别统一性只是纯然形式性相等的结果),而是一种具体的同一性、差异中的同一性。正是由于这一原因,诸属性对

---

① 《伦理学》,第一部分命题六绎理。
② 标号为第4封的致奥尔登堡的信。

实体的决定来说是必然的，诸属性表现着实体的内在原因性并使实体的内在原因性得以实现。然则实体是如何过渡到诸属性或诸属性是如何过渡到实体的呢？这是我们现在必须要搞清楚的。

让我们返回果鲁特就《伦理学》第一部分所提出的那种划分。前八个命题以"substantia unius attributi"为对象，这就杜绝了某种僵死不动的、未分化的并因而是不可知的基质实体观。因此，《伦理学》第一部分从一开始就确定了实体存有于它的诸属性之中，它的诸属性本身就是实体性的。但从这一推理中又可以推出有多少属性就有多少实体：正如果鲁特指出的那样，在《伦理学》开篇这部分阐述中，实体一词被写为复数形式，比如命题五，此命题证明了适用于后续命题的一个基本点（两种实体只能由它们的不同属性来区分）。

在命题九到命题五这组命题中，我们由复数过渡到了单数：由"仅"在其自类之中无限的"substantia unius attributi"过渡到了有着无限多属性的实体，过渡到了可以说绝对无限的实体。这一实体因为不可能遗漏任何一个属性而是包含了全部属性的实体。斯宾诺莎在标号为第36封的致胡德的信中对这种"过渡"作了这样的概括："如果我们假定，只有在其自类中是不受限定的和完满的事物，才是通过其自身的充足性而存有的，那么我们也就必然承认一个绝对不受限定的和完满的本质的存有，这个本质，我称之为神。"我们就这样从关于属性的观念被引导向——仿佛是手把着手一般被引导向——关于实体的观念。如果说我们先认识了诸属性的完满性的话，那么我们也就应该认识到诸属性的完满性是不能在神（包含了所有属性的神）的绝对完满性之外去理解的。实际上，我们若仅限于思考一个一个的属性，我们就自然地倾向于以否定的方式来思考它们,即把它们彼此对立起来,把每个属性本身的性质理解为别的属性所没有的性质。而只有把属性的无限性与神的绝对无限的性质联系起来——诸属性无对立地共存于神之中——我们才能以肯定的方式去把握它们。正是由于这一原因,诸属性不可能存有于神之外,而必定存有于神之中,在神之中,它们已排除了任何否定性的决定式样,一律将它们自身表现为在其自类之中无限的本质。反过来说,实体不是别的,就是它在其绝对存有之中所汇集的诸属性的统一。

正如标号为第 8 封的西蒙·德·福里致斯宾诺莎的信所表明的那样,这种推理已经劝退了《伦理学》的第一批读者:"如果我说每个实体仅有一个属性并且我有关于两个属性的观念,那么,我就正确地推出有两个不同的实体,因为,有两个不同的属性就有两个不同的实体。在这一点上,我请您给我们一个清楚的解释。"但这里的难题实际上是无解的,因为它从一个首先是数目性的角度设定了属性的多样性:对西蒙·德·福里来说,"一个"属性是只有在"一个,两个,三个……无限多个属性"的序列的关系中才有意义的提法。这是一种非常典型的提法,首先是因为,在这个无限序列当中,此提法为了表示属性的多样性而给一个特殊的数目赋予了优先性,这个数目恰好是"二"。但这一选择从一开始就表明此处的问题完全是从有限理智的角度来思考的,这种有限理智只知道两个属性,即思想和广延;相反,正如我们已经指出的那样——这一点十分重要——斯宾诺莎在他的推理中从未诉诸这种视角,他的推理使用的是应被理解为理智一般的理智概念。

此外,根据数目上的连续性对诸属性进行计数的结果是,诸无限实体——仅在它们自身的种类中是无限的诸实体——向绝对无限实体的过渡呈现为一种渐进式的和连续性的进程:所有这些都让诸属性好像是一个一个在实体中被加起来的似的,实体本身也好像是这种无限相加所组成的东西。但与此相反,非常值得注意的是,斯宾诺莎以一种完全不同的方式谈论实体从它的诸属性中生成自我的过程:这是在截然断裂中完成的,毫无中介地完成了从一个层面向另一个层面的过渡,以至于仅在其自身种类之中的无限和绝对无限之间的关系先是呈现为一种真正的矛盾,这种矛盾随后就一下子被消除了,其间并无任何调解的干预。

让我们从头再复盘一次这个推理:正如命题二("两个不同属性实体之间无共同点")和命题五("就事物的自然而言,不可能有两个或多个相同自然/性质或属性的实体")所示,实体首先是按照其属性的真正多样性被设想的。接下来,实体则在其绝对统一性中被思考,因为实体在自身之中汇集了全部属性,同时实体还设定自身与每一个属性相同一。在这里我们碰到了一种视角的真正颠倒:我们又该如何对此加以解释呢?

有人不禁会认为此种推理是归谬推理:我们曾批判过的形式主义解释就是在这个方向上进行的。还有人会说:斯宾诺莎先是对真实地相互区别的诸实体这一可能性作出暗示,这里的诸实体的每一个都是由一个属性所决定的,为的就是紧接着借着一种展示的手法以一种后见之明来发现实体的绝对统一性(与实体独一性完全吻合的实体绝对统一性),从而对前面的暗示加以反驳。在这种思考方式当中,斯宾诺莎的推理不过是证明的某种部署方式,这种推理也就失去了它的综合特征和客观意义。正是由于这一原因,根据"几何学方式"程序(正如我们已经指出过的,这一过程不仅仅是形式性的)的要求,这种解释必须被排除掉。

我们因此必须为这两个论证环节给予同等的现实性:从着眼于实体诸属性的(无限)多样性的角度来看,实体绝非一种虚构,或者说绝非对于某种纯然可能性的表述,这类虚构或表述只能由无穷枚举来建构,而这样的无穷枚举只有在想象的视角当中才能成立。先后分别以多样性和统一性形式出现的,只可能是同一个内容、同一个现实。但此内容不能按照那种完满秩序和谐、调和的展开过程来呈现,否则我们就会落入黑格尔所指责的直接奠基的两难困境之中。相反,此内容必须在一种强烈反差的运动中呈现自身,这种运动在揭示出此内容的那些极端方面的同时,又表明了那些极端方面的连带性、共同性,也就是说,它们的不可分性。因此,这两个方面不是前后相继的,而是同时并行的两个方面。

这样一来,实体与属性之间的区分——理智所确立的这种区分——的真正意义就显露了出来:正是这一区分使我们从其性质的真正复杂性方面如其所是地把握实体成为可能;换言之,这一区分可以让我们以达至极限的方式绝对地思考实体与诸属性的统一性。正因为实体包含了无量多属性的无限性,实体才是绝对无限的。实体统一性因而不是一种算术意义上的统一,它不是指因性质的单一性而不可化简为其他个别物的某个个别物的存有。实体不是一个存在者,这是实体统一性的根本条件:实体是存有的且能被理知的万有,而此万有也因而在实体本身之中有其原因。构成了实体的这种存在充足性、这种绝对的自我肯定因而不可能是"一"——仅仅是"一",我们也可以说,唯一之"一"——这种空洞形式:构成了实体的这种存在充足性、这种绝对的自我肯定就是包含着全部属性并在它们的无限性中表现自身的现实性,就是由无限之多所构成的单一现实性。如果说某简单"存在"通过一次给予便能保有这种总体性,那么,实体现实性绝不是这种"存在"的现实性,相反,实体现实性首先是不可抑制的运动的现实性,正是在这种运动之中,诸属性才贯穿并统一于居有它们的实体之中。

只有一个实体,但实体有着无限多属性:离开内在地构成实体的无限之多,实体的统一性就是不可理解的。因此,实体将"多"寓于其自身之内而不是之外,而且实际上这一意义上的"多"不再是数目意义上的,当斯宾诺莎说"它是无限"的时候,正是要表达这个意思;事实上在斯宾诺莎看来,无限不是一个数,因为它是想象所无法表述的东西。在这里,我们可以看出,这与"哲学计算"的方案——对形式性地构成一存在的诸部分进行机械计数的方案——是完全对立的,想要把"几何学方式"说成是这种方案的正是黑格尔本人。

由此可知(这一点恰恰为黑格尔所忽视),实体与其诸属性的同一性不是形式性的和抽象的,而是现实的和具体的。此同一性在双重关系之中得到展开,即实体依存于其诸属性,诸属性依存于实体的双重关系,若无实体对其诸属性的依存性,实体只可能是一种空存在,从这种空存在中,我们只能辨认最低限度的而非最大限度的现实性,若无诸属性对实体的依存性,诸属性只能作为相互对立的东西以否定的方式存有。

我们可以仿照黑格尔的说话方式说:实体与诸属性的关系是绝对之物借以把它自身当作实际的东西加以肯定的生成性的同

一性。这个过程是自因的过程,或者如果你愿意的话还可以说,这个过程是实体返回其自身的过程。

实体在其诸属性中构成

至此,我们已谈过了实体在其诸属性之中的自我生产或自我构成。现在必须要澄清的是这种自我生产或自我构成与实体基于其诸属性才得以发生这一事实毫无关系,而且必须要对仍旧包含在果鲁特评注之中而我们直到目前还基本遵循的一个含混论点加以清除。

事实上,即便所有属性都属于实体并构成其存在(《伦理学》第一部分命题十附释),诸属性也不是作为相互适应以便最终组成一个整体系统的各部分而共存的。如果是这样的话,诸属性也就是通过它们相互的欠缺来规定彼此的关系的东西了,也就是说,它们各自的性质将受到其他事物的限制,这样一来,它们就再也不是各自凭借其自身而被设想的东西了。但说一个属性,比如广延,只能由它自己来限定,这也是荒谬不通的,因为任一属性在它自身的种类中都是无限的:"广延只能在绵延、位置或数量方面可以说不完满,因为它不能再长一些,或不能保持它的位置,或不能再大一些。但是我们却绝不能因为广延本身没有思想而说它是不完满的。"①对无限——无论是属性的无限(在一个种类之中的无限),还是实体的无限(绝对的无限)——进行思考,绝不牵涉

---

① 标号为第36封的致胡德的信件,也可参看标号为第4封的致奥尔登堡的信。

任何可分性的概念:实体在其诸属性的每一个之中都是整全的(因为实体与其诸属性是同一的),就如每一滴水中都有广延整体、每一个观念中都有思想整体一样。我们前面说到过,对斯宾诺莎来说,无限不是一个数,唯其如此,不管以何种方式,都不可能分割无限。不可分的实体并不是实体的全部属性相加的总和。

　　这就迫使我们对先前所作的一个断言再加考量。我们曾经说过,如果某单一存在直接给予为一种不可化约的在场,并从其自身内排除了所有被决定的内容,那么实体并不具有这种存在的简单性,相反,实体具有的是绝对运动(在自身内包含了它的全部决定的绝对运动)的复杂现实性。实体诸属性的内在多样性就表现了实体的这种复杂性,但是,实体的复杂性并不会给实体带来复合特征的结果。因此,我们必须要说,实体是复杂的,同样也是单一的——在实体不可被划分为部分这一确切意义上来说,它是单一的:"这种存在是单一的,不是由部分组成的。因为在自然中和我们的知识中,事物的组成部分一定先于其组成的事物。但按其本性是永恒的事物绝不能是这样。"①这个提示极其重要,因为它排除了对实体借以自我生产的运动的任何机械论表述。内在于实体的"自因(causa sui)"的过程不是一种时间性的发生,此过程若是时间性的发生过程,就意味着,该过程是从特定要素开始的不同工作机制的连续运作,此连续运作的共同作用最终将实体当作一种结果或一种合成品生产出来。但是,实体与其诸属性的关系不是整体与部分的关系,也不是复杂集合与简单要素的

---

① 标号为第35封的致胡德的信。

关系。

从这一点来看,果鲁特用来说明实体"起源"的某些提法是不可接受的,他用来作此说明的文本解读也是说不通的。例如:"无疑,斯宾诺莎在这里严守了他在《理智改进论》中提出过的要求:达致若干最简单的观念(idea simplicissimae),从而用它们——根据它们的内在意涵——重构由它们构成的复杂观念。因此,当谈及神的时候,我们首先就会看到可被理解为若干具有单一属性的简单实体的'prima elementa totius naturae(全部自然的基本元素)',它们是'origo et fons naturae(自然的源泉)',使'整体独一且无限的存在'得以构成,这'整体独一且无限的存在'除自身之外再无别的东西被给予出来,而且它也是'origo et fons naturae(自然的源泉)'。根据被给予出的真观念的规范作出的这种重构导致了关于神的发生学定义。"①"重构"一词是成问题的,该词以非常特殊的意义解释了"几何学方式"程序的含义。

首先我们要注意的是,"几何学方式"的程序一旦被说成是由简单事物重构出复杂事物的程序,就意味着被简化成了一种方法,也就是说最终被简化成了一种展示手法,从而使推理的必然性过程被纳入一种秩序模型之中去了:这里的秩序模型就是从各部分进到整体的模型,或从简单进到复杂的模型;就是在这儿,我们离笛卡尔也就不远了。但斯宾诺莎力图遵循的"几何学方式"的思想程序并不是另一种新的方法、新的展示方式,而恰恰是不同于方法的东西,如果方法指的是根据必定抽象的反思图式、以秩序前提去统辖真理呈现的方法的话。推理若仅是

---

① 马夏尔·果鲁特:《斯宾诺莎:论神》,第169页。

形式推理——比如说，问实体先在于其诸属性还是诸属性先在于实体、问诸属性是否比实体"更简单"即是形式推理——我们就会陷入重重困难。从综合的视角来看，这些问题都是毫无意义的。

其次，建构实体的这种观念假定了实体不仅是由作为实体诸属性的要素构成的，还是被这些要素复合而成的。这种假定显见于果鲁特对"substantia unius attributi"这一提法（此提法见命题八证明）的翻译，他将之译为"只具单一属性的实体"。这种译法包含的观点构成了果鲁特对《伦理学》整个开篇阶段的解释基础，这个基础有助于他设定简单要素，使他可以由此简单要素"建构"起实体。但这种译法是说不通的，不仅因为他用"unius"替换了"unus"，而且还有一个根本的原因：此译法把每个属性都由以构成的统一性当作一个数目来看待，也就是说，将统一性视作一个连锁序列的最终完成，全部属性在这个序列中作为无限过程的不同要素或环节出现，实体就是这个无限过程的最终表现或结果。

这种观点与斯宾诺莎学说毫不相干，果鲁特本人也巧妙地解释说："[对诸属性]的计数从未开始也因而不会完成，充分的理由是，这儿不存在计数。"①我们不会从一个一个被给出的属性以无限累进的方式进到实体："第一部分命题十附释的原理，正如我在该附释的末尾所说的（一个存在有越多的现实性或是其所是，就有越多的属性），我们形成那个原理是根据我们有一个绝对无限的存在的观念，而不是根据有或可能有具有三个、

---

① 马夏尔·果鲁特：《斯宾诺莎：论神》，第150页。

四个或多个属性的存在物这个事实。"①在"substantia unius attributi"和具有全部属性的绝对无限的实体之间什么都没有、没有任何中介,也就是说,前者向后者的过渡绝不受任何机械论的合成规则的支配。因此,我们最好将这种过渡描述为一种颠倒,或者说,描述为一种矛盾的展开——在实体之中使实体的绝对性同其诸本质的无限多样性相同一的,正是这一矛盾的展开。

属性如果可以相加或彼此组合以生产实体的话,属性就不再是不可相互归并的东西了,它们与实体的同一性(换言之,即诸属性的实体性)就会受到损害。如此一来,诸属性就不再是在其自身的种类之中无限因而绝不受任何限制的诸本质了,而是成了不同等级的现实性,这些现实性必然是不平等的,必然意味着有一个渐进的等级系统将全部这些不同等级的现实性统合在绝对之物之中,并使它们在其中凭借彼此的相对关系分布开来。但斯宾诺莎与这种莱布尼茨式顺序观的距离,同他与笛卡尔式顺序观的距离一样遥远。

这就推出了一个重要的后果。我们已经看到,诸属性即便确乎是不同的——但也正是由于它们确乎不同——它们也不像那些能被枚举计数的存在物一样(即使从着眼于无限性的视角来看,它们也不会像这类存在物一样),因为,这将会使它们的不同被简化为某种样式性的不同,也就是说,这意味着以看待有限的某种方式思考无限。你不能枚举计算实体,同样也不能枚举计算诸属性——至少如果你抛弃想象的视角的话,这个道理适用于包

---

① 标号为第64封的致席勒的信。

含在实体内的全部属性,更不用说适用于实体本身了。正是由于这一原因,实体唯一性的论点才如此难以为人所理解。要想理解这一论点实际上就不能参考某个独一存在者的存有,就绝不能参考独此一份再无分号地存有着的那种实体的存有:"一个事物,除非某些别的事物首先被认为(像已经说过的)是与它同类的,否则我们绝不能称它为单一的或唯一的。但是,既然神的存在就是神的本质,我们对于神的本质不能形成任何一般的观念,所以,称神为单一的或唯一的人,要么是对于神没有真观念,要么是在不恰当地谈论神,这是确定无疑的。"①因此,我们必须搞清楚的是,尽管斯宾诺莎写过"只有一实体通过自然万物而存有着(non nisi unam substantiam dari),它是绝对无限的存在"②这样的话,但这句话中"non nisi una"这一严格否定的概念没有任何原因性的含义,因而不属于对神的性质的定义:绝对实体是单一的,此一观念实际上是一个推论,甚至不是由绝对实体自身现实性得出的推论,而是得自于我们的想象力的一个推论。正是我们的想象力创造出了某种虚构,在这种虚构中,我们不仅想象有两个、三个或任何数量的实体,而且更一般地想象实体以特定数量存有着,而在数量之中的"一"绝不可能是"第一"。说仅有一个实体意味着靠想象说话,想象仅能从否定的角度、从虚无去思考绝对之物,也就是说,仅能从绝对之物所包含的可能的部分去思考绝对之物。就神本身而论,神不是"一",更不是二或三,非美亦非丑。我们必须一反根深蒂固的传统,说斯宾诺莎既不

---

① 标号为第50封的致耶勒斯的信。
② 《伦理学》,第一部分命题十四绎理一。

是一元论者,也不是二元论或别的什么几元论者(你尽可以为这种虚构填入你想要的数字,但虚构充其量只对那些无知者或被奴役者来说是好的)。

"事物"的顺序与联系

属性并不比实体"小"。诸属性中任何一种属性都不比其他属性"小";这就是诸属性间不可相互化约的论点所要表达的东西。诸属性之间不可比较,正是由于这一原因,诸属性在必然将它们全部包含在其自身之中的实体内才是同一的,诸属性间若有任何不平等,都将使它们之间的不可比较性成为不可能。没有哪种"是"的形式优于另一种"是"的形式;因此,没有任何理由认为某种"是"的形式相对于别的"是"的形式优先地属于神或排除了别的"是"的形式属于神。因此,神同时且以同样的方式既是"思想的事物"也是"广延的事物",①而且同时且以同样的方式是我们所不能理知的事物(因为我们的理智是有限的)。就此问题,我们可以参见德勒兹专门对"至高(éminence)"概念作出明确批判的著作,在那里,他证明了这个概念与斯宾诺莎学说毫不相干。从某种意义上说,"至高"概念是"超越"概念的古典形态。但是,斯宾诺莎从来只作形式(formaliter)推理,这不是说他的推理排除所有内容,而是说他是在一切着眼于"至高者"的视角之外进行推理的,因为这种视角在认识中引入了关于可能的事物这一前提,但所谓可能的事物恰恰是一种虚构。相反,想象却是通过那类颠

---

① 《伦理学》,第二部分命题一、命题二。

倒位置、夸张放大的方便做法进行工作的。如果三角形会说话，它会说神是至高的三角形（见标号为第 56 封的致博克赛尔的信）。实际上，神并不是诸形式的渐进式等级体系的制高点或终点，仿佛它借着对全部这些形式的"超越"最终将它们的所有性状集合在它自身之中似的。

正是由于这一原因，斯宾诺莎并不满足于笛卡尔二元论提出的问题，相反把难题性完全颠倒了过来。在黑格尔就斯宾诺莎学说所作的阐释中，我们看到，实体从头到尾完全是在两个属性之中表现其自身并通过这两个属性构成了它的绝对统一性，而这两个属性也是我们能感知的（这两个属性被笛卡尔说成是各自独立的两个实体）。这样一来，其他属性相对于这两个属性来说就只是可能的、纯粹虚构的属性了，也就是说，在必要时，我们只能根据我们实际知道的这两个"真实"属性的模型去设想别的属性。但斯宾诺莎所遵循的综合性推理使这种观点成为不可能。根据斯宾诺莎的综合性推理，每个属性都"凭借它自身而被设想"，也就是说，每个属性并不是凭借它与其他属性的关系被设想的，相反，诸属性分别在各自专有的无限性之中被设想，每个属性的实体性正在于此。要理解诸属性的性质，就必须避免在诸属性之间作逐项比较。

当斯宾诺莎说诸属性各自"在其自类之中无限"（我们经常碰到这个提法）的时候，这并不是说它们的无限性或多或少是受限制或不完整的。《简论》第二章后面的那节对话已经表明，认为诸属性受限制或不完整的观点恰恰出自想象视角。在对话中，正是"欲望"声称："我看到思想实体和广延实体毫无共同之处，一个限制另一个。"这个句子集合了实际上相互结成一体的三个肯定陈述:(1)诸属性间的不可互约性被说成是诸实体间的分离;(2)诸实体相互对立地、相互限制地存有着;(3)这种对立是两项间的对立关系,这两个项被思考为相互区别的思想和广延。但这三个肯定陈述以及使它们相互联系起来的那种逻辑在对话中被理性驳倒了,因为理性是从着眼于必然性的视角思考事物的:(1)实体包含全部属性,全部属性在实体中皆一律同等;(2)因此,它们并不是在某种必然不平等的关系中相互对立的;(3)诸属性各自都是无限的,离开这一事实,诸属性的性质就无从被把握,而且,这一事实也杜绝了对诸属性枚举计数的一切企图。

斯宾诺莎在哲学中引入的这一新推理的关键就是诸属性在实体中一律同等,它们统一于实体之中并保持真正的不同。这种统一性在一则著名的命题中得到了表现,此命题即:"观念的顺序与联系,和事物的顺序与联系是一回事。"①在人们通常的解释中,这个命题似乎是在说依存于思想的所有事物和依存于广延的所有事物之间有着吻合、符合的关系。但这种解释是不可接受的。实际上,如果说在这个陈述中"观念"一词指思想属性中的所有样式存在的话,那么,从严格意义上说,"事物(res)"一词绝不是指广延属性中的全部样式存在,而是指全部任何属性(思想属性本身也包括在内)中的样式存在:"观念"和实体内的任何其他应变致动的效果(分殊)一样都是"事物"。因此,这则命题是说,包含在某一属性之内的所有事物,也就是说,包含在任何一种形式的"是"之中的所有事物,完全就如它同它自己同一一样,同包含在

---

① 《伦理学》,第二部分命题七。

其他所有属性之中的东西是同一的:思想无须出离它自身的顺序,而是凭借着返回自身,对实体中内含的全部东西(就实体表现在它所包含的无限多无限属性之中而言)作出发现;我们在这里又得出了"充分性(adaequatio)"理论曾引导我们得出的结论。这个结论适用于所有属性,一切属性都是同一的,它们的同一并非在比较、符合、契合或和谐之类关系中的同一(这类关系将会意味着诸属性是相互外在的),而是在它们内在性质上是同一的,正是它们的内在性质使它们从一开始就统一于构成它们并且为它们所构成的实体之中。

因此,根本无须在两个、三个……以至于无限多个属性之间建立对等性,若是那样的话,它们各自的顺序和联系将被解作相互符合的东西。必须要理解的是(如果我们固着于想象的视角,则绝无可能理解),在所有属性中,起作用的是同一个顺序,起作用的是同一个且唯一一个联系,正是这同一个且唯一一个顺序和联系,使全部属性在它们各自的"是"之中得以构成:显而易见,实体不是别的,就是这个唯一的必然性,此唯一必然性同时地表现在无限多形式之中。因此,毫不奇怪,能在任一个种类的"是"当中被发现的东西,从定义上说,也一律属于其他一切种类的"是",实现这一点是丝毫无须先定符合或先定和谐的干预的。在这里我们看到把斯宾诺莎的"一元论"说成是对笛卡尔"二元论"的超越是多么可笑;斯宾诺莎的工作所依靠的思想样式是在一个完全不同的场地之中生产出其全部效果的,在这个场地之内,哲学中的那些老问题是彻底失效的。

难题的这种转移还产生了另一个后果:诸属性之间不可能像在项与项之间关系中那样互相对立(项与项之间的关系必然是一

种从属关系),但人的认识有着实际的局限,即,人的认识只能理解实体的两个属性。人的认识只要把握了这两个属性中的一个,只要是按此属性自身的顺序和联系作出把握,它就能在实体绝对必然性之中把握实体,也就是说,在使实体存在得以构成的原因性链条之中把握实体。认识一个属性的性质、认识此属性的内在无限性,就意味着同时对所有其他属性作出了同样的认识。正是由于这一原因,斯宾诺莎才说,尽管我们只能感知实体诸属性中的两种,但我们毕竟不曾无缘求得对所有其他属性的认识,因为我们知道,那些全部其他属性必然是循着与我们所认识的这一属性之联系和顺序相同的联系和顺序而存有的。因此,在有限理智必定具有的限度之内,我们也能认识一切,也就是说,我们也能在其必然性形式之中思考绝对之物。

这样一来,所有一切都能被斯宾诺莎所安排的理论部署把握:诸属性的无限性——这是摆脱了任何数目序列而被设想的无限性——是我们脱离哲学中传统的二律背反的条件。从绝对之物的角度来看,不相容的和不平等的各个种类的"是"之间的相互对立不复存在,因此,也再无必要借助明显是任意性和非理性的外在担保去对它们加以调和并借此调和保证它们的共存或相符。实体的原因性既是绝对知识的条件,也是绝对知识的对象;实体原因性设定了必然内在的种种关系,由实体原因性作出的内在展开揭示出实体原因性自身之中的种种形式,这一切都不取决于任何自由意志的干预,无论这自由意志是被归属给有限主体的职责的,还是被归属给无限主体的职责的。

黑格尔对属性的曲解

为了衡量一下我们迄今走了多远，现在让我们回到黑格尔专论属性问题的一段文字上来：

> 以后，斯宾诺莎又把属性决定为无限的，并且诚然也在无限多的意义上是无限的。后来就只出现两种属性，即思想与广延，并且不曾指出无限多怎样必然地归结为思想与广延的对立，而且诚然是两者的被决定的对立——这两种属性因此是在经验上被接受的。思想和存在把在一种决定之中的绝对之物代表出来，而绝对之物本身才是它们的绝对统一，所以它们只是非本质的形式，事物的顺序和观念或思想的顺序相同，这一个绝对之物仅是从外在反思；即从一个样式、在两种决定之下来思考的东西；即一时被思考为观念的总体，一时又被思考为事物及其变化的总体。正如造成这个区别的是外在的反思那样，把这个区别归结并沉没于绝对同一中的，也是外在的反思。但这整个运动是在绝对之物之外进行的。诚然，绝对之物本身也是思想，并且在这一情况下，这个运动只能是在绝对之物之中的；但是，如前所说，这整个运动在绝对之物之中仅作为与广延的同一而存在，还不是作为在本质上也是对立之环节的那种运动

而存在。①

这个段落很有意思，这也是我们在这里全文引用的原因。之所以说这段文字有意思，就在于它以整体性的方式展示了若干数量的判断，这些针对它们对象——斯宾诺莎哲学——的判断全都被证明是错误的；因此，黑格尔对斯宾诺莎哲学的误解显然取决于使这些判断得以产生的"逻辑"，这种逻辑完全外在于斯宾诺莎

---

① 《逻辑学》，拉巴里埃尔和雅尔奇克译本，卷二，第240页。

[黑格尔的原文为："Die Attribute bestimmt Spinoza ferner als unendlich, und zwar unendlich auch im Sinne einer unendlichen Vielheit. Es kommen zwar weiterhin nur die zwei vor, Denken und Ausdehnung, und es ist nicht gezeigt, wie die unendliche Vielheit sich notwendig nur auf den Gegensatz, und zwar diesen bestimmten, des Denkens und der Ausdehnung, reduziert. – Diese beiden Attribute sind deswegen empirisch aufgenommen. Denken und Sein stellen das Absolute in einer Determination vor; das Absolute selbst ist ihre absolute Einheit, so daß sie nur unwesentliche Formen sind, die Ordnung der Dinge dieselbe ist als die der Vorstellungen oder Gedanken und das eine Absolute nur von der äußerlichen Reflexion, einem Modus, unter jenen beiden Bestimmungen, das eine Mal als eine Totalität von Vorstellungen, das andere Mal als eine Totalität von Dingen und deren Veränderungen, betrachtet wird. Wie es diese äußere Reflexion ist, welche jenen Unterschied macht, so ist sie es auch, die ihn in die absolute Identität zurückführt und versenkt. Diese ganze Bewegung aber geht außer dem Absoluten vor. Zwar ist dieses selbst auch das Denken, und sofern [ist] diese Bewegung nur im Absoluten; aber wie bemerkt, ist sie im Absoluten nur als Einheit mit der Ausdehnung, somit nicht als diese Bewegung, welche wesentlichauchdas Moment der Entgegensetzung ist."——译注]

学说的文字和精神。

首先,黑格尔把诸属性归结为外在的反思形式,从而使诸属性失去了同实体的全部整体性现实关联,但诸属性显然是出自实体的:实体借以向其属性"过渡"的运动于是就没有了任何合理的理由了。这种阐释的前提是(我们已经充分指明过)实体同其属性的关系是一种等级式的和时序性的关系:实体被说成是某种直接奠基,因而不仅比它的属性更大,而且先于它的属性。但是,属性概念,按照斯宾诺莎为之确定的内涵而言,恰恰排除了任何这类隶属关系的可能,而只有从"至高者"的视角来看,这类隶属关系才有意义。

其次,在黑格尔看来,实体在无限多属性中表现其自身这一论点没有实际意义;正是由于这一原因,他才只是出于记录在案的目的对这一论点进行了回顾,而且只限于对此论点作单纯形式性的思考。如果你停留在这个内容上,确乎可以说实体统一性总是借由两种属性——思想和存在——得到反思的;但这个内容经不起理性的推敲,它只是在经验上被承认的东西。黑格尔还在别处说过:

> 虽然斯宾诺莎将实体放在他的体系的顶点,将实体定义为思想与广延的统一,但他却未阐明他如何发现两者的差别,并如何追溯出两者复归于实体的统一。①

黑格尔在这里的错误在于把诸属性间的真实不同理解为各

---

① 《哲学全书》,布尔乔亚译本,第 151 节,第 586 页。

项间的那种关系,将属性的真实不同具象化地理解为两个对立并置的属性的差异:从这种视角来看,诸属性间的真实不同难免显得任意武断并且成了与由别处给予出来的实体统一性简单并立的东西。但我们已经看到,在斯宾诺莎的证明中,无限多个属性的存有使我们从刚一开始就摆脱了这个困难:诸属性间的不可互约性在实体之中与它们的同一性是完全一致的,诸属性不受任何经验性制约地在一切可能的种类中表现实体的性质。

这样一来,内在地使实体得以构成的顺序的同一性就被黑格尔化简为两种外在序列之间的符合关系,其中一个序列是事物(广延)的顺序,另一种序列是观念(思想)的顺序。在这两个集合之间,有的只可能是武断和外在的一致性,就像笛卡尔哲学中靠着神的命令保持和谐的自然与理性间的那种一致性一样。然而,在斯宾诺莎学说体系的文本中,顺序同一性绝不能被归结为两种各自独立的顺序间的同一性,思想与存在之间的符合这一难题性(此难题性正是以思想与存在各自独立为前提的)是被斯宾诺莎学说体系从一开始就抛弃的东西。

从另一方面来说,思想与现实的分离虽然在黑格尔看来是两者在绝对之物之中随后达成统一的条件,但这不啻是对思想的贬低。就算把思想置于同广延平等的关系中,这也意味着思想仅是通过它与广延的关系而与绝对之物相联系的,这种推理还是会将思想置于相对于绝对之物的次级地位,它"在绝对之物之中仅作为与广延的同一而存在",这就是说,思想就其自身而论、就它本身的运动而论,还不能等同于绝对之物。黑格尔还说:

> 诚然,实体是思想和存在或广延的绝对统一,所以

它包含思想本身,但只是在思想和广延的统一之中包含思想本身,在这种包含中,思想本身不是与广延相分离的,因而根本既不是起决定作用和形式化作用的东西,也不是回到自身并从自身开始的运动。①

思想并不能在其自身之中把它与绝对之物的关系现实化,而只能借由广延来发现它自身是统一性的一个环节,这个统一性即只能在实体之中实现的统一性;但是,在斯宾诺莎这里(关于这一点我们已经说得足够多了,无须在此特别强调),属性的无限多样性意味着它们在实体中既是不可互约的,也是平等的。因此,思想与广延的不同,或任何属性之间的关系,都不是它们对实体的隶属关系——在此类关系中,它们就仿佛是从一个整体中分裂出来的东西似的——的结果,相反,思想与广延的不同,或任何属性之间的关系,是它们在实体之中绝对同一的结果。单在其自身的种类中无限的东西并不比绝对无限的东西小。这一点适用于思想,也一律适用于别的一般意义上的任何属性。

最后,诸属性间的不同——它们的不同是通过思想与广延之间的不同被反思的——被黑格尔阐释为对立的关系:外在的形式

---

① 《逻辑学》,拉巴里埃尔和雅尔奇克译本,卷二,第 239 页。

[黑格尔原文为:"Zwar ist die Substanz absolute Einheit des Denkens und Seins oder der Ausdehnung; sie enthält also das Denken selbst, aber nur in seiner Einheit mit der Ausdehnung, d. h. nicht als sich von der Ausdehnung trennend, somit überhaupt nicht als Bestimmen und Formieren, noch auch als die zurückkehrende und aus sich selbst anfangende Bewegung."——译注]

的并存,就等于它们的对抗,因为,它们通过把一个实体加以分割的方式,各自并行地代表这个实体。结果就是,实体的统一性本身只是对这种冲突的一种和解和克服,只是各项在绝对之物之中的重新统一,而这些项,就它们本身而论,还是各自独立且相互对抗的。这种意义上的实体的统一性是对立的统一,是必然抽象的统一,也就是说,只是这样一种整体,该整体先是被人为地分解为诸元素,继而经过理智的处理之后,形式性地被重新建构起来。我们可以看到,用对立和矛盾这类显然不属于斯宾诺莎的概念调换斯宾诺莎学说体系中的术语,势必会为斯宾诺莎学说体系引入黑格尔意义上的辩证法,这种术语调换从根本上造成了这两种哲学分道扬镳的分歧。

如实阐明属性问题,只有这样我们才能成功抓住关于属性的这一讨论的全部理据真义所在或关键所在。因为对我们来说仅是指出黑格尔在他对斯宾诺莎的解读中"出错"了,他完全误解了斯宾诺莎学说体系的真实含义是不够的。我们必须首先搞明白,黑格尔为什么罔顾事实,竭力以不留半点模糊性余地的方式让这种哲学说出完全与它所确立的东西相反的话。就好像斯宾诺莎的论述让黑格尔难以容忍,以至于黑格尔在无法通过直接反驳来驳倒它的时候,就只能通过对这种哲学加以颠倒虚构、使之变为荒诞不经的话语的方式去压灭它似的。

实际上,最后的争论全都系于这样一句话和对它的阐释上:"Omnis determinatio est negatio(所有决定都是否定)。"

四

所有决定都是否定

Omnis determinatio est negatio

斯宾诺莎说出了这个宏大的句子,黑格尔在他的《哲学史讲演录》中如是说。我们将把这句话放在它的上下文中来考察,而且我们将会发现这句话的意思和黑格尔对它的理解——也就是"意义的深渊"——毫无关系。黑格尔把它翻译成"die Bestimmheit ist Négation"(《逻辑学》)和"alle Bestimmung ist eine Négation"(《哲学史讲演录》),我们甚至要问这样的德语句子难道不是黑格尔自己写下的吗,既然一个陈述总是专属于使用它的人?毕竟,黑格尔之所以能利用这句话,恰恰是因为他将它与上下文相割裂,将它绝对化,在某种程度上用它概括了整个斯宾诺莎学说,以及它的矛盾、它的承诺和它的失败。

在这里,我们不应该被词语崇拜误导:黑格尔在斯宾诺莎这句话里读出的东西(所有真正的阅读都有其暴力的方式,或者说都有一种释义性转述的善意)与这句话实际说出的意思同样重要;或者说,两种话语之间的互动是相当重要的,因为互动对他们而言构成了一种不可替代的启示。从这个角度看来,这句名言无论是斯宾诺莎的还是黑格尔的,它确乎是分析这两个哲学间关系的绝佳症状。

因此,归咎于黑格尔的想象,强调这句话的错误性质并从而勾销它,是不可能使对这句话的阐释难题得到解决的。相反,我们必须要搞清楚黑格尔是在何种意义上将这句话归因于斯宾诺莎,并使这一句话成了他们之间差异的主要根据和关键点的。

因此我们必须把"omnis determinatio est negatio"这句话理解为这样一个全真陈述,这一陈述在斯宾诺莎和黑格尔那里都发挥着作用,这两种哲学也正是在这一陈述中使它们之间的矛盾呈现出可见的形式的。

斯宾诺莎的否定论

让我们先弄清黑格尔是如何理解这句话的意义的。与黑格尔为斯宾诺莎在哲学史中指派的位置——先驱者的位置——相一致,他也认为这句话从根本上具有双重意义。有某种"宏大的"——这是黑格尔使用的一个提法——事物在这句话当中显现了出来,但它还只具有预示的形式,缺乏能使其自身得以实现的途径。因此它同时呈现出了两个面相:一方面,除非将这宏大的事物与已经在它之中孕育成形的根本真理联系起来,否则我们就不可能把握这个事物;另一方面,除非它所许诺的东西受到了抑制而归于失败,否则它就不会存有。不完整性,这就是它的特征。因此它表述了一个运动中的真理,在其运行之中途被把捉到的真理。正是由于这一原因,对这个事物,既可以从它的成就的角度去考虑,也可以从它还须做什么才能毕其全功的角度去考虑。

我们首先看一下这句话的好的方面,指明它的积极内容。这一积极内容在于它在决定性和否定之间建立了联系:任何受决定的东西在其自身之中都包含着否定,正是由于这一否定,它才可能作为被决定了的事物而存有。因此,否定并不仅仅只是一种剥夺,因为所有事物都是以否定为中介才得以被置出的;否定在某种意义上是存有的产物,也就是说否定具有构成的功能。因此,正如黑格尔在《哲学全书》第91节的补充文字中所解释的那样,任何现实性单凭它与完全肯定性的那个始源存在之间的关系都不可能被理智所把握,因为那个完全肯定性的始源存在对任何实际的现实性都是冷漠的;这样一种存在——本身无决定性的这样一种存在——怎么可能是决定性的原理呢?这一推理与柏拉图在《智术师》中所作的推理相似,柏拉图的这一推理是用来批驳埃利亚学派的,而且柏拉图也与黑格尔得出了相似的结论:如果我们想对存有着的事物进行理性的谈论,就必须根据它"不是"什么来展开,也就是说必须根据非存在或否定来展开,因而非存在或否定也是一种现实性。

从这第一个方面来看,黑格尔从未停止过谴责其"不动性"的斯宾诺莎哲学开始发生了一些变化:它承认了——至少是在受决定的存有这一层面承认了——实际否定性的原理,它已经不再坚持它的最初立场,也就是说,不再坚持对绝对且完全肯定性的存在的断言,就斯宾诺莎哲学最初的立场而言,绝对且完全肯定性的存在在其自身之内包含一切,而且所有现实性都隐没于其中。现在,除了空洞的死的实体之外,它还承认了一个由种种决定机制构成的、靠着它自身的否定性而生存的世界。斯宾诺莎哲学难道不是就否定性的东西展开的工作吗——即便这种哲学还未掌握否定性的东西的概念的必然性,虽然还只是以不完整的形式表述着否定性的东西?

我们必定立即会注意到,黑格尔之所以会在被他归因于斯宾诺莎的这个句子中发现这样一种希望,恰恰是因为黑格尔本人颠倒了这个句子。Omnis negatio est determinatio(所有否定都是决定）：每一个否定之中都有决定机制的存在，也就是说，都有给出设定并施予行动、产生效果并生成存有的事物存在。换言之，在所有的否定之中，都存在着肯定性的东西：这种肯定性的东西是通向其他事物的一种手段、一种中介和一种媒介，它突破了空洞的形式同一性的暴政，并且揭示出，只有通过改变这种同一性、只有通过这种运动，才会产生实际有效的内容，这种运动或者过渡超过了仅仅是肯定的肯定之物返回自身的直接现前，而是通过否定性方式，使肯定之物在别的事物中实现其自身。

然而，如果我们以正确的语序——按照斯宾诺莎本人写下的那个语序——来看这个提法的话，这提法的消极意义就是显而易见的，它仿佛是在说，使肯定性的东西与否定性的东西相关联的这种内部联系只能呈现为不满和不足的形式，也就是说这种提法并不能真正理解肯定性的东西与否定性的东西的内部关联。因为斯宾诺莎既仍然停留在理智（黑格尔意义上的理智）的视角之中，他就还是会对肯定性的东西和否定性的东西进行区别，坚持肯定性的东西和否定性的东西分属于两个相互独立的顺序：肯定性的东西属于绝对之物这方面，而绝对之物是不以任何决定机制为转移地被直接给予出来的，这唯一存在只有纯粹的肯定性，它没有任何匮乏，也不会再变得比它在其本原性现在现前中的所是本身更多；正是由于这一原因，即使否定性的东西的作用被认为是必要的，否定性的东西也是须被排除在肯定性的东西之外的：否定仅仅出现在决定机制出现的地方，也就是说只出现在有限的事物的领域，这个领域从性质上说是在无限实体外面的领域。

这样一来，我们就能在"omnis determinatio est negatio"这句话中听出一种完全不同的含义，一种显然是否定性的或受限制性的意义。所有的决定性都是否定性的,也就是说,决定性无非是否定性的,不过就是否定性这个事物本身。现实性(即有限事物之存有)要对自身进行思考,唯一的途径就是自身与实体绝对之物的对比、自身与实体绝对之物之差、自身与实体绝对之物的区别。按照黑格尔所解释的说法,在斯宾诺莎看来,决定性是一种后退运动,但这种后退运动并不是存在向自身的返回,相反却是它的解体、衰变和隐没。受决定物是唯因其不足才能被把握到的东西,是仅由于其本身的缺欠、仅由于它在其所是之"是"方面的匮乏以及仅借由对它起决定作用的否定性才能被领会的东西:受决定物是缺乏力量的事物,远离实体,没有力量对实体进行表述,哪怕是以颠倒的形象。

黑格尔还说:斯宾诺莎用一种纯粹抽象的方式设想否定,进而将否定理解为与一下子全然在绝对之物中被设定的肯定性全不相干的变动原则。抽象的否定是在受限制性这一意义上被理解的否定,就这种否定只是消极的否定性而言,它只通过不足起作用。对斯宾诺莎来说,否定性的东西与肯定性的东西相对立,而且否定性的东西也不能与肯定性的东西相调和,也永远不可能被化约为肯定性的东西。但是在无非只是肯定的肯定性的东西(上述的那种限制性正是因这种肯定而起,因此这种肯定性的东西本身也是一种抽象:斯宾诺莎学说中的这一固有矛盾必定会为这一学说的实体引入消极性)和无非只是否定的否定性的东西之间缺乏任何能使概念的有效运动得以确立并使这一运动的内在理性得以被理解的过渡。绝对之物是直接性的,在它之外就是无;或者更确切地说,在它之外只有这样一类"存在者",它们来自空无,来自实体之扣除,只能被消极地衡量,空无或实体之扣除就是它们的事实性的依据,也因而使它们密实地被归为一类。

在这里我们就看到了对斯宾诺莎的驳斥,这个驳斥是我们早已熟知了的:斯宾诺莎学说中的实体已经把所有的决定性当作外来物都从它自身的顺序中清除掉了,而且这恰恰就是它绝对的自我同一性的条件。因此实体与不是实体的东西只有外在的联系。这一点首先适用于诸属性或种属,诸属性或种属乃是就实体所作的决定,而且因而是属于有限性世界的东西。这句话应该这样来理解,诸属性或种属仅为理智——也就是说仅为某一样式——所把握,换言之,理智这一样式为诸属性或种属赋予了一种有限的、与实体充实性相异的存有。这一点进而也适用于——更加适用于——样式本身,或者说适用于黑格尔所说的个体,样式个体的存有原则并不在它们自身之内,它们在其自身之中只是真正意义上的无,充其量也无非是注定要消失的表象,充当表象对它们而言是使它们的微小现实性得以展现的最好方式。

因此,斯宾诺莎的哲学与它所坚决主张的肯定性的东西的充实性相矛盾,这一哲学从根本上来说与所有东方思想一样是一种否定论:

> 在这种东方式的流溢论表述中,绝对之物是自身在发着光的光明本身。这种光明不仅自身发射出光,而且还流溢弥散。它的流溢物与这光明本身的不曾被模糊的明亮有距离;越是随后流出的东西越是较使它们得以发生的先前流出的东西更不完满。流溢的运行只可被理解作一种事件,生成只可被理解作一种持续的丧失。所以存在越来越暗淡,而黑夜(即否定)这条线上最后的

黑点，它并不返回到最初的那光明里去。①

反转得令人惊心动魄！肯定性的东西和否定性的东西之间不可能建立起任何共同尺度，二者永远绝对地相互外在，由于这一原因，自身发出初始之光的存在注定很快被荫翳所吞没，这荫翳全部取代了那初始之光，在把那初始之光吞没在绝对得不能再绝对的虚无之处也使自己全然泯灭。在另一个文本中，黑格尔以引人注目的方式对这种没落作出了这样的描述：

> 斯宾诺莎所理解的实体丝毫不经过辩证的中介过程。所以他的实体只是直接地被认作一种普遍的否定力量，就好像只是黑暗的无边深渊，将一切受决定的内容全部吞没，使之成为空无，从它自身生产出来的东西，没有一个在其自身之中具有肯定性的坚实性。②

"它是一种普遍的否定力量"：实体的普遍性即虚无，实体注定要熄止与死亡，就此而言，实体只可能被与它相反的力量所吞噬，这个力量削弱它、击败它，同时有权使其自身生成为实体的根本性真理，这个根本性真理就是虚无。

我们于是看到了绝对之物作为纯然的肯定性而现在现前所导致的局面：否定性的东西大获全胜，否定性成了绝对之物的目的。这场争辩所争夺的关键于是也变得清晰了：要承认否定性是

---

① 《逻辑学》，拉巴里埃尔和雅尔奇克译本，卷二，第242页。
② 《哲学全书》，布尔乔亚译本，第151节，第586页。

一种构成性作用,要创造出使否定性与肯定性达成联合的条件,要创造出二者的同一性的条件,在黑格尔看来,首先就是要让肯定性不受它自身的侵害,就是要把肯定性从直接存在的抽象而空洞的充实性这一自足幻觉中解救出来,若肯定性仍是这自足幻觉中的肯定性,就不可避免地会堕落败坏。与初一看上去不同,黑格尔和斯宾诺莎两人的位置完全互换了:斯宾诺莎在坚持肯定性的东西不可分割的同时,实际上选择了支持否定性的东西,或至少也是不得不使他自己屈服于否定性的东西;相反,黑格尔在把一部分现实性分配给否定性的东西的同时,使否定性的东西成了肯定性的东西借以获得胜利的工具或辅助,肯定性的东西会在这种工具或辅助的帮助下于不知不觉间达到胜利:理性的狡计。这就意味着,否定性的东西——如果以理性的方式来看待的话——当中有着某种通向肯定性的东西的事物,而抽象理智是必然理解不了这种事物的,因为对抽象理智而言,肯定性的东西和否定性的东西永远是相互外在,且以不可调和的方式相互对抗。

这种对否定性的理性理解就表现在"绝对否定"这个概念当中。我们只有离开抽象反思的领域才能理解这个概念,而抽象反思是指仅在事物同它们自身的直接关系中去表述事物:但如果我们在事物的运动中对它们进行考察,我们就会看到这些事物正是由于构成了相互反思的关系,它们才可能各自借由他物的中介而各是其所是。因此这种过渡就是否定,是对直接"所是"的否定,但这种否定也已经是对否定的否定,或毋宁说是否定对它自己的否定,因为它揭示了有着其自身概念的事物,这种事物是自在且自为的。

"否定的否定"这个提法通常所意指的就是全部现实性在其

中展开自身的过程的无限理性，但是人们总是习惯于从抽象反思的角度对这种理性作出解释。通过这种解释，这种理性就变成了相互分离又前后相继的两次否定之间的联系，变成两个项之间的联系。于是就有了一种三位一体式的形式性模式（黑格尔主义本身往往就被概括为这种模式），而黑格尔本人是明确反对这种模式的：先是一个在其直接现前之中被给予出来的存在；接着是对它的否定，也就是说对某个使这种直接性得以消除的他者的意识；然后是一个新的否定，这个否定"被附在"前一个否定之后，我们甚至还可以说，这个否定以前一个否定为目标，对前一个否定加以取消，并将最初那个存在加入它的同一性之中，而这个新的否定的同一性是由它所生成的全部东西、由它在前两个片段的连续性之中"得出"的全部东西所证明的。

但是黑格尔想要通过"否定的否定"来思考的却是完全不同的事物，这种事物不能以上述那种方式按照时间序列的机械性的前后相继来理解。在前述模式当中，"否定的否定"成了两个分离的工作程序的组合，这一组合对两个工作程序的效果也进行了调节，制造出了某种平衡；但这两个工作程序仍是对等且同一的；这些过程的全部效能都来自它们的重复。这个工作——按照黑格尔本人的说法，"根据人们所熟知的语法规则"——只是碰巧得出了肯定的结果；这种肯定性只能被观察到，而不能在推理上被证明，也不能被论证具有必然性。此外，即便假设两个否定由于它们的前后相继而"给予"出了一个肯定性确认，也绝不能说这个工作的执行过程达到了它的完成状态，或不能说后来的第二个否定改正了第一个否定，因为这种工作再也保证不了肯定向自身的返回。

因此在黑格尔辩证法中,"否定的否定"不能被简化为两个否定的组合。"否定的否定"相反是内在连贯和必然的过程,在这个过程中产生出全部效果的自始至终是同一个否定。在第一个阶段,这个否定发现自身是有限否定,也就是说,在第一阶段,否定被抽象地决定——在最为通常的消极意义上被决定——为对立项的生成活动,这种对立项生成活动不断地在同一者的外面和对面置出他者。黑格尔认为斯宾诺莎之所以有明显缺陷,就是因为斯宾诺莎仅停留在把否定视为这种外化过程。而在第二个阶段——这个阶段不仅仅在时序上而且在逻辑上是继前一个阶段而来的,这个否定把握到了它自己,并在其自身之中将它自身理解为无限的。因此最终它似乎除了其自身之外再无别的对象,或者,如果绝对地说的话,它最终似乎就是否定本身的自我否定。因而在黑格尔看来,"否定的否定"并不是两个否定的叠加,两个否定的叠加只能在它们的组合当中相互抵消——更何况目前我们也不清楚这两个否定的配合是不是能够生成一个东西,而是否定本身的单义且内在的运动,它的这个运动将一直展开,直至达到它返回自身的目的,而且它的这个运动也在过程中产生种种被决定了的效果。

绝对否定因而就是这样一种否定,这种否定在对任一事物作出否认的同时,也自在地否认自身是否定,并且使它自身消融在它所否认的事物的现实化过程之中。这种否定不再仅仅是否定,它走得更远,它在它自身之中发现了通向肯定性的东西的道路。这样一来,正如我们在前面已提到的那样,否定性的东西表现为一种中间物:它的直接表象总是发生反转,服从于它在前期为之做准备的肯定性的东西。正是由于这一原因,我们最好用"对否定性的东西的否定"这个表述来说明这种过程的整体,因为这个表述不仅可以更好地指明这种过程各阶段之间的内在联系,而且可以指明一个事实,即,在肯定性的东西和否定性的东西之间发生的对抗中,正是由肯定性的东西设定了赌注,而且它也必将取得胜利,而否定性的东西没有丝毫余地地服从于肯定性的东西,充当着肯定性的东西用来达成它自己的目的的手段。我们将在后文对这一点再加详述,因为这一点至关重要。

与这种发展的否定观相比,斯宾诺莎学说的缺点对黑格尔来说是显而易见的:

> 斯宾诺莎停留在作为决定性或质的否定上面;他不进一步去认识作为绝对否定的否定本身或者说对自身作出否认的(否定);因此他的实体不能凭借它自己包含它的绝对力量,对这种实体的认识也不是内在的认识。①

斯宾诺莎学说只紧紧地盯着抽象反思这一样式,因而是一种停滞的思想,无法把握运动中的否定性的东西,而正是运动推动否定性的东西不可抗拒地超出它自身,走向肯定性的东西的。"他停留在"直接的否定上,严格地将直接的否定理解为仅仅只是否定的那种否定性,"他不进一步去认识"这种否定性是如何消失在实际和理性——也就是说概念——之中的。这也说明了他的体系为什么最终会陷入否定性之中:从一开始,这个体系就把绝对之物当作它同它自己的直接同一性,绝对之物只能在抽象的外

---

① 《逻辑学》,拉巴里埃尔和雅尔奇克译本,卷二,第239页。

部决定机制中反思它同它自己的这种直接同一性,而那些外部决定机制却是对绝对之物的否定,并且仅仅是否定性的。因此,这条否定性的路线并不会以使肯定性的东西发生的方式逐渐驱散否定性的表象,只可能加强这种否定性,并逐渐使绝对之物发生退化,直至完全消失。斯宾诺莎学说的弱点在于,它在理智中是找不到一种有效的武器来对付否定性的东西的,尤其找不到乃是无限否定性(即"否定的否定")这一绝对武器,因为这一绝对武器只属于理性思想,理性思想绝不会允许自己被简化为理智所具有的那些决定性,理性思想确保了它自身的具体展开,确保了它自身的内在生命。黑格尔还说,斯宾诺莎的推理由于没有达到矛盾的理性过程,因而陷入了不可调和或不可解决的种种对立之中:

> 理智具有一些并不自相矛盾的决定性。否定是简单的决定性,而否定的否定就是矛盾,它否定了否定,因此它是肯定,但同时也是一般的否定。理智不能容忍这个矛盾,但这个矛盾是理性的。这一点恰恰是斯宾诺莎那里所缺乏的,这就是他的缺点。①

在斯宾诺莎看来,对一个存在者的决定就是以有限的方式对它的决定:决定性仅仅是被理智反思为一种界限的东西,也就是说,正如我们已经看到的那样,仅仅是被理智反思为一种外在性关系的东西。正是由于这一原因,任何一个存在者都总是被它与

---

① 《哲学史讲演录》。

另一个存在者——构成了对它的否定的另一个存在者——的关系所决定的。思想,作为实体的一个属性,也就是说作为实体的一种决定性,是在把它与广延这另一属性区别开的界划中被设定为一个相反-对立项的。思想和广延这两项在它们自身之中没有统一性条件,它们的统一性只能在它们的外面、在实体中得到反思,而在实体当中,这两项是无差别、无区别的。因此,无论是从绝对之物到其决定性,还是从其决定性到绝对之物本身,它们之间都建立不起理性的过程,因为它们实际上是仅由否定性关系联系起来的不可通约的项。

相反,关于矛盾的理性思想则肯定着矛盾的统一性,这种思想并不满足于把对立项联系为或捏合成机械的平衡状态,而是在揭示出它们的密切联系的同时,对立的统一性才因而达到其平衡。矛盾(Widerspruch)不同于对立(Gegensatz),因为前者并非差异和对抗的诸项之间的固定关系,而是一种不可抗拒的运动,这一运动在这些差异和对抗的诸项的每一个项中都会发现其他项的真理,并使这些项都表现为一个单义过程中相互依存、不可分离的元素,因而使它们成为这个单义过程中的契机。在黑格尔看来,斯宾诺莎学说中的实体就是对立的统一性,这种对立的统一性毫无真实必然性地、粗暴地消解在实体的诸决定性之中;而黑格尔的实体概念则是矛盾的统一性,这种统一性的展开也是自我返回的展开过程,此过程通过将同一者与他者相联系——并且因而也将同一者与他者辩认为相互依存的东西——而给予出了同一性。在斯宾诺莎那里,绝对之物一开始就在其所是的整体性之中被给予了出来,就此而言,斯宾诺莎的这种绝对之物是不可能参与这种运动的,既不可能承认它自身包含着矛盾,也不可能通过成为它自身而解决矛盾,相反,只能经历种种不可避免的对抗,这些对抗也将使它乃是自我同一的直接存在者这一要求沦为可笑的妄称。

正是由于这一原因,把决定性理解为否定,而且还由于不能真正理解绝对否定性运动而误解了否定本身,看不到否定将通过绝对否定性运动而自我反对并成为肯定性的东西的辅助——这种观点恰恰也代表了斯宾诺莎思想的局限:这一局限使我们清楚地看到了斯宾诺莎要想保证他思考绝对之物的规划获得成功所缺乏的东西。黑格尔正是鉴于此才对斯宾诺莎哲学运用了特殊类型的阅读法,即通过这种哲学的缺陷来阅读这种哲学:在文本的每个层面,黑格尔都发现了归根到底要去思考矛盾的这一必要性,也就是说必须着眼于这一哲学的解决方案去对之加以思考的必要性;在每个阶段,他也都会注意到,斯宾诺莎在实现这一目标方面是无能为力的,充其量也只是表现出他的体系缺乏"否定的否定"这个概念。

一种无力的辩证法

黑格尔的这种非常独特的方法从一种哲学无法实现它自己的倾向这一角度来把握这种哲学,有两个例子能够让我们更好地搞清楚这种独特方法的特征:这就是黑格尔对《伦理学》第一部分定义一和定义六所作的评论。

定义一的主题是对"自因(causa sui)"的界定,这个根本性的概念就实体的反思性作出了暗示,而且还开启了实体借以成为主体的转化:"如果斯宾诺莎多注意进一步发展'自因之物(la causa sui)'中包含的东西,他的实体就不会是死板的东西(das Starre)了。"(《哲学史讲演录》)那么这个概念之中包含的东西是什么呢？这个内容物又何以被忽略而未被察觉呢？

黑格尔在发表于1802年的一篇文本中首次对这则定义进行了评论：

> 斯宾诺莎以如下声明作为他《伦理学》的开端："就自因,我理解为它的本质包含存有的东西；或者说,这东西的自然/性质离开存有便不能被设想。"如果我们对存有作抽象,这个关于本质或自然/性质的概念就是无法得出的；一个排除另一个；一个除非与另一个相对立,否则便不可能受到决定；如果我们把二者联系起来,并把它们设定为一,它们的联系就会包含矛盾,二者都会同时被否定掉。①

在这里,黑格尔在斯宾诺莎学说中发现了一种积极的参照系,他从一开始就在辩证法的意义上对这一积极的参照系进行了阐释：在"自因之物(la causa sui)"中,本质与存有之间的必然统一性得到了肯定,而就此必然统一性是矛盾的统一性而言,此必然统一性是理性的,并且构成了矛盾的解决。虽然黑格尔后来逐渐怀疑斯宾诺莎停留在一种关于理智的思想之中,但在此时他认为他是支持斯宾诺莎的,因为斯宾诺莎在证明"否定性方面"②所具

---

① 《怀疑论和哲学》(*Scepticisme et Philosophie*, Paris, Vrin),第38页。
② 同上,第39页。

有的合理性上作出了自己的努力,这种努力为所有真哲学提供了希望,是真哲学的有效的理性条件。因此——如果我们可以这么说的话——斯宾诺莎站在了理性的正确一边,为理性战胜有害于理智的种种对立面提供了保证,并防止了

> 绝对之物的反思和知识中的理性的东西向有限知识的转化。凡是把斯宾诺莎第一则定义的反面确立为原理的,都属一个向另一个的转化的基本形式,而斯宾诺莎的第一则定义把自因之物解释为其本质同时包含着存有的东西,并且把设想(das Gedachte)当作一个根本性的原理加以肯定——因为设想是这样一种思想,它同时并不就任何一种存在(ein Sein)作出暗示。在理性的东西中,思想和存在是一体的,但同时又是相互对立的,这就是理性的东西的分裂。对对立的这种绝对迷恋、被提升为绝对的这种理智构成了此一教条怀疑论不断反复出现并且随处运用的基础。①

要使斯宾诺莎哲学避开被斥为抽象反思的谴责,甚至是为了让斯宾诺莎哲学更严厉地反对抽象反思本身,就必须对斯宾诺莎哲学作双重转换:那则定义在本质与存有之间建立的关系被转换为思想与存在之间的关系;把这种关系认定为矛盾,把那被定义的对象——"自因"——认定为矛盾的解决。显而易见,斯宾诺莎哲学的"真正理性的"特征只有在这种哲学被乔装改扮之后才能

---

① 《怀疑论和哲学》,第39页。

够被承认。但如果我们拒绝让它接受这种转换,而是回到它的文字本身,这种理性特征还会剩下什么呢?

事实上,黑格尔在《哲学史讲演录》当中就这同一则定义给出的评论使我们更远离了定义文本:

> 思想与存有的统一(die Einheit des Gedankens und der Existenz)在一开始就立即被提了出来(本质是普遍的东西,是思想);这个统一永远是最重要的中心,"自因"是一个重要的名词。效果被放在原因的对立面。自因是产生效果,是一个他物被分离出来的原因,但它展示出的东西就是它自身。在这种外显当中,它扬弃了差异;它把它自身设定为一个他物,这既是一种堕落,同时又是对这种堕落的否定。这是一个完全具有思辨性的概念。原因生产出某种效果,而效果是某种不同于原因的东西——我们总是会有这样的表述。但这里正好相反,原因的外显(das Herausgehen der Ursache)直接被扬弃了,自因只生产自身;这是一切思辨中的一个根本概念。这是无限的原因,在这无限的原因里面,原因与效果是同一的。如果斯宾诺莎多注意进一步发展"自因之物"中包含的东西,他的实体就不会是死板的东西了。

这次黑格尔在"自因"中发现了一个新的矛盾:原因与效果的矛盾。这种矛盾在它本身中含有实体的原因性(因为原因除非与使原因得以外化的效果相联系,否则就不可能被思考),而且也是立即被克服的矛盾,它被克服在了实体的自我同一性之中,实体的自我同一性形成了矛盾的统一,即原因与效果的统一。但这种"辩证法"立即就终止了,斯宾诺莎并没有使他的体系与这种矛盾的发展保持一致,而是在直接给出实体同它自己的同一性后,就立即把这种矛盾当成了被解决了的矛盾。这是"手枪射击"①哲学的一个例证,这种哲学从一开始就耗尽了它的全部内容,然后就再没什么可说的了——也没有什么真东西、可以被理解的东西可说了。对"自因"当中包含的东西作更充分的展开,只可能意味着这样一件事情:这个矛盾成熟需要多长时间,就在多长时间内让这个矛盾保持开放,只有这样这个矛盾的解决才会包含它自身的实现所必需的所有中介之中。切不可在这种理论急躁的冲动之下,立即封闭这个矛盾,理论急躁总是"盼望不可能的事,即盼望不以手段而达取目的"②。

因此,黑格尔从《伦理学》最初几行文字开始就发现了斯宾诺莎学说所特有的缺陷:矛盾——隐含地在场的矛盾——在一种程序化的和渐进的展示中被剥夺了理性的阐释。

黑格尔在前六则定义(这六则定义都是以神为对象的)中,发现了同样未被兑现的关于理性的承诺。在他《哲学史讲演录》的评论中,黑格尔尤其对这组定义所附说明感兴趣,这个说明涉及了两种无限之间的差异,一种是绝对无限,另一种是仅在其自类之中的无限。斯宾诺莎的这则说明原文表述如下:

---

① "一种像手枪射击一样的亢奋状态,直接以绝对知识为开端,而对其他各种观点只需声称不予理睬就等于是清算了。"见《精神现象学》,伊波利特译,序言,第69页,又见第73页。

② 同上。

我所说的绝对无限，就不是在其自类中无限，因为若有事物只是在其自类中无限，我们仍可对它作无限多种属性的否定（也就是说，我们可设想有无限多种属性不属于这个事物的自然/性质）。一事物若绝对地无限，那么，表现着本质且不包含任何否定的东西都属于该事物的本质。

这段文字之所以引起了黑格尔的关注，是因为它包含了否定这个概念。鉴于此，我们必须看一下斯宾诺莎学说对这个概念的明确解释。

单在其自类当中是绝对的东西，也就是属性，我们可以否认它是无限多种类的事物。黑格尔以如下方式解释了这种特殊性：属性是这样一种东西，它的性质包含着一种否定，故此，它是对实体的一种决定，一种外在决定，一种仅仅是否定性的决定……黑格尔接着说，这种无限是"坏无限"，是由想象得出的无限，是想象借助界限并通过"以此类推，以至于无穷"的方法得出的无限：这种由想象得出的无限是与由思想得出的无限——或绝对无限——相对立的，后者超出了所有否定性，相反是纯粹的自我确证性肯定，或者说是实际的无限性，换言之，是并非仅作为可能性被表述的而是作为有效性被设想的无限性。黑格尔在总结时惊叹道："完全正确，不过可以更好地表达成：这就是否定的否定！"如果我们把诸属性之间的关系理解为一种矛盾——我们实际上看到，黑格尔在阐述属性的概念时，只保留了思想和广延两个属性，并且把这两个属性放在相互对立的位置上——那么神就是被解决了的这一矛盾,因为它既是绝对的自我确证性肯定,又是绝对的否定,也就是说,神扬弃了一切特殊的否定,而每一种属性的特殊本质都是由特殊否定构成的:这毕竟是一种具有理性的开端的运动(按照黑格尔的理解,这正是斯宾诺莎方法的典型特征),即便这种运动立即便终止了,即便具有能产性的矛盾立即被僵死和抽象的对立固定住了。

黑格尔所提出的这种阐释的偏颇之处显然在于,这种阐释恰恰是建立在斯宾诺莎在任何地方都没有说过的东西之上的——斯宾诺莎从来没有说过本质(也就是构成着每一种属性的东西)"包含着一种否定"。否则本质就再也不可能是"凭借其自身"而被设想的了。相反斯宾诺莎写下的原文是"一事物若绝对地无限,那么表现着本质且不包含任何否定的东西都属于该事物的本质",这个说法所指涉的仍旧是属性本身,是从着眼于如其在实体之中所是的角度而言的属性,意思是说,每个属性都通过其自身、以完全确证性肯定的方式表现着实体:在属性的本质之中引入否定性,实际上也就必然意味着把属性从它们存在于其中的实体当中分离出来,从而以抽象的方式、从每个属性与非它之物的差异角度去理解每个属性;因而也就必然意味着不再凭借每个属性自身来设想每个属性(但每个属性在实体之中都是凭借其自身而被设想的),而是要在每个属性同其他本质——一属性所否定的且否定着该属性的其他本质——的关系之中设想每个属性。但黑格尔绝对有必要以这种方式颠覆这些属性的真实性质——我们已经看到了他是如何这样做的:他只保留了两个属性,并且把这两个属性置于对立的位置——以这种方式就可以将无限多的属性(这些无限多的属性的每一个都是"单就其在其自类之中而言是无限的"东西)各自的无限性都等同于斯宾诺莎在别处、在致路易·梅耶尔标号为第 12 封的信中说明过的想象的无限或坏无限。[但斯宾诺莎认为,]自类无限既不是比绝对无限少的无限,也不是相对于绝对无限而言的另外的无限,因为自类无限恰恰是内在于绝对无限的无限。

正是由于这一原因,我们不可能像黑格尔那样说斯宾诺莎那里由于缺乏否定的否定这一观点而造成了其哲学的缺陷,不能说这一观点的缺乏是这一哲学不完满和未完成的原因。按照斯宾诺莎本人所说,"不完满"这个词是指"事物缺乏属于它的性质的东西"。① 而"否定的否定"的概念,以及与之相关的非常特殊的矛盾概念,正是被斯宾诺莎所遵循的推理完全排除的。我们刚才所引述的黑格尔的那段评论大错特错,或者可以说是不恰当的,因为那段评论相当粗暴地将斯宾诺莎的证明从一开始就排除掉的论证类型(黑格尔本人就曾在另外的地方指出过这一点)运用于斯宾诺莎的证明之上。然而,这种不恰当又并非莫须有的,相反这种不恰当性以悖论的方式,a contrario②,有根据地摆明了斯宾诺莎哲学的本质特征,此本质特征即在于这种哲学抵抗着它与之毫无共同点的某种论证形式,这种哲学事先就构成了对这种论证形式的拒绝,此论证形式即黑格尔主义辩证法。

---

① 标号为第 12 封的致胡德的信。
② 拉丁语:以对立推理的方式。——译注

有限与无限

现在让我们回到"omnis determinatio est negatio(所有决定都是否定)"这句话,看看它对斯宾诺莎本人意味着什么。这句话出现在标号为第 50 封的斯宾诺莎致耶勒斯的信中,我们在说明按照斯宾诺莎的理解神只能被不恰当地描述为一个单一存在者时提到过这封信。从原信上看,这句话写作"determinatio negatio est(决定就是否定)",在信中这句话采用的是一种插入性的断言形式。罗宾逊在评论《伦理学》时甚至说这句话并非出自斯宾诺莎之手,这封信原文是用荷兰文写的,在拉丁语版本的转译过程中,这句插入语性质的文字才被加入信中,作为补充说明。① 就算不卷入到这个极端的立场之中。我们也可以立即看到,在斯宾诺莎这封信的拉丁文版中的这句话与黑格尔从中得出的东西之间的区别。这则插入语本来与特定语境相关(我们将在下文回到这个语境当中),但黑格尔却通过为之加上一个小词的方式从这个插入语中得出了有着普遍意义的一个普遍命题,这个改变了一切并混淆了许多事情的小词就是" omnis(所有)"。

然而斯宾诺莎在标号为第 50 封的致耶勒斯的信中回答的却并不是关于一般决定的难题,相反,在这封信中他谈的决定难题涉及的决定相当特殊,即形状(la figure)这种决定。我们必须在这里完整地引述这段文字:

---

① 刘易斯·罗宾逊:《斯宾诺莎〈伦理学〉评注》(*Kommentar zu Spinozas Ethik*, Leipzig, 1928),第 103 页。

至于说形状是否定而并非真的是某种肯定的事物，纯粹物质——就不可范定的式样而论的纯物质——显然是没有任何形状的，形状仅出现在有限的和被决定的物体之中。因为，人说感知了形状，他说的不是别的，只是在说他设想了一个被决定的事物以及这个事物受到决定的方式。因此，这种决定并非切近其所是地（juxta suum esse）属于那事物，相反却是那事物的非其所是（ejus non esse）。正是因为这一原因，形状只是这样一种决定——决定就是否定——它不可能是别的，而正如已经说过的那样，只可能是否定。

只要我们理解充分，这段文字是没有任何含糊之处的。这里谈论的"主题"是形状，形状是一种非常特殊的现实性，因为形状既不是一个观念也不是一种事物，而是一种域限：在这个意义上说，形状不是一种现实的物理存在，而是一种推理的存在，因此其内容是否定性的。正是由于这一原因，"感知一个形状"根本不是如其所是地"感知"一个事物，而是把这个形状设想为受决定的东西，也就是说设想为被他物所限定的东西：形状表现的不是别的，只是这种相互限定，这种相互限定是在"有限的和被决定的物体"当中才有的，这种相互限定不是按照它们本身是什么，而是按照它们不是什么来表述这些事物的。

让我们以预支的方式把斯宾诺莎在这里的界定与他在另一封信中所说的话联系起来，在那封信中他从不同的角度处理了相同的难题：

至于整体和部分：我把事物看作某个整体的部分，这就是它们的性质是这样的相互适应，以至它们彼此之间尽可能和谐一致而言；但就事物与事物相互对立，它们中的每一个都在我们心灵中形成一个区别于得自其他事物的观念而言，每个事物都必须被认为是一个整体，而不是部分。①

对一个形状进行感知意味着就一个事物被另一个事物——与它相对立的另一事物——所限定而言对该事物进行设想；因而也就意味着是把这个事物当成一个整体来考虑，通过这种考虑，才将该事物同不属于该事物之配置的别的事物区别开来。但是我们如果转换一种视角，这种视角是着眼于从外部作用于这一个事物的其他事物的，或者说是从那些其他事物出发来看这个事物的，那么，在这种视角中，这个事物就会作为一个部分而现前，它在这种视角中是同一个整体相联系的，这个整体在另一种决定机制之中进行着它自身的工作。首先由此可以推知，对于形状的表述都取决于为该形状画界的事物，因而取决于理智的视角，正是理智的视角把这个形状从由种种个别事物组成的无限序列中切分了出来，从而把这个形状当成了一个整体来考虑。从另一方面——我们将会看到这个方面在斯宾诺莎那里非常重要——来说，就整体取决于这种决定性而言，对整体的观念并不是对某个一下子全部在固定个体性中对其自身作出确证性肯定的存在的

---

① 标号为第 32 封的致奥尔登堡的信。

表述;相反,整体在其自身之内含有一种划界的观念,且由此观念而含有否定的观念。这里初步透露出了实体与主体之间的分别(在黑格尔看来这种分别是很坏的):实体是不能成为主体的东西,因为,实体是绝对的,因而也是不被决定的,是不能作为一个整体而被决定的;反之,主体是有其自身限界的东西,在此限界之下,主体不可能是实体。

难题的关键在于决定这个概念。在标号为第 50 封的给耶勒斯的信中,决定这一概念不适用于任何类型的现实性。显而易见,决定这一概念与属性是无关的,所有的属性本身都是无限的,每个属性的本质都不包含任何否定:我们已经充分解释了诸属性之间并不会相互限定,这是由它们各自的无限性推出的结果,也是它们各自的实体特征的条件;此外,说每个属性在其自身之内是有界限的,每个属性都限制了它自身,也是荒谬不通的;但决定这个概念——按照在这里它被界定的意涵来理解——能适用于其存有蕴含着某种局限性的样式(如广延的样式)吗?似乎也是不适用的。

实际上,"有限的和被决定的"物体皆是在某种意义上被决定的,也就是说仅是以否定的方式被决定的,其被决定性仅是理智从着眼于诸物体之间的相互限定的角度观照所见,此时的理智并未考虑它们在性质的实际顺序中相互协调一致犹如一个整体。就此而言,诸样式组成的连锁序列体现为不连续的东西前后相继的串联体,这个串联体中的诸项由于一个否定另一个而相互分离。但这种表述是充分的吗?毫无疑问,是不充分的,因为这种表述并不是从它所表述的对象的原因去认识那些对象的——它的对象的原因只可能是无限的实体,而无限的实体是以绝对连续的式样使其自身表现在所有的样式之中的；这种表述把有限从无限中抽离出来，使两者就像否定性的东西与肯定性的东西相对那样，因而是从想象的抽象视角去看待其对象的，这种想象的抽象视角总是把统一的东西割裂开来，它对所有整体的解释都持一种解释，仿佛整体不过就是由它的各部分的关系而被构成的东西似的。

通过形状来决定广延——笛卡尔使用的就是这种做法——就是以否定的方式理解决定，从而将决定简化为既无差别也不完整的相互限定的关系，简化为一种抽象顺序，在这种抽象顺序中，运动只可能是从这个顺序的外部涉入的运动：

> 从笛卡尔所设想的广延——一种静止不动的质——出发，则不仅像您所说的，非但很难证明物体的存有，而且是绝对不可能的。因为静止的物体将继续尽可能地保持在它自身所是的静止之中，除非由于某种更强有力的外部原因，否则它是不会开始运动的。由于这个缘故，我曾经毫不迟疑地说笛卡尔关于自然事物的原则，即使不说是荒谬的，也是无益的。①

因而这只是从着眼于有限事物的视角形成的理解。在这种视角之中，广延的无限性是不可能在没有矛盾的情况下被把握到的，在标号为第12封的致路易·梅耶尔的信中，这一点被说得很清楚：

---

① 标号为第81封的致谢恩豪斯的信。

所有那些断言广延实体是由各个实际上不同的部分或物体所组成的人,不是在说疯话,就是在说蠢话。因为这正如有人企图凭借单纯增加或积累许多圆去组成一个正方形、三角形或某种其他本质上完全不同于圆的东西一样。

在这种做法当中,想象机制起作用的方式是显而易见的:想象在理解广延的时候,对广延进行决定或进行分割,然后再利用决定和分割出来的那些元素重新把广延组建起来或生产出来。但这种"生成"无非只是虚构而已:这种做法什么都不表现,只表现了想象在表述无限的事物方面的无力,想象只会把无限的事物切割——以真正否定性的方式切割——开来,因此根本无法把握无限的事物的本质。然而就算是量的事物,若就其自身而论(就像由理智所理解的那样),也是使自身展现为不可分的,也就是说,是不能被化约为离散的部分的,离散的部分只是否定,量的事物不可能借由离散的部分而得到肯定性地理解。

这就是黑格尔所说的纯粹量的概念——在其《逻辑学》第一部第二部分第一章专门对"斯宾诺莎那里的量的概念"①所作的评论中,黑格尔认为《伦理学》第一部分命题十五附释是可以支持他对于纯粹量的概念的说明的。黑格尔所利用的《伦理学》第一部分命题十五附释原文如下:

---

① 《逻辑学》,拉巴里埃尔和雅尔奇克译本,第 169—170 页。

如果我们以想象来看待量——这是我们常常做而且容易做的事——它就会被认作是有限的、可分割的、部分加部分地构成的；可是如果我们以理智来看待量，将它设想为实体——虽然我们不常这样做，而且这也是很难做到的事——这样一来（正如我们已经充分证明过的那样），它就会被认为是无限、唯一、不可分割的。

通过使量与某种外部原因相联系，从而对量作出决定，这就意味着否定了量的无限性，进而会导致无法从肯定的方面理解量的本质。

斯宾诺莎也就是在这里引入了黑格尔所说的坏无限和理性的无限之间的区别；但这种区别与自类无限和绝对无限之间的区别毫无关系。与坏无限相应的是想象的态度，这种态度总是用不充分的知识对事物作出决定，也就是说，总是以这种知识否认事物的本质，但还自以为掌握了所有的事物。这种歪曲不仅是对实体的歪曲，而且也是对实体的应变致动的效果（分殊）的歪曲：

有许多事物，我们是不能用想象去理解它们的，而只能用理智加以把握，如实体、永恒等，如果我们用时间、尺度等诸如此类只是想象辅助工具的概念去理解它们，我们实际上就是在借助想象去进行歪曲。即使是实体的样式，我们倘若把它们与推理的存在或想象的辅助工具混淆在一起，我们也不会正确地理解实体的样式本身。而我们如果这样混淆的话，实际上就是把样式同实体分离了开来，进而把样式同它们由以从永恒而来的那种方式分离了开来,于是只见样式,而不见实体和样式由以从永恒而来的那种方式,而不经由实体和样式由以从永恒而来的那种方式,样式本身就不可能真正得到理解。①

要想充分认识有限的样式,就绝不能从它们的有限性出发去设想它们,也就是说绝不能从它们的相互限定出发去设想它们(参看《伦理学》第一部分定义二),而是要从有限的样式所依赖的无限性出发去设想它们——因为,如果"关于效果的知识取决于而且也包含关于它的原因的知识"(《伦理学》第一部分公理四)为真,那么有限的样式必定在它们自身的概念中包含着它们所依赖的这种无限性。反之,对于想象来说,有限性本身是一种不可超越的实际,只要以完全有限的手段——如斯宾诺莎所说,只要以尺度和数字这类手段——且完全不参照无限性,有限性就会这样使其自身得到表征;想象不仅这样固着于有限性,而且还会从一个一个无限中变出无限来,并且还试图借助同样的工具对这种"变出来"的无限进行分析,但最终是徒劳的。

无限包含或蕴含有限,有限因而同无限相联系,借此联系,我们才能获得充分知识。为了让我们理解这一点,斯宾诺莎从几何学中借用了一个例子。我们必须强调这个例子,因为黑格尔在《哲学史讲演录》"斯宾诺莎"一章(有关《伦理学》第一部分定义六的评述)和《逻辑学》卷一(定量一章结尾处有关数学无限性的评述)多次提及此例。

为了让讨论更清晰一些,让我们从引述斯宾诺莎给出的几何

---

① 标号为第12封的致梅耶尔的信。

例子开始①:

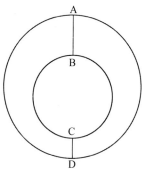

两个叠覆的圆之间 ABCD 空间的全部空间不相等性(inegalitates spatii),以及在这个空间中运动的物质所可能经历的全部变动,是超越一切数的。这并不是说两圆之间的这个空间太大了:实际上,我们所得的这个空间无论再怎么小,这个很小部分的不相等性都将是超越一切数的。我们得出这个结论也不是因为(像在其他时间上那样)我们不知道大量和小量;实际上在我们的这个例子中,我们既知道大量 AB,也知道小量 CD;我们之所以得出这个结论只是由于两个有着不同圆心的圆之间的交际空间的性质是不允许这样的。正是由于这一原因,如果有人想用特定的数来决定(certo aliquo numéro determinare)所有这些变化,他就必须同时想办法让圆不再是圆形的东西。

在这段文字中,不同心的两个圆之间的"交际空间"是指使两个圆周分开的距离集合 AB 和 CD,"空间的不相等性"是这两段不等的距离或它们的变动的差异集合。这个集合不可能化约为任何数,因为这个集合是一个连续的变化,这是 ADA 和 BCB 这

---

① 标号为第 12 封的致梅耶尔的信。

两个图形的圆形特征的一个后果。这种"不确定性"并非这两个圆之间的交际空间"太大"所致,就是说并非由于这个交际空间大到无边无际所致:我们这个空间为两个圆周所限定,这个范围可以被标出两个不等的距离段 AB 和 CD,这两个段构成了这个范围的变化的两极。而其实我们只取此空间的一部分,比如顺时针取 AB 到 CD 这一部分,那种不确定性依然存在:在这个半空间之中的距离不相等性虽然是两个圆周之间的整个空间之中的距离的不相等性之总和的一半,但与整个空间中的距离不相等性集合不可能被还原成任何数一样,这个半空间之中的距离的不相等性也是不能被任何数所表述的,也就是说在这个半空间之中,那种不确定性依然会存在——这是标号为第 81 封的致谢恩豪斯的信中的补充说明。

这个例子所说明的困境仅仅是对想象而言的困境,因为想象总是想要用数来表述一切,而在这个例子所描述的情况中,想象试图用数来分析大小,从而导致了不可解决的悖论。但是对这些事物有清楚而明白的感知的数学家们不会让自己被这些悖论阻止:

> 事实上,他们不仅发现许多事物不能用任何数来说明(这就充分显示了数在决定一切事物时是无能为力的),而且他们也发现了许多事物是不能用任何数来比较的(adaequari),而是超越一切可能的数的。但是他们并不因此就认为这些事物是因为它们的组成部分众多才超越一切数的,而是认为,这些事物之所以超越一切数,只是因为事物的性质如果承认数(numerum pati),就

不可能没有明显的矛盾。

有一些有界限的量,由于构成它们的是绝对连续的因而是不可分的运动,所以这些有界限的量是不能用数来计算的。这就是想象所看到的矛盾,想象也只可能在这个矛盾上止步,而对理智来说,连续性的概念却是完全清楚而明白的。

让我们再来根据《逻辑学》,用黑格尔本人所写的文字(《哲学史讲演录》的文字相反则是由或多或少地理解并记录了黑格尔的推理的学生的笔记整理出来的)来看看黑格尔是如何阐释这个例子的:

> 我们知道,他说明真无限所使用的数学例子这两个不相等的圆之间的空间,一个圆落在另一个圆之内而又不碰到它,并且这两个圆是不同心的。他似乎很看重这个几何形状和用这个形状为例的概念,以至于把它作为《伦理学》的一个指导性的主题(Motto)。他说:"数学家得出结论说,在这样的空间中可能的不相等之所以是无限的,不是由于无限数量的部分所致(因为这样的空间的大小是被决定的和被确立了界限的,而且我们可以建立较大或较小的这样的空间),而是因为事物的性质超出了任何决定性(weil die Natur des Sache jede Bestimmheit übertrifft)。"我们可以看到,斯宾诺莎抛弃了把无限想象为没有完成的数量或系列的那种关于无限的表述,并且提醒人们注意,在这里所取的空间的例子里,无限不是彼岸,而是现在现前的和已经完成了的(gegenw-

drtig und vollstandig)。[这个空间是一个无限空间,"因为事物的性质超越了(übersteigt)一切决定性",因为这个事物所包含的大小的决定不是一分定量。一个序列的那种无限,斯宾诺莎称之为得自于想象的无限;相反,作为同自身关系的无限,他称之为得自于思想的无限或 infinitum actu(实际的无限)。它之所以是实际的无限,是因为它在其自身之中是完成了的和现在现前的。]①

在《逻辑学》第二版中,方括号中的文字作了如下调整:

这个空间既是一种被划定界限的事物,但也是无限的事物,"因为事物的性质超越了一切决定性",因为其中所包含的大小的决定性是不能作为一份定量被表述的,或依照前述所引的康德的说法,把它综合为一份定量——单独分立的一份定量——是不可能完成的。连续定量和分立定量的对立如何一般地引导出无限,将在下一评述中讨论。一个序列的那种无限,斯宾诺莎称之为得自于想象的无限;相反,作为同自身关系的无限,他称之为得自于思想的无限或 infinitum actu(实际的无限)。它之所以是实际的无限,是因为它在其自身之中是完成了的和现在现前的。

---

① 《逻辑学》第一版中的文字,拉巴里埃尔和雅尔奇克译本,卷一,第249—250页。

这同一个例子最后也出现在《哲学史讲演录》之中,并得到了这样的评论:

> 斯宾诺莎在这里还举出几何学的例子来说明无限的概念;例如,在他的《遗著》里,就举一个图形为例来表示这种无限(还在他的《伦理学》之前)。他说有两个圆,互相重叠,但是并不同心。这两个圆之间的面积是无法被决定的,不能用一种确定的比例来表示,是不可通约的;如果我要想确定它,我就必须一直走到无穷——这是一个无穷系列。这是往外跑的做法(das Hinaus),始终是有缺点的,带着否定的;可是这种坏无限也是有限界的(fertig),是被划定了界域的(即肯定的),于这块面积中现前的。所以肯定的东西是否定的否定;duplex neagtio affirmat[双重否定即肯定],这是大家都知道的语法规则。这两个圆之间的空间是一个完备的空间,它是实在的,不是片面的;但是对这个空间的决定却不能用数精确地表示出来。决定不能穷尽这个空间本身,可是这个空间却是现在现前的。我们也可以举一条线为例,一条有穷的线是由无穷多的点组成的,可是它却是现在现前的、确定的。我们应当把无限看成现在现前的东西。自因这个概念就是真正的无限性。只要原因一与他物相对,即与结果相对,就立刻出现了有限性;但是在这里这个他物消失了,它就是原因自身。

我们在阅读这些文字时,马上就会问自己。它们与我们在开始时引述的斯宾诺莎的那段文字真的有关系吗,因为黑格尔的这些文字是如此的随意。这个疑虑为一个事实所证明,即,黑格尔每次都说的是参见"斯宾诺莎的第 29 封信"。但是在所有版本的《斯宾诺莎书信集》当中,这个标号为第 29 封的信都是奥尔登堡写给斯宾诺莎的信,而且信中讲的也是完全不同的东西。但我们必须承认的是,黑格尔所讨论的这封信是标号为第 12 封的斯宾诺莎写给梅耶尔的信;但黑格尔确乎对这封信的实际内容作了改动。

首先,黑格尔所谈的这个例子与斯宾诺莎文本中所给出的那个例子并不相同:两人虽谈的是同样的形状,但却如果鲁特所指出的那样①,他们各自是在不同的意义上利用这个形状的。我们已经看到斯宾诺莎考虑的是两个圆周之间包含的距离变化,并且指出这些距离的变化是连续性的。因此这些距离的变化是不能借由数来决定的。而在《逻辑学》和《哲学史讲演录》中,黑格尔所说的是两个圆周之间的交际空间,这个空间是由无限多的不相等的距离所构成的,但因为这个空间是被包含在划定范围的界限之中的,所以是"现在现前的和已经完成了的"。如果我们按照黑格尔的方法来阐释这个例子,我们显然就搞不清楚为什么非要说这两个圆是不同心的圆的理由了:因为,即使一圆之圆周到另一圆之圆周的距离相等,同样的推理也是成立的。因此黑格尔忽略了由斯宾诺莎所提出的推理之中必不可少的某种东西:也就是介于最小量和最大量之间的变化的观念,因而也是不能用任何数来表述的被决定的过程的观念。

但这还不是对斯宾诺莎的文字所作的最重要的改动。其做

---

① 马夏尔·果鲁特:《斯宾诺莎:论神》,第 523 页。

法更甚之处在于，黑格尔把"实际的无限"这个概念引入、注入了斯宾诺莎的文本之中，但只要我们看一看前面引用过的斯宾诺莎的原文，就很容易发现，那里确实没有出现过这个概念。众所周知，我们从中引用了这段文字的那封信是专门论述无限的（在标号为第 81 封的致谢恩豪斯的信中，斯宾诺莎本人就是这么说的），这一点千真万确，这封信在一开始就说："您请求我告诉您，关于无限的思想所达到的结论，我将极其高兴地这样做。"那么，这个几何学的例子在这场关于无限的讨论中究竟处在什么地位呢？

斯宾诺莎说，要想摆脱无限这个概念的通常用法——这是一种由想象所支配的用法——只需注意几点区别就足够了。[一个区别是]有因其性质而是无限的事物（这样的无限的事物也是凭借其自身而被设想为无限的），也有凭借其原因的作用力而是无限的事物（这种无限的事物并非凭借其自身的本质而是无限的）；[另一区别是]有些事物是由于没有边界而是无限的，而有些事物则是由于不能用数来决定而是无限的。我们在这里处理的是两个连续的区别，虽然这两个区别被展示了出来，但是它们共享的领域或彼此的交集并没有得到明确的说明；果鲁特在其评注中列举了四个连续的情况，相较于斯宾诺莎的原文而言，果鲁特的解释似乎不无夸张之嫌。这两个区别既与（凭借其自身而被设想的）实体和（不可能借由其自身而被设想的）实体的应变致动的效果[分殊]的区别有关，也与（充分地、如其所是地认识事物的）理性和（仅以不充分的方式表述事物的）想象有关。有关无限的传统悖论是这些区别未受重视所造成的结果；相反只需重新确立这些区别，就足以使全部这些矛盾得到消除，但却不是得到解决，因为所有这些矛盾都只是在使难题被错误地提出的那种角度之下所产生的效果。

斯宾诺莎所介绍的这个几何学例子与上述区别中的一个相关:这个例子对这样一种无限的事物进行了示例,这种无限的事物虽被包含在一定的界限之内,但却不能由任何数来决定。我们必定记得,想象不由自主地会借助数对介于最大量和最小量之间的连续运动加以决定:为了做到这一点,想象便试图将这个过程分成若干份,并从这些切分出来的元素出发重建这个变化。但那个过程由于是连续的,所以是不可能用这种方式来切分的。因此,那个过程显然不能由数来决定。但想象尽可能地沿着这种推理,在这里,在一个定量中,发现了一种无限性,这个定量与任何数都不相等,因此想象就借助于一种趋向于边界的过渡把这个定量决定为超越了所有数的东西,决定为无穷的东西。为什么这种表述是不充分的呢?因为它忽略了一个基本的事实,即,它的对象由于是介于最小量和最大量之间的,因而是有界限的。因此它的对象是在与斯宾诺莎给"有限"这个概念所下的定义完全相同的意义上而言的有限的东西——斯宾诺莎对此概念的定义是"能被有相同自然/性质的事物限界的事物,就被称为在其自类之中有限的"(见《伦理学》第一部分定义二)。想象的错误似乎就在于总是试图通过数来决定在其自身之中——我们可以这样说——有限的事物,并因而把这样的事物当成了无限的事物。

但万事万物并非如此简单,也不是可被一刀切分开来的。要想摆脱想象的倾向,仅在狭义的无限(也就是无穷)和有限(也就是有界)之间重新建立截然划分的这种区分也还是不够的。这样的切分——在这个词的确切意义上来讲的切分——也恰恰是想象的结果：想象看不到有限的本质特征，有限的本质特征就在于，凡是有限的东西，便不可能通过其自身得到说明，没有无限便没有有限，因为恰恰是无限使有限得以产生，有限的概念必然隐含着无限。从这个角度来看，这个几何学的例子也可以用来说明斯宾诺莎所指出的另一种情况：由于其原因的作用力而是无限的东西的情况，这种东西就是所有的样式——无论是无限样式还是有限样式。不同心的两圆之间包含的距离变化也是无限的，但它之所以是无限的，并不是因为它是在其自身之内的东西（因为它是有界限的），而是因为它是实体的应变致动的效果（分殊），实体作为效果中的原因在它之中表现着实体自身。

在这里我们显然又看到了黑格尔的阐释，因为尽管他对斯宾诺莎的原文采取了相当自由的阐释态度，但毕竟指出了这个文本中的若干根本倾向。一方面，这个例子中关键的东西正是原因性难题的某个特定方面（实体及其应变致动的效果[分殊]之间的关系就代表了原因性难题的这个特定方面）——黑格尔是已经理解了这一点的。另一方面，他以与斯宾诺莎原文相关的方式，用"实际的无限（infinitum actu）"这个概念来描述这种关系。这个概念见于斯宾诺莎这封信里这个几何学例子被给出之前的一个段落之中：在那个段落中，斯宾诺莎说，想象（借由对数、量度和时间的认识）通过推理去表述事物的性质，同时也把事物的性质与由这种推理得出的存在相混淆，借助想象这样做的人是不可能知道事物的真实性质的，他们"否认了实际的无限（infinitum actu negarunt）"。那么什么是实际的无限呢？实际的无限不是在无穷的系列中，因而不是以可能的或潜在的方式被给予出的无限，而是一下被全部给予出的无限：它是在一个有界限的现实性（比如在最大量和最小量之间的变化)之中现在现前的无限,用黑格尔的话来说,它是"完成了的和现在现前的"无限。"实际的无限"这个概念是一个借自经院哲学的术语,表明了斯宾诺莎在这个问题上采取的立场既不同于笛卡尔的立场,也同样不同于莱布尼茨的立场①:笛卡尔借助有限理性的证据通过分析的方式来处理对象,因此对笛卡尔来说,实际的无限由于不能被以直觉的方式构造出来因而是不可思议的;莱布尼茨借助微积分的方法解决了连续性难题,因此对莱布尼茨来说,唯有一个在力量方面是无限的无限者,这个无限者"非形式性地却显著地(eminenter sed non formaliter)"给予出其自身,因而总是超出了可指认的界限之外。斯宾诺莎对实际的无限之存有及其合理性的确认是极为重要的,因为实际的无限表现了无限在有限之中的实际现前,无限正是通过它实际所产生的动作这一中介而在有限之中现前的;这种现在现前只可能被将事物的性质归结为某种数字性标准的那些人所否认,他们因而就看不到这种无限,或者总是会按照无穷的系列的观念来误解这种无限,而无穷的系列的观念是完全将实际的无限可能性排除掉了的。

如果我们接受这个解释,那么黑格尔对斯宾诺莎的文本所作的另一个不忠实的解释似乎也是不无道理的。但事实上,实际的无限这个概念如果能很好地表明原因在其效果之中的内在性现前(《伦理学》第一部分命题十八:"神是所有事物的内在原因,而非传递性的原因"),斯宾诺莎所举出的这个几何学例子的全部特

---

① 伊翁·贝拉瓦拉(Yvon Belaval):《莱布尼茨对笛卡尔的批判》(*Leibniz critique de Descartes*, Paris, Gallimard),第329—338页。

172 殊性似乎就成了多余：任何有限样式——例如两个圆（无论两圆是否同心）的交际曲面，或黑格尔所举的另一个例子，由无限多个点所组成的直线线段——都表现着无限，也就是说任何样式都"非形式性地却显著地（eminenter sed non formaliter）"包含着作为其原因的无限。就此我们又回到了起点：既如此，斯宾诺莎为什么要在他的这个例子中明确强调在最小量和最大量之间的变化，这种变化又非要取决于两圆是不同心的圆这一事实呢？

如果斯宾诺莎举这个例子仅仅是想表述这样一种有限的定量的观念，这一定量包含着无限多的部分并且超越了任何可以指认的数，那么，他大可不必把这个例子说得如此精确；但若对这个例子作那种简化，势必就会将这种无限化简为诸元素之间的外延性关系，这是一种以否定性的方式得出的关系，因此也是以一种与事物的性质不相符的不充分方式得出的关系：这样一来，我们就会再次陷入本来我们想从中摆脱出来的想象的视角当中。然而对根据事物本身的原因性而如其所是地把握事物的理智来说，无限是一种完全不同的无限，是一种应该被完全以肯定性的方式（在对任何一种性质作出绝对肯定性确证的意义上来说的肯定性方式）理解的无限：这种无限恰恰就呈现在某种连续而无穷的变化之中——这种无限因而只可能独立于量的大小的所有决定而得到考量（斯宾诺莎在标号为第81封的致谢恩豪斯的信中所指出的正是这一点）——这种无限不是依据外在部分之间的抽象的、以否定性方式被决定的关系，或是以数的方式表达的关系而活动着的，而是以内涵性的方式活动的，也就是说，是借助原因的力量活动的，原因不仅是在这种无限之中发生动作的，而且是与这种无限同时动作的，原因就是实体本身，是呈现为其自身展开了的属性的实体本身。德勒兹对两种无限——外延性无限和内涵性无限——之间的差别作出过特别强调。①

内涵性无限直接表现着一种内在的和非传递性的关系,这种关系将实体同其应变致动的效果(分殊)联系在一起,也只有理智才能认识这种关系。由这种认识也可以总结出某种非常重要的东西:在样式之中被把握到的无限与构成实体的无限并无不同,或毋宁说,它们在形式上是同一种东西。正是由于这一原因,标号为第12封的致路易·梅耶尔的信中所指出的两种区别并不等于情况的枚举,就好像每一种情况都是一种有着不同形式的无限,就好像存在着好几种无限似的! 因为,无限无论是使自身表现为实体中的自因的东西,通过其能力使自身表现为"生产自然的自然(nature naturante)",还是在作为"被自然生产的自然(natura naturata)"的有限样式的无穷序列中展现其自身;无论是被理智以充分的方式,或者说以肯定性的方式设想,还是被想象以不充分的方式,或者说以否定性的方式表述,无限总是那个以必然的方式动作着的同一个无限。

在这里我们必须严肃对待这样一个观念,即,实体的无限性以内涵性的方式,既保持自身的不可分性,又遍布于它的一切样式之中:全部的广延不可分地存在于每一滴水中,正如全部的思想都在每一个观念的活动中在场并必然地决定着每一个观念的活动一样。正是由于这一原因,"倘若物质的一部分消灭了,那么全部广延也就同时随之消失"②,同样的道理也适用于乃是思想的

---

① 吉尔·德勒兹:《斯宾诺莎与表现难题》,第183—186页。
② 标号为第4封的致奥尔登堡的信。

"部分"的观念。因此，所有的样式现实性，无论我们看到它们有什么样的界限，无论我们以什么尺度来看待它们，使它们得以构成的那种不可改变的连续性都表现着绝对之物，也就是说，都表现着实体的统一性："对神的理智之爱"或第三种知识，就是由对这种实际的无限的认识构成的。

正如我们将要看到的那样，这种知识是肯定性的：这种知识并不是从诸样式逆推出实体，倘若是这样的话，实体就会沦为诸样式的范围，这样就会否定实体是无限的；相反，这种知识是以综合的方式通过一种绝对地必然且连续的过程从实体进到实体的应变致动的效果（分殊）的，也就是说是从原因进到原因的效果的，因此这种知识是把所有可能的否定性的方式都排除掉了的。因此我们不能像黑格尔那样说，这种知识是被扬弃了的或被克服了的——因而也是这样被理解了的——否定，相反，它是这样一种知识，其概念排除掉了所有的否定，排除掉了一切内在的否定性。

如果我们忠实地秉持其原义，在这里使用黑格尔所创造的"所有决定都是否定(omnis determinatio est negatio)"这一原则，我们就应该补充说，关于事物的符合其自身性质的充分知识——因"所有决定都是否定"之故——也是排除掉所有决定的，但这是荒谬不通的。在我们前文评述的那个例子中，我们面对的正是一个不能由任何数决定的无限的东西，但这个无限的东西由于是有限界的，因而也是在其自身之中被实际决定了的。因此，对于决定这个概念，似乎也有加以区分的必要：以否定性的方式决定一个事物，也就是从事物的界限出发抽象地表述事物，意味着把事物与在事物中动作着的神分离开来，从而仅给事物安上形式意义上的"名",只使事物符合由想象所创造出的纯粹推理的存在。比方说,从被分配给一事物的绵延的特定部分出发来把握这个事物,就属于这种决定。我们通过这种做法,就会把事物同非它之物、同它的可能的消失相联系,进而把事物表述为偶然的。以肯定性的方式决定一个事物,相反是在事物的个别的自然现实性中,按照使它参与到实体之中的那种内在必然性去感知事物,这样的决定符合实体借以生产它自身的原因性的规律,因为在实体的每个应变致动的效果(分殊)之中,实体都借原因性的规律生产着它自身;这种决定也意味着从着眼于永恒的角度看待事物,因为任何事物都是永恒的,除非外部原因干预,否则任何事物都不会自己消灭(参看《伦理学》第三部分命题四)。

全部这些讨论把我们引向了对某种似乎无关的细节的考虑,但这些讨论是不能被减省的,这个讨论指向了代表着斯宾诺莎全部哲学的特征的一个根本原理:现实性没有两套独立的顺序,也没有两个"世界"之分,一个是有限的世界,一个是无限的世界,就好像在这两个世界之中起作用的是完全不同的必然性形式和完全不同的原因性规律似的。斯宾诺莎的目标也并非要在这两种顺序之中寻找某种和谐的关系,这种关系就好像是通过某些渐进的中介序列实现出来的,从而可以使一个世界通过连续的运动过渡到另一个世界似的:这恰恰是黑格尔所想象的"顺序",这是一个由于绝对之物以渐进的方式被决定——也就是说,绝对之物逐步在相对性的东西中受到否认——的缘故,而使实体降至属性、属性再降至样式的"顺序"。而在斯宾诺莎看来,"顺序"只是唯一的同一个顺序,它不是得自于想象的抽象的顺序,而是实体的自然真实的具体顺序,这一顺序同时且同一地将其自身既表现为绝对之物又表现为相对之物,而且还以矛盾的方式被理智和想象所知。正是由于这一原因,不可能像黑格尔从抽象得产生了悖论的那种逻辑出发所阐释的那样,实体同它的应变致动的效果(分殊)之间的关系可以一言以蔽之为无决定的东西和受决定的东西、肯定性的东西和否定性的东西之间的简单对立。

决　定

理智的理性视角在本质上是肯定性的:对这种视角来说,一切否定性的东西都是想象的视角所见,想象既不能理解就其在其自身之中而论的实体本身,也无法理解就其在诸样式中动作着的实体,因为实体既在无限之中表现着它自身,也在有限之中表现着它自身。因此,斯宾诺莎的学说由于对绝对之物仅作了空洞的思考,因而不可避免地形成了斯宾诺莎学说的否定论,黑格尔提出的这一解释是站不住脚的,是一种虚构,与斯宾诺莎体系的文本完全不相兼容。但相反的解释却是令人满意的吗?我们能像德勒兹那样说"斯宾诺莎的哲学是一种纯粹确证性肯定的哲学"吗?① 这种"肯定论"是对此前的那种否定论的逆转或颠倒,这二者最终难道不是一回事吗? 在二者的这种共谋关系之中,我们至少找到了一个线索,即,关于斯宾诺莎学说的这两种截然对立的解释最终都突出的是斯宾诺莎学说的非辩证法特征,一种解释将这种非辩证法特征当作这种哲学的残缺性和失败的症状来阐释,而对另一种解释来说,这一特征恰恰是该哲学卓越性的明证。

---

① 吉尔·德勒兹:《斯宾诺莎与表现难题》,第51页。

让我们回过头再看一下。"omnis determinatio est negatio（所有决定都是否定）"黑格尔所提的这个说法无疑与斯宾诺莎的原来文字是有出入的。这是否意味着这个提法可以被替换为"omnis determinatio est affirmatio（所有决定都是确证性肯定）"这个提法呢？这则新陈述的意义是清楚的：决定所具有的价值不仅仅是在其自身之中乃是实体性的东西在一种简单的外化运动（同一者无可挽回地蜕变为他者的过渡）中表现出的某种退化这一限制性价值，而且还具有这样一种价值，即，决定是实体借以表现出其全部原因性力量的动作："凡我们设想为在神的权能中是其所是的任何东西，都是必然地存在的东西"①，因为在神——神是它自身的原因，并且是所有事物的原因——之中，本质和力量完全是同一回事。因此诸样式的必然性并不低于实体的必然性，也并非不同于实体的必然性：诸样式的必然性恰恰就是实体的必然性。然而，如果我们止步于此，黑格尔提出的一个反对意见将获得新的力量：这里确证性地被肯定的同一性是没有任何实际内容的，所有事物都沉入了混沌的夜晚，在其中所有的牛都是灰色的——难道不是吗？要想解答这个问题，我们就必须得搞清楚"决定"这个概念——黑格尔对斯宾诺莎进行评论时大量使用了这个概念——就必须来检视一下对斯宾诺莎本人来说这个概念究竟意味着什么。

所有评论者都注意到斯宾诺莎在若干不同的意义上使用"determinatio"这个术语。一方面斯宾诺莎用这个术语来表达限定的意思，而限定又与有限这个观念相联系：标号为第50封的致

---

① 《伦理学》，第一部分命题三十五。

耶勒斯的信中提到过"有限的和被决定的"物体。因此，决定这个概念毫无疑问地包含着一种否定，此概念适用于"有相同自然/性质的事物限界的"事物。① 在这个意义上说，实体是没有限界的，也是不受决定的："由于决定不表示任何肯定的东西，而仅表示被设想为受决定的存有在性质上的匮乏，由此可知，一个事物，其定义若确证了该事物的存有，这事物就不能被设想为被决定了的。"②这一点是适应于实体及其诸属性的，实体的概念和实体的诸属性的概念不包含任何不完满性，也不能说实体及其诸属性是在它们由同它们有着相同自然/性质的事物所限界的意义上被决定的。

然而我们必须注意：不受决定这一概念在这里必须被理解为[实体及其诸属性的]绝对肯定性存在方式。这个词通过一种否定的方式或加否定前缀的方式指示绝对肯定性的东西，词语的滑动就这样把我们引向了相反的方向。不过，在斯宾诺莎看来，词语就其自身而论，与其说表现的是它们声称所表述的现实性，不如说表述的是想象的观点，想象的观点总是以虚构替换现实性本身。这一点尤其真实地体现在我们借以对绝对之物作出把握的所有词汇之中：

> 至于词语既是想象的一部分，换言之，我们所以能虚构许多观念，皆由于我们因身体的特种状态，模糊地在记忆中连缀词语所致。所以无疑地，词语，和想象一

---

① 《伦理学》，第一部分定义二。
② 标号为第 36 封的致胡德的信。

样,如果我们稍不注意,即可以引起许多重大的错误。不但如此,文字的排列既是任意地依照民众的理解力的程度为准的,所以它们只是表示事物在想象中的情况的符号,而不表示事物在理智中的实质。从我们对于只在理智中而不在想象中的东西常常给以否定性的名称,如无限、无形体等的事实看来,我这种说法,显然是清楚明白的。而且有许多事物本来是肯定的,也是用否定的词语来表示,如称之为非创造的、非依附的、无限的、不朽的等等。因为这些否定性词语的反面远为易于想象,所以最先为古人所想到,反倒侵占了肯定性的命名。我们肯定或否定许多事物,因为语言的性质容许我们肯定或否定,而不是事物的本性容许我们那样做,假如我们不明白这个道理,很容易把错误的东西当作真的东西。①

总想要以黑格尔的方式把斯宾诺莎学说中的实体的不受决定性在否定的否定这个意义上(受决定=受限定;不受决定=对这种限定的扬弃)作出解释的那些人,必定会付出这些代价:它们会陷入一种词语的思辨之中。黑格尔和斯宾诺莎在语言的性质问题上确乎有着不同的立场:黑格尔是不承认词语按照纯粹的物体法则排列的,是不承认词语的排列处在思想的理性顺序之外的。

而在斯宾诺莎这方面看来,事情是完全清楚的:不受决定这一概念就其自身而论,作为自然而然的语言习惯表示肯定性。但是,这是否意味着决定这一概念——这个概念显然是不受决定的

---

① 《理智改进论》,第88—89节。

直接对立面——本身反倒必然是否定的呢?这两个概念的这种对立难道不正是想象的结果(因为想象反映在语言上),而根本没有看到事物的本来面目吗?

事实上,斯宾诺莎并不仅仅在限制的意义上——限制隐含着否定的意思——使用"决定"一词。这一点从《伦理学》第一部分定义七中就可以看出:"事物若只依照它自身自然/性质的必然性而存有,而且只受它自己决定(determinatur)而动作,我就说它是自由的。事物若受别的事物所决定(determinatur)而存有,并以被决定的(determinata)特定理据工作,我就称它为必然的或毋宁说受限制的。"从我们十分感兴趣的观点看来,这段话提供了一个非常重要的提示,它让我们看到,决定这个概念既可以用于实体的现实性,也一样可以运用于样式的现实性:属于"自因(causa sui)"的事物的自由并不是某个不受任何原因决定而动作的存在者的冷漠而武断的行动,这个存在者的行动方式犹如不可理知的神一般(正是这种不可理知的神的创化行动支撑起了整个笛卡尔哲学大厦)。神和依赖于它的万事万物一样都是受决定而动作的:我们甚至要说,神更是受决定而动作的,因为它在其自身之中包纳着全部的完满性。无决定的实体因而不是免除了所有的决定,相反,它被一个原因或必然的理据所决定,这个原因和必然的理据就是它本身的自然/性质。

如果我们还记得自我生产的自由原因(即生产自然的自然 [nature naturante])的活动与通过事物——它们的原因并不在它们自身之中的事物——而得以执行的原因性活动(即被自然生产的自然 [nature naturée])没有任何不同,那么,这一点就是完全清楚的。这两种活动完全是同一个动作:神除了在它应变所致的效果(分殊)中再也不可能在别的什么东西中生产它自身。如果在神之中没有被给予出的决定,那么事物的存有和神的存有都将是成问题的。

我们必须补充说明,神是个别的事物的原因,这不仅是就个别的事物存有而言的,而且是就个别的事物本身生产着效果而言的,这也就是说,个别的事物完全是在神之中被决定的:"被决定以某方式工作的事物,必然是被神决定如此工作的,不被神决定的事物不可能自行决定去工作。"①因此,有限的决定形成的连锁序列——这个连锁序列是无限的——完全是在神之中被决定的,正是由于这一原因,神在其自身之中不包含任何偶然性,也就是说不包含任何不受决定的东西。

由此可以推知,同原因性在神之中与在取决于神的所有事物中都总是同一的这一观点相联系,决定这个概念还有本质上肯定性的用法,因为要进行效果生产的工作,决定就绝不可能只是对不完满性的标记:"众所周知,事物受其决定,而可以说进行这样或那样工作的东西,必定是肯定的东西。"②基于这一事实,决定这个概念和否定概念之间的联系也就解除了。

这是否意味着决定这个概念,按照它在斯宾诺莎学说体系中所扮演的角色来讲,由于涉及多种相互矛盾的用法,而是模糊不清的呢?恰恰相反,斯宾诺莎明确地使用同一个术语来指称由实体而来的无限原因性和贯穿在诸样式之中的有限原因性,以此方式指出这两种原因性并不是相互独立的现象,难道不是这样吗?

---

① 《伦理学》,第一部分命题二十六。
② 《伦理学》,第一部分命题二十六证明。

所以，如果说决定这个概念既可以在肯定的意义上又可以在否定的意义上来使用，正是因为这个概念在它自身之中抛弃了肯定性的东西和否定性的东西之间的传统对立。在这里我们又一次接近了黑格尔，但却是循着与黑格尔所循的道路完全不同的另一个道路与他接近的：如果说斯宾诺莎的决定概念抛弃了肯定性的东西和否定性的东西之间的传统对立，这并不是因为斯宾诺莎的决定概念"扬弃了"这个对立，或是因为它把这个对立当作推理中的矛盾而"解决掉了"，而只是因为斯宾诺莎的决定概念根本就不知道这种对立。在这种运动中呈现出来的某种"辩证法"或许并不是黑格尔的辩证法。但我们因此就有充分理由说这种运动总的来讲并不是辩证法的运动吗？

无限样式

基于前面的若干陈述，我们或许可以认为实体同其应变致动的效果（分殊）之间的关系复制了实体本身同其属性所保持的那种关系：在实体同其应变致动的效果（分殊）之间的关系（纵向垂直关系）中，如在实体性属性的关系（横向水平关系）之中一样，我们所看到的都是同样类型的统一性，多样性都被整合在这同一种类型的统一性之中，这同一种类型的统一性为多样性赋予了它们的理据性。这是不是意味着这种统一性是这样一种过程的形式统一性呢，这个过程把所有现实性都混淆地化约为同一的东西，而忽视、抹杀了所有现实性的实际表达？要回应这个反驳意见，就必须清楚地搞明白绝对的事物向相对的事物的过渡过程，实体的外化——或者说实体的决定——正是通过这一过渡来实现的。

关于无限样式的令人吃惊的理论介绍的就是这一过渡的最为独特的方面。无限样式理论是由《伦理学》第一部分命题二十一、命题二十二、命题二十三和命题二十八附释所阐述的，这一理论极为简洁地阐明了无限性在有限的事物中发挥作用的那种方式。有着无限样式，就这一个事实便证明了无限性不单只属于实体及其属性，而且也属于诸样式或诸个体，尽管诸样式或诸个体相反总是被锁闭在它们的有限性之中，就像黑格尔选择相信的那样，总是以严格的否定性方式为它们的标志的。但正如我们已经看到的那样，并不存在两套现实性的顺序，一套是实体性的和无限的现实性的顺序，另一套是样式性的和有限的现实性顺序，相反，只有同一个连续的和不可分割的现实性顺序，这个唯一的现实性顺序被单一的原因性法则所决定，在这个现实性顺序中，有限的事物和无限的事物不可分割地联系在一起；在某种意义上说，无限样式是一个场所，在那里形成出那种统一性，在那里无限的事物完成了在有限的事物中的转化，或者说无限的事物的决定在有限的事物中得到了落实。

事实上，无限样式首先就是通过它们的转化作用而得到定义的：它们作为中介而存在，这些中介充当着无限实体和诸有限样式之间的某种调节。这一点在《伦理学》第一部分命题二十八附释中得到了明确的提示："某些事物必为神直接产生，也就是说，某些事物是从神的绝对性质必然得出的，而其他的事物（也就是那些不能够不依靠神而存有或被设想的事物）则必须由这些第一事物所中介而产生。"这一提示又因斯宾诺莎对无限样式所作的内部二分而得到了进一步加强，斯宾诺莎把无限样式划分为无限直接样式和无限间接样式，无限直接样式由每个属性的绝对性质得出并直接地表现着每个属性的绝对性质(《伦理学》第一部分命题二十一),属性在被样式化之后,也就派生出了无限间接样式(《伦理学》第一部分命题二十二)。这种内部划分显然证实了无限样式在整个体系的结构中所具有的功能,这一功能给予了手段,使绝对的事物向相对的事物逐渐过渡或连续演化成为可能。一定会有人说,这是一个绝佳的要点,斯宾诺莎学说体系正是在这个要点上使其自身呈现为一种形式化的构造,这一形式化的构造创造出了众多的抽象概念,以便解决它自身的推理在展开过程中所产生的那些困境;这些概念无疑应得到比《伦理学》第一部已就它们给出的说明更为清楚的说明。但这些概念像它们看上去那样抽象吗?它们真的符合我们刚才定义的功能吗?

因为,如果我们还这样理解决定,也就是说,如果我们还把决定理解为在形式推理之中人为构造的一种过程,以便使实体借助这种作为中介项的过程不多不少地过渡为它的应变致动的效果(分殊),那么我们就会看到我们自以为早就抛弃的一个观点,也就是存在的等级秩序的观点又重新出现了,这样的观点只会使斯宾诺莎学说成为新柏拉图主义的一种变体;这样一来便坐实了黑格尔就绝对之物向相对的事物过渡所提出的退化论的解释,按照这种解释,在这一过渡中,无限的事物被稀释、被耗尽在有限的事物之中,直至完全消失。斯宾诺莎还曾写道:"omnia quamvis diversis gradibus animata tamen sunt(所有东西,无论它是什么,都有其心灵,尽管程度不同)"①,这是不是对现实性在本质上所具有的过程性的提示呢——现实性连续地经历了所有的中间阶段,从

---

① 《伦理学》,第二部分命题十三附释。

存在的最大量向存在的最小量演进，或毋宁说逆行，而现实性所经历的这个过渡的所有中间阶段凭借它们的连锁传递功能而正好总和为无限样式？但是如果我们接受这种解释，我们就会在斯宾诺莎学说体系中引入某种"没有亚里士多德的亚里士多德主义"（这是果鲁特的一个古怪的提法①），也会为之引入某种"内在性的内部目的论"②观点或没有康德的康德主义观点，更不要说会为之引入总体性的形而上学或没有黑格尔的黑格尔主义形而上学了。那样一来，便如我们所见，就会为所有理解、为所有混淆、为所有变乱大开方便之门，而那些所有理解、所有混淆和所有变乱无非只可能压抑掉斯宾诺莎学说的推理当中独特有效的东西。我们将会看到所有这些阐释都将被绝对地证明为无效。为了证明这一点，我们必须返回到无限样式理论，必须返回到无限直接样式与无限间接样式之间的区别，只有这样才能清除掉那些观点。

我们曾经提到过，《伦理学》当中出现的无限样式概念是相当神秘的概念。这使得斯宾诺莎的一位通信者要求他作出一些澄清，以便为这个概念赋予一个实质性内容："我想要那些由神直接生产的事物的例子和由无限的样式化过程间接生产的事物的例子；思想和广延在我看来是第一种；思想中的理智，广延中的运动等则是第二种。"③席勒在这里显然犯了一个错误，即把无限直接样式等同于属性本身，但这个错误证实了亟待解决的难题的难

---

① 马夏尔·果鲁特：《斯宾诺莎：论心灵》，第177页。
② 同上，第188页。
③ 标号为第63封的席勒致斯宾诺莎的信。

度。斯宾诺莎在回信中没有作任何评论,只给出了这样一个干巴巴的陈述:"以下是你问我的例子:思想顺序中的绝对无限的理智,广延顺序中的运动和静止,是第一种东西的例子;至于第二种东西,那就是万有的全貌(faciès totius universi),虽然万有的全貌有无限的样式变化,然而却永远保持为同一个东西;关于这个问题,请参阅[《伦理学》]第二部分命题十四之前的引理七的附释。"① 在这里我们将撇开已引起各路评论者兴趣的某种反常不谈:斯宾诺莎在给出了与思想和广延这两个属性有关的无限直接样式的例子的同时,仅就无限间接样式给出了一个例子,即"万有的全貌",这个无限间接样式的例子显然是与广延有关的。为了方便我们搞清楚这些概念,我们仅集中于广延属性的情况,也就是说仅限于探讨物理学的问题,因为这方面的问题必定也适用于别的属性。

在广延这一属性的情形中,绝对的事物与相对的事物之间的关系在如下区分中表现得很明显:

广延	实体性的属性
运动和静止	无限直接样式
万有的全貌	无限间接样式
个别的物体(个体)	有限样式

这些区分会不会使我们形成诸形式的现实性之间存在着某种等级制的表述呢?唯有实体本身才是一种绝对的和终极的形

---

① 标号为第 64 封的致席勒的信。

式,形式的等级制度把所有现实性都整合到实体之中,在所有其他形式的现实性之上和它们的终点,存在着绝对和终极的实体形式,实体将其自身的决定加于其他的现实性形式之上——我们会不会形成这样的表述呢?若是形成这类表述,显然就落入了想象的视角之中。

斯宾诺莎在用运动和静止来示例广延的无限直接样式的时候,他的意思是什么呢?他想要说的无非是:广延这种实体现实性绝对地表现在运动和静止之中,也就是说,绝对地表现在运动和静止的特定关系(certa ratione)之中。这个观点可在以下几个意义上来理解:运动和静止是广延的活跃表现,离开运动和静止,便无从把握广延;单从几何性状去定义广延的笛卡尔主义的延展的惰性广延观在这里被明确地摒弃了,在笛卡尔的那种广延观看来,运动必定是从外部加到广延之中的,而且这外来的运动具有被决定的运动量形式,其被决定的运动量必须保持与其初动量的同一。斯宾诺莎还认为,在广延中发生的所有事情皆由运动与静止的关系比例来说明,运动与静止的关系比例构成了广延中的基本定律。《简论》中有一段话对此说得很明白:"如果我们只考虑广延,我们在广延中除了运动和静止便再也看不到别的什么了,依赖于广延的全部那些效果,皆是从运动和静止产生的;这两个样式在物体中的情形是,除了这两个样式本身以外,任何东西都不能使物体产生任何变动。"(第二部分第十九章)

《伦理学》除了不再将运动与静止视为两种截然不同的样式之外,仍旧继续采用这一观点:第二部分命题十三引理二说"所有物体在特定某些方面相合",这也就是说,所有物体都有着某些共同的性状,因而也都包含着同一个属性的概念,这个属性就是直接地表现在运动和静止关系比例之中的广延。自然规律的普遍性和认识这些自然规律的可能性就这样在发生论角度中得到了证明：如果说广延中的全部存有都可以通过运动和静止来说明，这是因为广延生产着一定的运动和静止的关系比例（广延也是这样生产着它自身的），通过这一关系比例发挥作用并且肯定着它自身，这一关系比例绝对地——也就是说没有任何中介且没有任何限制地——体现着广延。表现着运动和静止的这种关系比例的自然规律就它们直接源自实体而言是不可化简的：这些自然规律是无条件者所具有的一个种类，而无条件者为研究全部自然现象充当着基础。

人们于是可能会问这种比例——广延属性借以直接表现其自身的这种比例——为什么是样式性的：就其内在原因性——这种原因性有着同其自身的内在性关系——而论，这种比例难道不就是[广延]属性本身吗？对这个问题的回答是自明的：这种比例必然是样式性的，比例之为比例，就是因为它是由特定关系（certa ratione）所决定的，正是这一点使这种比例区别于无限界无决定的实体。于是就有了这样一个难题，即，无决定的这种事物在一种决定——这种决定确乎是一种无限因而无界的决定——中表现其自身是如何可能的。目前虽尚不能确定斯宾诺莎学说的那些概念是否能解决这个困难，但那些概念毕竟使我们能够直面这个困难：显而易见的是，在斯宾诺莎哲学体系的逻辑当中，决定不是对不受决定的事物的减除，不是对不受决定的事物的否定，正是由于这一原因，所有决定都不必然只是有限的。Omnis determinatio non est negatio（所有决定都不是否定）。

现在我们来看一下无限间接样式：faciès totius universi（万有

的全貌），也就是说在其总体性上被理解的物体的自然/性质。必须指出的是，这个概念是具有含混性的，因为在其文本当中，斯宾诺莎就这个概念给出了非常不同甚至相反的说法：有的时候，斯宾诺莎实际上着眼于无限间接样式的发生而从其原因（这原因必然像此样式一样是无限的）来对无限间接样式进行界定；有的时候他又从无限间接样式所汇集起来的元素出发，或者说由无限间接样式所"总体化"的有限的决定出发，去构成——或毋宁说去建构——无限间接样式。这两种步骤中的哪一种更适合于无限间接样式的性质呢？

如果我们根据《伦理学》第一部分命题二十二和命题二十三来看，无限间接样式，就其是一属性据其性质所进行的样式化活动的必然存有的样式化产物而言，必然是跟随着属性而来的全部东西；被思考为一个整体的万有的全貌就是广延属性在这一意义上必然由该属性得出的无限决定，也就是说，广延属性的性质的样式化活动（也就是说特定比例的运动与静止）必然得出的样式化产物就是万有的全貌。这就是说，一定数量的运动的规律只能从被绝对地来理解的广延中得出，这些规律适用于所有的物理性的自然，从某种意义上说，这些规律刻画出了物理性自然的全貌。"宇宙的全貌（Facies totius universi）"因而就是经由广延及其性质的规律而从实体本身中得出的东西，直接地表现着实体本身，也就是说是受运动和静止的规律支配的物理现象的总和。

这就是从无限到无限的全部推衍，命题二十八就这一点说得很清楚，这则命题阐明了有限样式是怎么得到决定的——有限样式并不是由无限来决定的，而是在有限样式内部的连锁序列之中被决定的：

187

> 所有个别的事物，也就是说，有限且有被决定了的存有的任何事物，非经另一个亦为有限且有被决定了的存有的原因决定，则不能存有或受决定而去工作，而这另一原因非经另一个亦为有限且有被决定了的存有的原因决定，亦不能存有或受决定而去工作，以此类推，以至于无穷。

在这里，以绝对普遍的方式被陈述的这个命题在《伦理学》第二部分当中被用于证明思想的诸样式的情况（命题九），后来又被用来证明广延的诸样式的情况（命题十三引理三）。第一部分命题二十八的这则陈述是直接从《伦理学》第一部分开篇关于有限样式的定义推出的，那则定义已指出，"能被有相同自然/性质的事物限界的事物，就被称为在其自类之中有限的"（定义二）。但命题二十八以另外的角度按排除法对此则定义的义理进行了证明：有限的个别事物不是由神的任何一种属性的绝对性质所生产的，也不是由属性本身生产的（因为属性只可借由无限的样式化活动而应变致动产生分殊），故此，个别的有限事物只可能是由有限样式而来的，有限样式才是个别的有限事物的原因，而那有限的样式又区别于另一有限的样式，以此类推，以至于无穷。这样一来，我们就看到无限的事物和有限的事物之间再一次出现了某种断裂：我们只能从无限的事物中推出无限的事物，也只能从有限的事物中推出有限的事物。存在经由全部中间阶段从绝对的事物逐渐地推进到或下降到相对的事物这一过程的相关观点就这样消失了。这就意味着，在被理解为整体的自然和以它们的受决定的存有组成了整个自然的全貌的个别的事物之间,并不存在一种连续性的过渡,相反存在的是一种分离。但这样一来,关于自然统一性的理性公设难道不会因此发生动摇吗?

乍一看上去,无限的本质与有限的存有之间在这里是分裂的。在《理智改进论》的结尾也出现了这种区分,在那里,斯宾诺莎在自然的顺序中把"变化的个别事物的序列"与"固定的和永恒的事物的序列"区别了开来(第 100 节)。"变化的个别事物的序列"由无限多种情况组成,因而超出了人的认知范围。我们可以想一想《伦理学》第一部分附录中那篇虚拟对话。在那篇对话中,力图如实地看待事物、在事物的永恒必然性之中来看待事物的人驳斥了目的论的追随者,那篇虚拟对话里有一个例子:房屋上的一块石头落下砸中一人的头部致那人死亡;石头为什么会落下?因为那人经过时刚好有一阵风刮落了屋顶上的石头。为什么那阵风在那个时候刮起来呢?因为前一天海水涌动,风已经开始兴作,而那个人恰好也在前一天收到了朋友的邀请,等等。我们在这个例子中又看到了第一部分命题二十八所描述的所有有限的决定连锁反应所形成的无限递归。就定义而言,这种连锁序列不可能为认识所穷尽,头脑混乱的人因此会把这个连锁序列当成是一种论据,认为这个连锁序列背后确乎隐藏着某种隐秘的意向,正是这种隐秘的意向为由种种事件形成的这个连锁序列赋予了意义,这是一种不可还原为任何严格原因性决定的意义,因为由种种事件形成的这个连锁序列前后相继、无穷无尽,只能诉诸形形色色的目的论原因来解释。想象对那些有限的受决定的现象进行枚举,并且为了结束这种枚举而对那些有限的受决定的现象加以总体化,因此就投射出了种种目的;这种观点完全排斥了斯宾诺莎关于实际的无限性的观点，对后者来说，从有限的事物出发去建构无限的事物是应被完全禁止的。

由那种无限递归打开的地盘是想象的专属地盘，这里的"等等"恰是无知的避难所，要避开为想象生成的种种幻觉留出的这个地盘，就必须放弃穷尽无遗地认识所有个别事物的野心，也就是说必须放弃穷尽无遗地认识个别事物的全部连锁序列的野心，从定义上说，它们的全部连锁序列是人的认识所不能达到的。通过把有限的事物总和在一起的做法，由有限的事物去理解无限的事物是一种不可能的做法，这样做只可能使无限的事物失去其内在的必然性，从而变成一种纯粹的可能性，也就是说，变成一种形式性的虚构。因此，我们必须使我们仅限于认识"固定和永恒的"事物以及它们的规律，因为这些事物及其规律"支配着个别事物的存有和顺序"（《理智改进论》第101节）：由这些规律出发，个别的事物才是可以理解的，至少才是足以消除从想象出来的种种目的来对个别的事物进行解释的诱惑的。

接下来我们就要问，这些固定和永恒的事物是什么，斯宾诺莎说，尽管它们也具有特殊性，但毕竟是某种普遍的东西。在此我们首先要记住的是，我们不可能从相互之间构成连锁序列的有限样式出发去把握整体的物体的自然，尽管它们在必然的连锁序列中无限地相互决定，否则我们将落入无可挽回的错误之中。相反，我们必须从本质性的决定出发，也就是说从无限样式出发来认识和把握有限的事物的顺序，本质性的决定或无限样式使有限的顺序成为可以理解的东西。这就意味着，不能像想象的工作机制所做的那样，由有限的事物进到无限的事物，而必须以相反的方向，循着真正的原因性顺序，由无限的事物进到有限的事物。

这一要求是否与我们刚刚认识到的无限的事物和有限的事物之间的分离相符合呢？

此外,斯宾诺莎本人又是出于什么理由在《伦理学》第二部分命题十三引理七当中采用由有限的事物进到无限的事物的过渡这一角度从种种物体(它们只是物体的自然的构成部分)出发来说明被理解为一个整体的物体的自然呢？为了理解那段文字的含义,我们必须从一开始就对斯宾诺莎附在命题十三之后旨在对人的身体的性质和组织结构作出提示的那节物理学纲要作一重新审视。首先,运动的规律适用于"最简单的物体(entia simplicissima)",我们稍后还要对这个概念详加论述；进而同样的规律也适用于复合的物体,也就是说适用于由诸多物体所组成的个体,这些复合的物体也必然是复杂的；最后在我们所评论的这则附释当中,斯宾诺莎将这一推理扩大到极致,指出被当作一个整体的物体的自然就是由所有物体组成的一个联合体,受到恒常不变的规律的决定,物体的自然除非在"神的非凡帮助"之下,也就是说除非由于奇迹,否则永远不可能偏离那些恒常不变的规律——但奇迹是绝无可被证明的必然性的。这样被给出的关于自然的表述是通过某种向极限的过渡得出的：

> 若我们如此类推以至于无穷,我们就可以很容易设想自然整体就是一个个体,而其各部分(即所有物体)虽以无限样式(modis infinitis)变化,却不会对这个整个个体有所改变。

斯宾诺莎在这里要表达的意思是,物体的自然虽包含着不可穷尽的多样的受决定效果，但却总是保持着同一的形式，也就是说物体性自然总是受恒定不变的规律支配的，既排除了一切非凡的干预，也排除了一切目的性。在标号为第64封的致席勒的信中，斯宾诺莎已经提到了这种普遍决定的效果，即"万有的全貌（faciès totius universi）"。

然而很多评论者却试图在这段文字中寻找关于斯宾诺莎学说体系的活力论、有机论阐释的证据：果鲁特本人在谈论"没有亚里士多德的亚里士多德主义"时，显然就具有这样的意图。但我们必须承认，斯宾诺莎文本的困难之处就在这个地方：斯宾诺莎对无限间接样式给出过基本的定义（其基本定义是我们的出发点），因而也已经把由有限样式总体相加得出无限间接样式的可能性完全排除了；但是，无限间接样式本身只有在把个别的事物整合为一个既是个体的又是总体的统一性之中的过程之终点才能得以显现，就此而言，无限间接样式的那个基本定义似乎被颠倒了过来。这种颠倒的肯定性效果是显而易见的：无限间接样式恰恰处在两个相反的运动——无限的事物的运动和有限的事物的运动——的会合之处，就此而言，无限间接样式正是这两个运动的会合的理想场所。但这也产生了否定性的效果：就在这种交汇达成的同时，决定论的普遍原则——这一原则摒弃了所有的目的论幻觉——即便不是消失了，至少是就其运用而言受到了极大的削弱；这种交会不仅会促成这样一种观点，即，自然既被视为一个单一的个体，则此自然作为一整体就具有内在的逻辑，这个整体因而具有内在的目的性，这是一种比支持在某种超越性的东西中寻求解释的观点更为危险的观点。

让我们再回过头来看一下《伦理学》第二部分命题十三引理

七的附释。斯宾诺莎在那里先从最简单的物体出发(由于斯宾诺莎拒绝任何形式的微粒哲学,因而他所说的最简单的物体并不是个体),进到复合的物体,最后再进到被思考为所有物体的集合的全部自然,这个全部的自然本身被当作一个整体,斯宾诺莎因此给人留下了从整体之构成元素出发逐步地建构出整体的印象。但是这种印象显然是错误的,因为这样的建构根本是不可能的。这种建构的活动显然要一直持续直至达成[第一部分]命题二十八所说的有限样式连锁序列的终点;但如那则命题"以此类推以至于无穷"这一提法所示,这个连锁序列是没有终点的。因此,这种建构是不可能在有限样式的层面上真正完成的,因为绝无可能从有限的事物中总结出无限的事物,这是我们已经证明过的。

但这还不是全部:这样的过程不仅不可能达到终点,而且甚至根本就没有真正的开端。这是由"最简单的物体"的特性所推知的,在这篇物理学纲要当中,自然的共同顺序就是从"最简单的物体"的特性推理而来的。事实上,"最简单的物体"并非由对物体的自然或广延加以分析所得出的基本物质元素。斯宾诺莎不承认作为绝对简单的物体或广延的不可分部分的原子,因为"假定物体性实体由诸物体或诸部分组成之荒谬不通,实不亚于假定立体由平面所组成、平面由直线所组成,以及直线由点所组成"①:在这里,我们发现了同样的推理,即,不可能从有限的事物出发建构无限的事物,也不可能在无限的运动中生产有限的事物。

因而自然当中所包含的全部都只是复合的物体或者说个体,因为凡是有限样式都是由无限的原因序列所决定的;这就是说,

---

① 《伦理学》,第一部分命题十五附释。

每一个有限的决定也都是无限的,既是就其内在原因的无限力量而言是无限的,也是就其无限多的传递性的原因而言是无限的。例如《伦理学》第二部分公理四就表现了这一点:"我们感觉到物体以许多方式被促动而应变致动",此则公理被第三部分命题五十一证明所引用,那则证明指出:"人的身体会以多种式样受外部物体的促动"。斯宾诺莎认为这种性状适用于所有"物体",极言之,适用于所有"事物"。"有着被决定的特定理据的事物(certa et determinata ratione)"——在斯宾诺莎的话语当中,这种事物就等于所有以有限形式存有着的事物——这一提法不表示元素性的、单一的决定的观念,仿佛这种决定是可以被孤立出来的似的,而表示的是复杂决定的观念,这种复杂决定包含着无限多的决定:

> 假如自然界中有一事物与别的事物绝无交涉或关联,则它的客观本质——完全与它的形式本质符合的客观本质——将与任何别的观念无丝毫交涉或关联,换言之,我们将不能从它作出任何推论。反之,凡是与别的事物有关系的东西——因为自然万物没有不是互相关联的——都是可以认识的,而这些事物的客观本质之间也都具有同样的关联,换言之,我们可以从它们推出别的观念,而这些观念又与另一些观念有关联。①

与所有"事物"一样,观念的链条也是无穷无尽的;但是,正如我们前面已经指出过的那样,在斯宾诺莎看来既没有最初的观

---

① 《理智改进论》,第41节。

念,也没有最后的观念,观念无始无终地已然存在,从来就存在于那里,处在它们的原因性的无限顺序中,这个原因性无限顺序把所有的观念相互串联起来,从而使它们不可能本身是自足的;充分的观念并非一种简单的观念,不是某种可以在基本和孤立的直觉中呈现的理智的原子;有限理性恰恰是通过在它自身之中起作用的无限的事物来进行认识的,因此有限理性是以绝对的方式进行着毫无形式上的局限的认识的。必须要说的是,这一点也适用于所有有限的事物,所有有限的事物不是凭借它们自身而存有的,就仿佛它们的存有是可以从它们的本质中直接推出似的;相反,所有有限的事物是根据它们所属的本质而在它们的共在之中存有的。

正是由于这一原因,我们必须要说——这初听上去确乎令人惊讶——"最简单的物体"实际上并不是简单的物体,甚至可以说,每一个实际的事物都不可能被还原为种种孤立的元素:凡存有着的皆是复杂的事物。根据斯宾诺莎的定义,最简单的物体是"借由动静快慢而有所区别的东西"①:这就是说,它们仅仅就是在"动静快慢"这方面而被思考的(排除了其他方面的思考的)东西。最简单的物体因而是抽象的产物,是推理中的存在物,我们借这种推理才能够建构关于现实性的论述,它并不是以可以被孤立出来的形式在其自身之中存有的:在这个意义上说,果鲁特合理地区分了从最简单的物体出发的抽象物理学和从复合的物体出发的具体物理学,后者是以实际存有着的个体为对象的。② 这

---

① 《伦理学》,第二部分命题十三引理公理二。
② 马夏尔·果鲁特:《斯宾诺莎:论心灵》,第156页。

样一来,我们前面提到的《理智改进论》作出的那个提示的意义就完全清楚了,根据那个提示对个别事物的认识取决于对固定的和永恒的事物的认识:

> 这些固定的和永恒的事物,虽具有个别性,但因为它们无所不在,并具有弥漫一切的力量,在我们看来,它们既是变灭无常的个别事物的定义或共相,而且也是万物的最近因。①

自然当中并没有最简单的物体,但最简单的物体却能令我们认识自然,因为它们固定了那些本质性的性状:最简单的物体并不是复合的物体赖以被建构起来的元素性决定,也不是将可理解性的模型加之于现实性、使其自身在现实性之中最终得到实现的理念形式;但是,最简单的物体是自然中的普遍范畴,有着无限的力量,只有通过最简单的物体才可能把握自然中的东西,也就是说才可能在自然无穷无尽多样的形式中把握那永恒的东西。

传递性原因的连锁序列或 ordo et connexio rerum(事物的顺序和联系)是不可能化简为任何单一形式或单一原理的:传递性原因的连锁序列或 ordo et connexio rerum(事物的顺序和联系)是总体地被决定的,因而也是没有终结的,这一连锁序列是无限的事物在有限的事物中的实现,有着序列集合的形式,这个序列集合无始无终,是一个不可被总体化的总体,是一个既不能由其元素而被理知,也不能从其整全形式出发被推出的集合。

---

① 《理智改进论》,第 101 节。

正是由于这一原因,关于物体的自然是一个个体或是一个整体的表述必定只有极具局限性的意义。这种表述本身就是一种抽象,它所考虑的是被永恒规律绝对地决定为自然的统一性,其中没有任何东西能摆脱那些永恒的规律。但是,"最简单的物体"这个概念虽然难免会给人造成微小的东西的印象,但是我们千万要留意,切不可把"最简单的物体"具体化地理解为实际存有的个别现实性。就其本身而论,自然当然不是一个整体,即便自然确乎是单一的,而且是受永恒原则支配的诸决定的集合。

当斯宾诺莎写道"设想自然整体就是一个个体,而其各部分(即所有物体)虽以无限样式变化,却不会对这个整个个体有所改变"①的时候,他的意思根本不是说,自然作为一种固定的、不变的、不动的形式(就仿佛是柏拉图主义的理式似的)总是同其自身保持同一,否则它的无限性就是成问题的了。相反,斯宾诺莎在这里所想要表达的观点恰与伊壁鸠鲁在其《致赫罗多德的信》中所表达的观点完全一样,伊壁鸠鲁在那封信中说:"这个整体(to pan)过去一向就和现在一样,将来也永远如此。因为它不能变成任何另外的东西,因为在这个整体之外没有任何东西会穿入这个整体,引起它的变化。"(第39节)自然所构成的这个"整体"就是一切存有的东西的整体,在这个整体之外的任何东西都是不可思议的:就它不可被化约为它本身的序列之外的别的东西而言,就它是自在地充分的,并且只规定着属于它的现实性的每一个事物而言,它自在地不变之说才是可理解的。这种"整体性"——唯一的且无界的整体所具有的整体性——绝不能被简化为诸多决定

---

① 《伦理学》,第二部分命题十三引理七附释。

在单一和统一的存在者的构成中井然有序地组成的一种体系,就好像是斯多葛学说中的宇宙那般。德勒兹针对伊壁鸠鲁的分析也可以用到斯宾诺莎身上:

> 作为多样性产物的自然只可能是一个无限的总和,也就是说这种总和不可能总体化它自身的元素。没有任何办法能够一下子包举自然的所有元素,使我们能加成一个单一的世界或总体的宇宙。Phusis① 不是唯一者、(大写)存在或整全的决定。自然不是集合的,而是分布的;自然的规律分布在自然的不可总体化的部分之中。②

为了使斯宾诺莎和伊壁鸠鲁的这种相近性意义更加明确,我们只需作这样的说明:对自然的全部元素在它们的内涵性的无限性中得到全盘的理解或把握,对斯宾诺莎来说并非绝无可能,这种可能性就只存在于着眼于永恒的视角之中,或者说,就只存在于第三种知识之中。斯宾诺莎所排除的是这样一种可能性,即,这种知识可以由这样一种组合积累得出,这种组合积累从其内部的某种渐进逻辑出发按照收敛级数的规律把所有有限的事物加成一个总体。斯宾诺莎反对莱布尼茨,正如伊壁鸠鲁主义反对斯多葛主义一样。

因此,说自然永远是同一的并不是说自然是按照使它构成为

---

① "自然"的希腊语的拉丁写法。——译注
② 吉尔·德勒兹:《意义的逻辑》(Logique du sens),第 308 页。

四、所有决定都是否定 225

一种总体性的某种形式法则被秩序化了的,而是说自然可以全部由它的那些决定的序列来充分说明,而绝不需要包含任何外部的干预,恰恰只有目的论的偏见才会诉诸那些自然之外的干预。斯宾诺莎在《伦理学》第三部分引言当中谈到了与此相同的观点:

> 自然中发生的一切,没有什么是可能归因于自然的无效的:因为自然始终保持如一,而且其能力/德性(vertu)与其动作的力量处处同一。换言之,所有事物由其所成并因而从一些形式变化到另一些形式的自然的法则和规则也是永远且到处同一的。因此,理解一切事物的自然/性质只有一种方式,也就是通过自然的普遍法则和规则。

在这里,斯宾诺莎反驳了那些试图将人的性质置于自然共同顺序之外、"把自然中的人设想得像是一个国中之国"的神秘主义者,在那些神秘主义者看来,个体的人是一个自由主体,他仿佛能够凭借他的非凡行动和他首倡的选择而改变自然的必然性,从而改进或败坏自然的必然性似的。但对斯宾诺莎来说,他想要做的就是"考察人类的行动和欲望",就如同他"考察线、面和体积一样"(同上),人类主体并没有可以使他跳出或违逆自然顺序的特殊之处。

但我们还要再进一步地指出:没有任何主体能违逆自然而将它自身的意图形式强加给自然。《伦理学》第一部分命题十八指出,神"是所有事物的内在原因,而非传递性的原因",神不是作为使现实性服从于它的心意、目的的某种外部力量而使其自身介入到现实性之中的：神的行动是严格原因性的，它通过它的行动——以既不限制它自身的本质也不妨害它自身的本质而是显然符合于它自身的本质的被决定的方式——在它的所有应变致动的效果（分殊）中表现着它自身的本质必然性。奇迹只存在于那些想要相信奇迹的人的不安的头脑中，因为他们的身体需要奇迹，他们在这种幻觉中发现了自由的承诺："他们认为自然循常规顺序运行的时候，神是不行动的；相反，当神行动的时候，自然的力量和自然原因则不起作用。这是因为，他只有悬置事物的自然原因并想象自然的顺序之外的原因，才会有理由崇拜神，并把一切事物都与神的力量和意志联系在一起；只有当认为自然的力量受制于神的力量的时候，才会崇拜神的力量。"①难题并不在于像笛卡尔建议我们做的那样，把神置于自然之中，犹如王国中的国王，惊叹于神的力量并通过崇拜它的方式去服从它；相反，难题在于认识这种力量，也就是说理解这种力量的内在规律，唯有这种认识才会使我们通向对神的理智之爱，对神的理智之爱才是智慧者所能要求的自由的唯一形式。

正是由于这一原因，要根据自然的连锁序列的必然性去解释自然，就务必先要不使自然从属于任何主体的首创性，仿佛这种主体虽厕身于自然之中、被整合在自然本身之中却能够将某种整体的确定形式强加给自然似的。我们稍后还会对这个问题进行说明，但在这里我没有立即指出的是，关于内在目的的幻觉，其危险性不亚于那些关于外在目的的幻觉；这两类幻觉是相同的，它们都是由关于幻想性的独立主体的外在性投射出来的，并围绕着

---

① 《神学政治论》，第六章。

幻想性的独立主体的外在性,这两类幻觉因而也都幻想某个独立主体具有基于出于它自身目的的理式的内在特性:

> 至于说到那些不理解事物的自然/性质而满足于想象事物的人,他们就事物作不出任何肯定,把想象当作理智,结果他们坚信万物有序,同时却停留在对事物和他们自己的自然/性质的无知之中。实际上,事物被以这种方式整理归序,即,它们经由我们的感官被表述给我们,这样我们就能轻易地想象它们,继而,我们也能轻易地记忆它们,于是我们就说,它们是井然有序的,否则我们就说它们是秩序不佳的或处于混乱状态的。因为我们易于想象的那些事物特别容易让我们产生偏爱,结果就是人(人们)偏爱有序胜于混乱,就好像有序是自然中来自我们想象之外的某种东西似的。①

有序和无序之类的概念对自然的本质而言都是不充分的概念,因为在自然之中,既没有秩序,也没有无序。

于是我们就能看到自然的统一性这个观念意味着什么,以及它所排除的是什么。这个观念首先表明了自然的唯一性,自然根据在所有属性中都同一的原因性连锁序列包含了属于它的种类的所有事物。与此同时,自然的统一性这个观念也表明了神通过其本质的内在必然性在自然之中而非在自然之上施出其动作。最后,这个观念排除了关于内在统一体的表述,或者说关于自然

---

① 《伦理学》,第一部分附录。

的秩序的表述,这类表述仅仅是方便推理的手段,但这种方便手段也势必在某种虚构之中为自然的真正无限性设定了边界从而使之变成不可理解的。

由此我们可以推知无限的事物和有限的事物的绝对同一性:这两种事物并非只能在其间建立起某种对应或服从关系的两套独立的顺序;我们只能说,无限的事物和有限的事物相互依存,一灭俱灭,只有在想象的抽象视角之下,两者才能够被分离开来。就这一点来说,黑格尔对决定这个概念的解释倾向于孤立地看待实体的应变致动的效果(分殊),在实体的永恒本质的光照之下,实体的应变致动的效果(分殊)仿佛仅仅是一些虚构的存有,因此,黑格尔对决定这个概念的解释是站不住脚的。

没有对立,只有差异

斯宾诺莎在哲学中的特殊位置尤其表现在对传统的"逻辑"形式的排除或破坏上。他在他的体系中对矛盾律作出了某种反常的使用。这种反常的使用是否与黑格尔主义的逻辑学(黑格尔主义的逻辑学正是为了反对矛盾律而被建立起来的)有着一致的方向呢?要回答这个问题并非易事,因为在黑格尔哲学中,逻辑是其理论的关键,它的全部内涵都是由此关键发展而来的;但是在斯宾诺莎那里,"逻辑"即便具有相关性,但也是一直处于隐含状态的:斯宾诺莎的"逻辑学"是被实际运用的逻辑学,与构成了这种逻辑的可见形式的那些单个证明不可分解地混合在一起。但我们还是要试着对这种逻辑学作出说明,至少是对这种逻辑学的某些效果作出说明。

为了进行这种说明,我们要借助于笛卡尔,笛卡尔给予了我们某种极具启发性的比较角度:笛卡尔与雷吉乌什的通信和论战涉及了一个证明的论题,即"diversa sed non opposita(没有对立,只有差异)",许多评论者也经常指出这个论题也是适用于斯宾诺莎的。雷吉乌什是一名医生,自 1638 年以来,他一直在乌得勒支大学教授笛卡尔主义生理学原理这门极具争议的课程。人们很快发现雷吉乌什是在以一种片面的和似是而非的方式阐释这些原理,歪曲了这些原理的意义;正是由于这一原因,笛卡尔主动站出来辩明自己的学说与他的这位不合格的门徒的学说是不同的。雷吉乌什的错误是毫无谨慎态度地就精妙、危险且复杂的形而上学问题提出自己的看法,与此同时,还抛出了一些笛卡尔完全不能接受的鲁莽提法。

在 1645 年 7 月的一封信中,笛卡尔总结了雷吉乌什的错误:

> 首先,你在认为心灵是与身体相区别的一种实体的时候,你写道人是一种偶然的存在者,但是,你随后又指出心灵和身体在同一个人那里密切地结合在一起,在这个时候,你就把前者仅仅当成了身体的一种样式。这后一种错误,要比前一种错误更为糟糕。①

雷吉乌什的鲁莽解释之所以特别不可容忍,就是由于它们触及了笛卡尔学说中的一个特殊的难点,即心灵与身体的统一的理论。在与伊丽莎白的通信中,笛卡尔本人承认了这个理论的矛

---

① 《笛卡尔哲学全集》(*Œuvres philosophiques*, Garnier),卷三,第 583 页。

盾,此理论既肯定了心灵与身体之间的区别(这一区别与思想实体和广延实体之间的区别有关),也肯定了心灵与身体在人的自然/性质之中的实体性结合:

> 在我看来,人的头脑没有能力很好地在设想心灵与身体之间的区别的同时,设想二者之间的结合;因为要做到这一点,就必须将心灵和身体设想为既是同一个事物,又是两个事物,而这是矛盾的。①

雷吉乌什先后创造出的学说似乎表明了他想要摆脱这种矛盾的愿望,他的这两种学说分别保留了矛盾中的两个项,以此方式来解决这个矛盾:雷吉乌什先是坚持心灵和身体的区别,在此基础上把人的自然/性质解释为偶然的和复合的,因为人的自然/性质是由这两种截然不同的自然/性质叠加而成的;正如笛卡尔本人所总结的那样,雷吉乌什后来收回了这个异端的观点(这个观点很可能有贝拉基主义之嫌),而又采纳了与前一种学说相反的学说,拒绝承认心灵有着与身体的自然/性质不同的另一种自然/性质,而是认为心灵的自然/性质是身体的自然/性质的一种表达;但是他又陷入了一种在笛卡尔看来比前一种错误严重得多的错误之中,结果成了是在宣扬唯物主义。

这场论战之所以令我们感兴趣,是因为它已把矛盾难题引入了实践领域,并以相当特殊的方式清楚地表现了矛盾难题。这个问题在笛卡尔与雷吉乌什的通信中出现得相当早:

---

① 1643年6月28日致伊丽莎白的信,《笛卡尔哲学全集》,卷三,第46页。

您承认思想是实体的绝不包含任何广延的一个属性,广延相反是实体的绝不包含任何思想的一个属性,因此您必定会承认思想的实体与广延的实体是相区别的;我们只能分别对两种实体作独立的理解,借由此唯一的办法,我们只能认识到一种实体与另一种实体是不同的;事实上,神能够做成我们能够明白理解的一切事情;如果有另外一些事情,被说成是神不能做到的,这只是因为这些事情在我们对它们的观念中包含着矛盾,也就是说,它们是我们所不能理解的。是故,我们就能清楚地理解——正如您承认的那样——思想的实体不是广延的实体,广延的实体也不是思想的实体;然而,神也能够并且可以把这些实体联系和结合在一起,神不可能失掉它无所不能的力量,但也不会剥夺它自己把这些实体分开的权能,因此这些实体总是保持着区别的。①

我们必须在细节上留意笛卡尔的这则推理。我们清楚地理解,作为两个区别的实体,思想不包含广延,广延亦不包含思想。事实上,借由广延去界定思想意味着矛盾,反之亦然。但这个观念之所以能够被我们的头脑明白地接受,是因为我们有神愿意使之为我们明白地接受的证据;而且因为这一证据彻底排除了欺骗我们的可能性,这个观念必定是与实际的内容相一致的。故此,广延和思想确乎是两个不同的实体。矛盾律因而在这里起着我

---

① 1642年10月6日致雷吉乌什的信,《笛卡尔哲学全集》,卷二,第934页。

们理智的极限标准的作用。但是我们必须小心谨慎，切不可把这个矛盾律运用于我们狭隘的理智范围之外，因为这个矛盾律的性质是有限的。由于神的力量的全能性是无限的，所以，虽说神做成我们所能理解的事物是绝对必然的，但神也完全可以做成我们所不能理解的事物。因而，神"能够并且可以把这些实体联系和结合在一起"也是完全可能的，不过，神的这种新工作对我们来说构成了一种机理莫测的神秘。我们的自然/性质所见证的心灵与身体的统一显然就是这种神秘：这种统一是我所不能理解的，因为这一观念对我来说意味着矛盾，尽管此矛盾不会使这一统一成为不可能——因为在神之中，没有任何东西是先验地不可能的，既然神的力量就神的定义而言是无界限的。神把这些实体结合在一起，它在这样做的时候，就是想要使这些实体不再是我们所理解的样子，也就是说不再是相互区别的和不同的实体——这就是我所能肯定的一切。

因此，矛盾律是我们人所具有的全部观念的客观和绝对的标准；但却不是处在我们认识能力之外的事物的标准。这也就是说，神的逻辑包含并担保了人的逻辑，但却不等于人的逻辑，甚至还无限地超过人的逻辑。

> 神可以使三角形的三个内角之和等于两直角之和非真，神使之为真和神使之非真对神来说皆出于其自由，而且这一点为真或非真对神来说都是一样的，但对此作出设想则是困难的，或者一般而言，设想矛盾的事物皆为真是困难的，但是考虑到神所能具有的力量是无界限的，这一困难也就会被消除掉了。况且我们也可以

考虑这样一点,即,我们的心灵是有限的,我们的心灵由于是这样被创造的,所以它只能把神想使之真的可能的事物设想为可能的,而不可能把神不想使之成为可能而只想使之成为不可能的那些事物设想为可能的。第一个考虑使我们理解神不可能受决定而使矛盾相互兼容为真,因而不可能真的做矛盾的事情;另一个考虑则向我们保证了,即便神的无矛盾为真,也是非我们所能理解的,我们就不该对之妄加理解。①

这些辩词(它们将使莱布尼茨感到十分震惊)以非常典型的方式将自由意志归于神,神像一个君主那样支配着它所想要的观念和事物:斯宾诺莎明确批驳了这种关于神的自然/性质的观点,与斯宾诺莎本人所宣称的相背,这种观点是从我们的性质/自然出发,通过某种处于流溢论关系之中的投射,对神的性质/自然所作的想象。因此在笛卡尔看来,神并非形式性地而是以流溢的方式在其自身之中灌注着矛盾律:矛盾律本身是神的行动的结果,而并非控制着这种行动并为之划定范围的一种内在原理。在这里,笛卡尔在思考绝对之物的时候,便把理性原理的实际性加以悬置,这不正是采取了黑格尔的立场吗?在这里,这种悬置确乎具有使无限的事物变得完全不可理解的作用,并且进一步标示出了我们的有限理性是无法获得关于绝对之物的知识或绝对知识的。

以上这段前情提要是非常必要的,只有了解这段前情,我们

---

① 1644年5月2日致梅斯兰的信,《笛卡尔哲学全集》,卷三,第74页。

才能理解笛卡尔 1647 年在《对论纲的评论》("Notae in Programma quoddam")一文中公开反对雷吉乌什时提出的论证背后潜藏的东西。当时，笛卡尔对雷吉乌什对他学说的某种"宣传"已经无法容忍。雷吉乌什曾特别写道：

> 至于说事物的自然/性质，归根到底没有任何东西能够阻止精神既是一种实体，又是物体实体的特定的样式；某些新哲学家也说过，思想和广延就像是在它们的主体中固有的东西一样，是特定实体中固有的属性，因为这些属性并不是相互对立的，而只是差异的（non opposita sed diversa），若按照他们的这种说法，我们就没有理由认为精神或思想是不可能与广延共存于同一个主体之内的属性，尽管一种属性的概念不可能被包含在另一个属性的概念之中；它们的理据即凡是我们可以设想的东西，也都是可以存在的东西。既然人的心灵是可以被设想的，那么人的心灵可以是上述事物中的任何一种且不会有任何矛盾。因此，人的心灵可以是这些事物中的任何一种。故此认为我们清楚而明白地把人的心灵设想为由于必然性而实际与身体相区别的东西的人是错误的。①

这段文字充分显示了雷吉乌什的典型方法，即他总是试图通过利用笛卡尔的原则来证明笛卡尔所正确地排除的结论：雷吉乌

---

① 克莱瑟利耶（Clerselier）译，《笛卡尔哲学全集》，卷三，第 789 页。

什坚持与笛卡尔不同的立场虽不无道理,但他试图用笛卡尔的证据来支持他自己的立场的做法却是错误的,这种做法使他的推理看上去像是一种模棱两可的妥协。

雷吉乌什的"证明"意在确证不同的属性可以毫无矛盾地属于同一主体,从而证明精神和身体也可以属于同一实体:在这里我们就离开斯宾诺莎太远了,这不仅是因为斯宾诺莎坚持思想和广延之间的真实区别,而且最重要的是因为斯宾诺莎拒绝那种从语法角度理解属性的观点,在那种观点看来属性与它们的实体之间的关系可以被化约为主词-谓词类型的关系。我们将会看到笛卡尔向雷吉乌什提出的反驳比它直接针对的目标范围更广:从这个意义上说,笛卡尔对雷吉乌什的反驳很好地展示了将要被斯宾诺莎打破的一种推理方式。

在笛卡尔看来,雷吉乌什所犯的第一个错误在于混淆了属性概念和样式概念:因为当"新哲学家们"——也就是说笛卡尔本人——将思想界定为非物体的实体属性,而将广延界定为物体实体属性时,他们是在用"属性"这个词来表示"永恒不变的且与其主词之本质不可分离的事物",比如,实体具有凭借其自身而存有的属性;因此,这种事物不是样式,也就是说,在笛卡尔看来,属性这种事物不是存在的变化方式,样式相反则可以在不改变它所属的事物的本质的情况下发生变化:就其自身而论的广延本身不会因它所呈现的各异的形式(球形,方形等)而发生改变,同样的道理也适用于思想。这一点既然得到了证明,那么,"没有对立,只有差异(non opposita sed diversa)"的原理即便是可以接受的,这一原理也不能适用于诸属性:实体与其自身的同一性也为它的诸属性所贯彻,诸属性因而是永恒不变的,这也就完全排除了诸属性

"差异"的可能性,因为这一可能性只会在诸属性所依赖的实体中引入变化的原则。

但是雷吉乌什所依赖的"没有对立,只有差异(non opposita sed diversa)"这一原理本身毕竟是不可接受的。笛卡尔作出的反驳可能会使我们感到惊讶,因为他的这个反驳的基础恰恰在于对矛盾律的重提。但是我们刚才已经看到,笛卡尔曾质疑矛盾律的普遍性,断言说矛盾律并不适用于直接表现着神的无限完满性的所有事物,所有这些事物都超出了我们的有限理智;但是即便矛盾律的普遍性在对我们而言永远是不可理解的、超出了我们的认识能力的所有事物上都受到动摇,对于所有仍在自然之光/天赋理智范围内的人来说,矛盾律仍然是无懈可击的,而正如我们所看到的那样,矛盾律仍旧构成了客观真理的标准。因此,雷吉乌什的推理由于其本身是矛盾的,所以是错误的:

> 他补充说"诸属性不是对立的,只是差异的"。这句话里还是有矛盾的:因为,当问题涉及构成了若干实体之本质的属性的时候,诸属性之间的差异无非就是它们之间的对立。当他承认一种属性与另一种属性不同时,他说的不过就是一种属性不是另一种属性。是与不是即对立。[……]就构成了事物的自然/性质的诸属性的种类而言,绝不可能说诸属性是差异的,一种属性的概念绝不可能包含在另一种属性的概念之中,诸属性不可能共存于同一个主体之中:因为那样就好比说一个主体有着两个不同的性质;这样就会包含一个明显的矛盾,至少在这里是如此,因为在这里主体是一个单纯主体,

而非复合主体。①

在思考单纯的而非复合的实体的情况(人的自然/性质——心灵与身体的统———就是这种情况)时,认为相互区别的属性处在同一个主体之中,这两种属性在这个主体中又显然作为不可兼容或相互排除的"自然/性质"相互对立,这显然是荒谬不通的。因此,就应该反过来思考,也就是说有必要从相互区别的属性的差异性推出这些属性依存于相互区别的实体的差异性:这些实体不能相互化约,就像两个相互区别的语法陈述的主词,仅就这两个实体只可能是相互外在的而言,才可以说它们"diversa sed non opposita(只有差异,没有对立)"而不致引起任何矛盾。

斯宾诺莎关于包括思想和广延在内的诸属性的观点无疑与雷吉乌什的初级和混乱的唯物主义毫无关系;但是斯宾诺莎的属性观毕竟也在笛卡尔的反驳范围之内;这不是因为斯宾诺莎的属性观排除了思想和广延之间的真实区别,而是因为这一观点根本拒绝从[属性的]这种区别推论实体的区别。正如我们已经指出过的,对斯宾诺莎来说,实体统一性就其本质而言有着实际的无限性,诸属性的无限多样性就是实体统一性的这种实际无限性的方面之一,无限多样的无限多个属性分别在它们各自的种类之中同等且无任何对立地表现着实体的统一性。这就是说,实体——按照斯宾诺莎的设想——已经蜕掉了笛卡尔哲学所坚持的那种主词功能,也正是由于这一原因,实体在其内在自然/性质中不受传统逻辑中的矛盾律的决定,传统逻辑中的矛盾律也是无力决定

---

① 《对论纲的评论》,《笛卡尔哲学全集》,卷三,第798页。

这种实体的。在这里斯宾诺莎以他自己的方式与笛卡尔站在了一起：矛盾律并不能使我们把握一切与绝对的事物有关的东西。但是无论是斯宾诺莎，还是笛卡尔，他们也都认为，这种无能为力并不意味着，由于指导着有限理性的原理并不适用于绝对的事物，所以绝对的事物必定是我们永远不能理解的；这种无能为力相反意味着，真原因的理据性（真原因的这种理据性与一个唯一的神的"不可参透的目的"毫无关系）是不能化约为逻辑的形式性原理的，真原因的理据性反而揭穿了逻辑的形式性原理的不可靠性；对斯宾诺莎来说，一切普遍概括性的东西都是想象性的东西。

正是在这里，我们发现我们离黑格尔是那么近又是那么远：离他非常近，是因为我们也对笛卡尔仍旧痴迷的抽象理性标准（正是由于这一原因，笛卡尔虽然也在自己的哲学中承认无限的事物这个观念，但却否定了可以对之形成任何知识的可能性）有这样一种怀疑的态度；离他非常远，这是因为黑格尔还在利用矛盾律在为真的事物和为假的事物之间设定了自治且严格的分离，这种关于矛盾的思想恰恰是被斯宾诺莎丢出哲学的东西，斯宾诺莎在此之前就已经丢弃了那种关于否定性的东西的合理性的黑格尔主义观点，随之一起丢弃的或许还有辩证法的可能性。

因此，斯宾诺莎以一种非常引人注目的方式揭示了黑格尔主义与古典理性的惊人勾连，黑格尔主义仍旧一直保留着古典理性的一个前提：它是这样一个观念，即，矛盾是一种只能在主体之中或为了主体才能够被理解和扬弃的关系。实际上，在笛卡尔那里，矛盾律之所以能够运用于实体并揭示其理据性，就是由于笛卡尔将实体等同于命题的主词所致。在黑格尔那里，绝对的事物则被阐释为这样一种主体,此主体在一种穷尽性话语中不断返回其自身,这样,此主体就可以在它自身内展开它所能够展开的全部矛盾,并通过这些矛盾引导精神达到其实际的完满性。在这两种情况中,通向真理的方法都隶属于主词/主体的矛盾的解决。

黑格尔反复说,斯宾诺莎是在一种非主体的实体概念中思考绝对的事物的哲学家。正是由于这一原因,斯宾诺莎所说的实体既不受有限理性的限制(笛卡尔相反被有限理性的种种限制所拘束),也不受黑格尔所想象的渐进展开的模型的限制。斯宾诺莎的实体杜绝了在哲学中引入某种律法主体——作为永恒真理的创造者和担保者的神——的可能性,与此同时,也取消了逻辑主词的作用,那种逻辑主词总是充当着真命题的基础,担保着真命题的非矛盾性特征,并使真命题能够说明并因而能够解决在其自身之内所包含的一切矛盾。

个别本质

斯宾诺莎采取了与古典理性针锋相对的立场,斯宾诺莎通过对矛盾律作出反常、偏离或至少是不同的运用,批驳了古典理性。让我们对这一点作更进一步的解释。这一传统的逻辑原理是在《伦理学》第三部分中得到介绍的,它出现的位置和相关的提法都值得反思:

> 只要一事物能消灭另一事物,它们则相应地具有相背反的自然/性质;这就是说它们不能存在于同一主体

之中(in eodem subjecto esse)。①

这就是说,相互背反的事物也相互排斥,不可能共存,或如该命题证明所指出的那样,相互背反的事物不可能"彼此相合(inter se convenire)",从而一起构成同一个存在或同一个"主体"。

在这里又一次出现了斯宾诺莎与黑格尔之间的分歧:在后者看来,相互背反的事物完全可以在同一个主体内共存,而且正是相互背反的事物的这种统一性构成了主体本身的性质,因为这种主体的统一性是主体自身的展开的活生生的和自治的过程。斯宾诺莎由于从主体中驱逐了所有内在的否定性,因而他显然只是在承认自己没有能力思考主体辩证法,也就是说没有能力思考那种在主体本身之中、在它的主体之中寻找它的条件的辩证法:斯宾诺莎的实体立场即在于此。然而事情并不这么简单:我们能不能说斯宾诺莎所拒绝的是思考在一个主体之内的辩证法呢——这也是黑格尔显然会作出的拒绝?这里打开了一条新的思路,即便斯宾诺莎实际从来没有采取过这个思路:这个思路提出了实体辩证法——或唯物辩证法——的难题,这种辩证法并不预设自身借助某种必然性理念目的论而最终获致其初始条件中所设定的完满。这种辩证法是无法为黑格尔主义所思议的辩证法。

让我们回到《伦理学》第三部分:命题五是以一种绝对普遍的方式被陈述的,采用了归谬论证的该命题的证明仅参照了"自明的"前一命题并表明本则命题具有某种公理的特性,是某种形式性的原理,这种公理或形式性原理无关于任何特殊现实性,而是

---

① 《伦理学》,第三部分命题五。

对一切理性思想的普遍条件的陈述。因此命题五实质上有着某种逻辑学意义,并且能够等同于这样一个传统的陈述:"一个事物不可能同时既是它自身又是它的反面。"

然而,只有把这个命题放入其上下文中,我们才能完全确定其含义。斯宾诺莎在他的论证过程中为什么又要重提这个普遍概括的原理,且为之赋予命题的形式呢?《伦理学》第三部分命题四和命题五实质上都是公理,它们的作用是为conatus(努力)概念的陈述作铺垫,而conatus(努力)概念相反则完全是真实且确定的,接下来的两则命题即是对conatus(努力)概念的集中陈述:

> 凡是尽量在其自身之中"是"的任何事物,都会努力地使自己保持在它自己的"是其所是"之中(Unaquaeque res quantum in se est in suo esse perseverare conatur)。(命题六)

> 努力使其自身保持在它自己的"是其所是"之中的任何事物的这一努力不是别的,就是该事物的实际本质(Conatus quo unaquaeque res in suo esse perseverare conatur nihil est praeter ipsius rei actualem essentiam)。(命题七)

因此,个别或有限的事物——在个别或有限的事物中,神通过其任一属性以被决定的特定样式(certo et determinato modo)表现着它自身的力量——自然地倾向于保存其自身的存在,这一倾向表现着每个个别或有限的事物在其各自存在中所内禀的量

(quantum in se est)的全部,然而也构成了个别或有限的事物的本质:个别或有限的事物循着这种本质,并凭着由这一本质所促动起来的conatus(努力)而同任何可能消灭它的事物——或如命题六所说,任何可能压制它的存有(existentiam tollere)的事物——相对立。实际上,"若非由于外部原因,事物不可能被消灭"(命题四),这是因为同一个活动绝无可能在否定其本质的同时又肯定其本质。正是由于这一原因,每个事物按照它自身的实际本质总是倾向于无限期地保持在它自身的"是其所是"之中。

这种论证方式似乎又一次确证了黑格尔的阐释,因为黑格尔曾指出过,斯宾诺莎一直固守着"有限的否定性"、外部否定的古典概念,这种古典意义的"有限的否定性"、外部否定显然是以进行消灭或排除的方式来构成本质的,就此而言也是与向自身回归的否定性事物的工作或全部推论性毫不相关的:conatus(努力)是绝对肯定性的运动,在其中得到表现的是一种不受一切限制、摆脱一切排除的主动性和力量。然而如果我们仅止步于此,还是难以很好地理解这种现实性为什么要通过conatus(努力)来肯定它自身并且在趋势上要通过conatus(努力)去实现它自身。

此外,黑格尔的推理在另外一点上也遭到了质疑,因为,事物在倾向上赖以保持在它自身的"是其所是"之中的这种运动显然是事物的实际本质,或如斯宾诺莎自己在另外的地方所说,是事物的"个别本质",这种实际本质或"个别本质"使事物存在,但并非如实体能够做到的那样绝对地存在,而是以被决定的特定方式存在,作为实体——这里所说的实体是实体诸种类中的一种——特殊应变致动的效果(分殊)而存在。conatus(努力)这个概念因而直接与决定概念相关联,就此而言,conatus(努力)这个概念排除了任何内在否定性：每个事物既然是实体的一种应变致动的效果（分殊），因而也都与实体保持着内在关系，并因而被决定了它自身存在的内禀的量（quantum in se est），故此，每个事物都在倾向上反对一切可能会消灭它因而对它的现实性造成限制的东西。决定本身因而不可能是一种否定，相反只可能是一种确证性肯定，因此，黑格尔的论证（据此论证，斯宾诺莎仅通过匮乏来思考决定）是无效的，于是也就成了应予抛弃的论证。

因此在斯宾诺莎这里有一种关于决定的肯定性概念，此概念似乎对下面几则为该体系设定基础的初始定义提出了质疑：

> 能被有相同自然/性质的事物限界的事物，就被称为在其自类之中有限的。（第一部分定义二）

> 就样式，我理解为实体的种种应变致动的效果（分殊），或者是在别的事物中是其所是，凭借别的事物而被设想的东西。（第一部分定义五）

> [……]事物若受别的事物所决定而存有，并以被决定的特定理据工作，我就称它为必然的或毋宁说受限制的。（第一部分定义七）

> 至于由外在原因肇生的事物，无论包括的部分是多或少，它们的完满性或现实性全部依赖外在原因的力量，因为它们的存有也只得自于那外在原因的完满性，而非得自于它们自身的完满性。（第一部分命题十

一附释）

在以上所有的陈述当中,事物之被决定,并不是像《伦理学》第三部分所说是由事物的存在所内禀的量(quantum in se est)来决定的,相反是从外部被决定,是由既限定了该事物且因而造成该事物之存有的别的事物决定的,这些别的事物作为产生它们之外的效果的外部原因使该事物本身得以构成。这种推理是与第三部分的推理明显不同的：在这一推理中一个事物是由别的事物从外部决定的；在这种外在性中,非但不具有消灭该事物的条件,反而具有的是使该事物成为可能或必然地造成了该事物的条件。由这些定义可推出第一部分命题二十八,据此命题,任一个别事物都不可能凭它自身而存有,而是由另一个事物决定其存有,而那另一个事物的存有复为另一事物所决定,以此类推至于无穷,形成一个无限的连锁序列。

然而,关于决定概念的这两种解释——"外部"决定和"内部"决定的两种解释——只可能由这样一个直接明白的理由来说明：两种解释所说的被决定的东西不是一回事,或至少可以说,两种解释是从不同的视角看到的同一类事物所受的不同决定。第一种解释["内部"决定的解释]说明的是,每个有限的事物在其本质上都被决定着倾向于无限期地保持在它自身的"是其所是"之中；而第二种解释["外部"决定的解释]说明的则是,每个有限的事物在其存有上都被决定着受到限制着它的种种条件的制约。这恰恰就是个别的事物的特殊处境：特殊的事物都有它们的本质,它们的本质是它们内禀的东西,实体正是借由特殊的事物所内禀的本质而使其自身"以被决定的特定方式

(certo and determinato modo)"得到表现的,不过,从特殊的事物的外部来看,它们又是在一个无穷无尽的连锁序列中以整体地联系在一起的方式而存有的。因此,我们就可以理解,特殊的事物何以不同于实体本身,与实体本身不同,特殊的事物未必会进入存有,也就是说,特殊的事物的本质并不包含特殊的事物的存有:个别的事物之本质和个别的事物之存有是以不同的方式被决定的,它们的本质"在它们之中(in se)"被决定,而它们的存有则"在别的事物中(in alio)"被决定。正是由于这一原因,个别的事物不会在永恒性中存有,而只可能在外部关系的变动不居的运动中生灭,但是这绝不会改变它们的本质的永恒性,也就是说,这绝不会改变他们竭力保持在它们的"是其所是"之中的永恒趋势。

让我们回顾一下斯宾诺莎在他的那篇与蒙昧主义者的想象对话中用来充当遁辞的例子(《伦理学》第一部分附录)。有一个人在去朋友家的路上,适逢大风吹落屋顶瓦片砸中头部而死:此人的存有在若干外部情况的组合之下而被消灭,而若干外部情况的这种组合本身则是由诸多决定所构成的无休无止的连锁序列来说明的,所有这些决定都处在相互关系的外在性之中,而无任何内在联系。若就依他的自身本质——它自身的本质是使他这个人所内禀的存在成为可能的实际个别形式——而言(而非就由于他共属于人类而言),没有任何东西使他注定经历偶然地——在"偶然"一词强意义上说的"偶然地"——注定给他的一切,也就是说,没有任何东西使他注定经历非[他自身的本质所]先定、非他内禀的趋势使他所能经历的一切,因为任何出于他自身本质之外的偶然都是与他自身本质相悖的:非[他自身的本质所]先定、非他内禀的趋势使他所能经历的一切必然都是偶然的,因为所有那些情况需由诸多原因来说明,那些原因甚至是使偶然情况得到决定的原因的无限连锁序列,在这个连锁序列中没有任何内在统一性的条件可以把所有这些原因统合为一个内在展开的系统。或者说一个有始有终的完整系统。正是由于这一原因,用天意或目的论对这个事件作出的解释(这类解释在这个事件中探寻某种目的论原因,认为该事件背后有某种隐秘的内在意义)是完全不充分的;这种解释是不着边际的,因为它瞄准的是与它声称要解释的事件完全不同的东西;这种解释利用了情况的形势以及我们对这种情况的形势的全部条件的必然无知,并以此作为确立或加强迷信的借口。为基于恐惧的宗教张目的天意论的论点,其基础就是着眼于本质的视角与着眼于存有的视角之间的混淆。

让我们回到矛盾难题上来。什么是两个相背反的事物呢?这两个事物彼此消灭对方,因此不能彼此兼容,也就是说不能共存于一个主体之中(in eodem subjecto simul esse)。能共存于一个主体之中是什么意思呢?从字面的意义上说,是指共同存有,斯宾诺莎本人就使用了这个词:一个事物的存有为另一个事物的存有的消灭提供了外部条件,以此排除另一个事物的存有,因此这两个事物是相背反的。这导致了一个非常重要的结果:这里的矛盾律的相关陈述涉及的是存有而非本质,它所论及并为之担保了可能性的"主体"本身只是在存有的层面上而非在本质的层面上被决定的。矛盾仅仅只是存有之间的矛盾和对存有而言的矛盾,而非本质之间的矛盾和对本质而言的矛盾——难道不是这样吗?由此可推知,个别的事物——就它们以及它们各自的本质在其自身存在之中所内禀的量(quantum in se est)而论的个别的事物——不是作为主体被决定的,因为主体仅仅是"是[的种类]",在此一"是[的种类]"中共存着相互区别的存有,斯宾诺莎在别处把这些共存于某一"是"的种类中的相互区别的存有称为个体。主体这个概念若在我们把它与存有(而非本质)相联系的情况下则无任何理性意涵。

如果说斯宾诺莎的著作中有着某种主体理论的话,这种主体理论绝不可能表现为逻辑学的形式,而只可能表现为物理学形式,而且是在以存在者之间的共同存有形式为研究对象的物理学意义上的物理学。这种理论是在《伦理学》第二部分命题十三中得到阐述的:

> 当许多具相同或不同体积的物体为别的物体所压迫而紧结在一起时,或当许多物体具相同或不同速度在运动,因而依一定的比率彼此传递其运动时,则我们就可以说这些物体互相联合,而且总结起来便可以说是组成一个个别的物体或一个个别的个体,它和别的个体的区别,即在于它是多数物体所联合而成。

这个定义直接适用于物体,也就是说适用于广延所辖的受决定的现象;这个定义也间接地适用于发生在其他"是"的种类之中的受决定的现象的结合形式;由于这个原因,我们也可以利用这个定义来阐述关于个体的一种普遍概念。

什么是个体呢?是"物体的结合",性质上相合的元素的某种复合,这些元素性质上的相合不仅仅与它们的本质有关,因为所

215 有的物体在它们的本质上都是相合的①,而是就它们的存有是相合的而言的:它们"组成一个个别的物体或一个个别的个体",此个别的物体或个体由于若干数量的共同性状而区别于其他的个别的物体或个体。从这个定义可以立即看出,个体并非以绝对的方式存有,而是在形势中存有,或在某种视角之下所见的存有:

> 个别的事物,我理解为有限的且有着受决定的存有的事物。如果许多个体在动作中协同起来,以致它们的总体会成为某个效果的原因,那么,在这个范围内我将认它们的总体为一个个别事物。②

"在这个范围内":构成个体的统一性不是永恒的,而是取决于创造和破坏它的条件。

这种结合从何而来呢?来自一种内在集合原则吗——这种结合原则这样将可以使各种元素(各自依循着它们各自的"是"的种类的元素)构成一个个别的和全新的现实性?那些目的论者就是这么认为的,"当他们见到人体的组织结构,便大惊小怪,而且因为他们不知道这作品如此精美的原因,他们还推论它非以机械的方式造成,而是出自神或超自然的工艺,乃至于如此安排,不致各部分相互妨害"③,就好像各部分循着某种内在和谐原理互为补充似的。但是在广延中组成个体的那些个别物体之所以"紧结"

---

① 见《伦理学》,第二部分命题十三引理二。
② 《伦理学》,第二部分定义七。
③ 《伦理学》,第一部分附录。

在一起,乃是由于某种压迫所致,压迫必然是来自外部的,而绝非来自倾向于无期限地自我持存的本质的内在必然性。用果鲁特的一个提法来说,个体的起源可以用"来自环境的压力"来解释①,也就是说,可由诸决定的连锁序列来解释,这些决定相互联系,或者说以无内在理据的方式相互串联在一起:诸决定的这种暂时相遇呈现出了某种"紧结"的特殊形式。

个体或主体不是依凭其自身而在单一永恒存在者的不可化简的单纯性中存有的,而是由若干个别存在者的相遇组成的,这些个别存在者依据形势从它们各自的存有出发结成一个个体或主体,也就是说,它们在一个个体或主体中共同存有,但它们在这个个体或主体中的这种相互协调并不以它们本质层面的任何内在秩序的优先关系和统一性为前提条件,相反,这些个别存在者的本质仍保持同一,一如在它们未结成这种集合之前那样,无论它们是否结成这一集合,它们各自的本质都永远保持不变。

我们先就这类联合举个例子。我们刚才提到过目的论者经常把人身体当作是一个整体有机组织的模型,这一模型的完满性总是会让他们"大惊小怪"。斯宾诺莎正是靠着我们刚尝试过的这则关于个体的定义来解决这个难题的(命题十三):

> 组成人的身体的各部分属于人的身体的本质本身,只是因为它们会以特定的比率(certa ratione)彼此传递运动,而不是因为它们能被当成是若干与人的身体无关

---

① 马夏尔·果鲁特:《斯宾诺莎:论心灵》,第 166 页。

的个体,人的身体的各部分又能自人的身体分离出去。①

就像所有个体一样,人的身体是一种复合的存在物,就此而言,人的身体的组成部分可以用两种方式来思考:人的身体的组成元素共存于人体之中并且一起形成了一个整体的有机组织,这些元素又都是独立的个体,各是它们自身,分别存在于它们各自的完整性之中,又能自人的身体分离出去。斯宾诺莎在标号为第32封的致奥尔登堡的信中也进行了这种区分。只有想象才会在这两个方面之间发现某种同一性或趋同性:就好像每个部分是为了与其他所有别的组成部分形成一个和谐有序的整体那样使其自身内在地得以构成似的。这种目的论观点以虚构出某种单一的意图的方式抽象地概括了诸决定的无限连锁序列,而我们必须用一种完整原因性解释来替代这种目的论观点:这种完整原因性解释只考虑物体的外部关系,因而是完全机械论的解释。身体就其完整性而论是一个整体形式,这个整体形式不是从身体本身的本质角度而言的,而毋宁说是它的每个组成部分的外部联系使然,身体的每个组成部分的外部联系的传递性必然性是压迫所致的必然性,它使人的身体的各元素紧结在一起,直至环境条件发生变化使这些元素之间的关系发生改变为止:在那时,各元素的集合就会瓦解,各个部分就会以另外的方式组合起来。因此没有必要把人的身体的组织结构解释成神的超自然的工艺,那样一来,人的身体的组织结构的原因就会被以"如此安排,不致各部分相互妨害"而是相互适应为托词而成为神秘的东西:这种和谐的

---

① 《伦理学》,第二部分命题二十四证明。

理据不能在那种认为个别本质倾向于辐辏聚拢于单一本质（一个理念性的自然）之中的幽暗莫测的先定性当中去寻找，而须在受强制压迫而暂时形成联合的决定的传递性关系中去寻找。

值得注意的是，在我们刚才评论的文本中，斯宾诺莎本人说人的身体的各部分（不考虑它们共存于同一个个体内的协同性而论的人的身体的各部分）都是"个体"：

> 人的身体由极多不同自然/性质而又高度复合的个体组成。①

> （根据公设一）人的身体的各部分是高度复合的个体，而其各部分（根据引理四）又能自人的身体分离出去，并以另一种比率传递其运动（见引理三后公理一），可是即使如此，人的身体却还能完全保存其自然/性质与形式[……]这道理对组成人的身体的各部分个体而言也必定相同。②

一个个体的构成元素因而各自也都是复杂的现实性，也是由在它们各自之内共存的不同部分组成的，它们各自本身也都是在这种关系之外被决定的，以此类推，以至于无穷，这是因为在斯宾诺莎看来，对这类现实性的分析是不可穷尽的，永远无法得出对绝对简单的存在的最后分析，再从它们建立起复杂的组合系统。

---

① 《伦理学》，第二部分命题十三后附公设一。
② 《伦理学》，第二部分命题二十四证明。

严格说来，存在的只是种种关系；正是由于这一原因，个别本质（所有个别本质都是在它们自身之中被决定的）不受存有的外在连锁序列的任何影响；正是由于这一原因，所谓在复杂的事物的基底中发现作为最后元素、不可再化简的单位的简单事物的那种分析根本不可能适用于对个别本质的分析。个别本质并不是某个整体的构成性单位，而每个个别本质本身也不可能是把诸要素统合为单一体的那种总体。

正如我们已看到的那样，可以用另外的方式来解释这种运动：在其本身对当作个体的物体当中，有着别的物体，而这些别的物体各自亦复可被当作个体；每个物体就其自身而论虽是一个个体，但又是另一可被视为一个个体的物体的组成部分，以此类推以至于无穷，我们最后会得出一个整全的个体，也就是 facies totius universi（万有的全貌），而这个整全的个体——正如我们一直说的那样——就是广延的间接无限样式："自然在其整体性上就是一个单一的个体，而其诸部分，也就是说所有的物体，以无限无量的方式变换着，但它们的这些变换却绝不会改变自然整体的个体性。"我们已经指出过，在自然的有机论观点意义上来解释这段文字是错误的，太多的事实表明，这种观点势必会与对某种内在目的的表述相联系。这种观点认为，自然的诸部分，也就是说物理性事物的集合（然而也是所有其他一切属性所构成的事物的集合）的诸部分，各自据其本质而由某种内在一致性关系所构成的，这种内在一致性使所有这些部分辐辏聚集在一个整全形式的现实化过程之中，所有这些部分正是在这个现实化过程之中得到了相互协调的安排。这样一来，也就能从这些部分各自的自然/性质（正是它们的自然/性质使它们根据单一法则相互串联）中顺理成章地推出它们的无限有机组织,反之亦然:若这样来理解,我们只不过是在斯宾诺莎那里读出了莱布尼茨。

然而在斯宾诺莎看来,这种关于自然的表述,就像天人合一论、以人体为自然的模型之类的那种关于人的身体的知识一样,属于想象的王国:这种关于自然的表述遮蔽或偷换了现在现前的无限性,实体正是通过现在现前的无限性而使它自身直接且同一地——不假借任何秩序原理,凡是秩序原理都不可避免地是等级化的和目的论的——表现在它的每一个应变致动的效果(分殊)中,实体同时全部生成了它的所有应变致动的效果(分殊)的个别本质,且并不为其任何一个应变致动的效果(分殊)赋予优先性,相反,它为它的所有应变致动的效果(分殊)授予的个别本质就是一种根本倾向,即每个应变致动的效果(分殊)各自尽量保持在它自身所专属而不可能从它那里夺走的存在之中的倾向。所有这些倾向没有大小之别,它们都是相等的,因为它们都是在它们自身的自然/性质肯定性完满性质中被实现出来的。故此必须明确地放弃这样一种常有的幻觉,即,在原因和效果的无限连锁序列之中事物与事物既然相互联系,那么我们就可以通过事物与事物的这种相互关系来比较衡量它们在同一个完满性秩序中的成就大小。这样的解释"把自然完全弄颠倒了"①:这类解释将自然当成是一个整体,并且还将这一自然本身当成是自然各部分之配置分布的最终原理,自然的各部分都据这一最终原理而被决定;但是情况恰恰相反,自然必须被思考为自然的各部分之共存的结果,也就是说,必须被思考为一个不可被总体化的整体。自

---

① 《伦理学》,第一部分附录。

然——从这种视角出发被思考的自然——构成了一个在我们已证明过的那个意义上而言的个体:自然就体现在它所包含的全部自然万有的共存必然性关系之中,所有的物理性事物就定义而言都汇集在自然之中,而且自然万有的共存必然性关系绝不受本质的品级秩序——因而也是本质的理念性的秩序——的支配,自然无非只是自然万有的共存必然性的活动表现或物质化。

然而在这里出现了一个新的困难:根据斯宾诺莎对个体的定义,个体作为复合存在物的构成元素的关系完全是在外部、在唯一的传递性原因性形式中被决定的,或者用果鲁特的说法来讲,是根据"环境压力"原理被决定的。这对自然之中的一切事物都不会构成难题,自然之中的事物因而也都是处在原因的无限连锁序列之中,并外在地受原因的这个无限连锁序列限制的。但若涉及自然本身,既然其外无物,它包含着其自身所包含的一切,或毋宁说被它所包含的一切所构成,那么还能不能说自然本身这个个体也是那样被决定的呢?"环境压力"原理在解释自然本身这个个体的时候显然是说不通的。

我们在这里稍作停留,因为我们在不知不觉间又再次引入了内部性的概念,这个概念似乎是与个体的定义完全不兼容的:如果说被理解为"万有的全貌(facies totius universi)"的物理性自然是一个不可能被总体化的无限集合的话,这也就是说物理性自然是完全在外部性当中存有的,物理性自然之外再无任何东西,这正是因为所有外部性都落入它之中,并且在它之中即便不是被统一和被包含(包含即意味着根据某种统一性内在原理被扬弃)也是被联合和汇集于一种永恒不变的和无所不包的共存关系之中:在这个意义上说,物理性自然的"秩序"排除了所有矛盾,也就是说，这种"秩序"倾向于在不断地解决矛盾的过程中实现其自身的动态平衡。物理存在物的原因性决定是无限连锁的序列，这个无限连锁的序列就是物理存在物所受的环境压力，正是这种环境压力把全部物理存在物集合在一起，并使它们获得了个体性形式，从而可以被统称为"自然"。这一连锁序列的外部性是想象的解释结果，想象抽象地虚构出一个外部，就好像这个外部本身能独立于它所决定的东西而存有似的；恰恰相反的是，我们必须明白，在它所决定的事物"之外"，再无任何东西。传递性原因的连锁序列本身——我们还可以说在其自身之中——就是在外部性之中的连锁序列。因此根本无须为自然假设某种外部现实性，从而把自然本身理解为从属于某种外部决定的东西，自然就是组成了自然的全部存在物。自然不能通过某种理念性的和谐、某种统一秩序来解释，否则就会形成"在自然之内的东西"和"在自然之外的东西"的虚构边界，正是由于这一原因，无物不在自然之内。因此我们就会发现，我们无论是在作为整体而论的自然本身的层面，还是在其诸部分的每一个部分的层面，都会得出同样的个体观，即个体皆是诸存有之间的外在关系。

  这是否意味着再也不可能思考自然中的统一性呢？这是否意味着自然就是弥散在无限性中、弥散在随形势而定的随机相遇的情况的连续性中的东西，而我们是根本不可能在随形势而定的随机相遇的情况的连续性的层面识别出任何永恒不变的必然性的？然而，要想摆脱关于某种完成形态的秩序的幻觉，把这种幻觉替换为对纯存有的随机性无序的表述是不够的，这种表述只不过是那种幻觉的镜像。自然中发生的一切事物都是由运动的普遍规律决定的，每个事物都根据运动的普遍规律以被决定的特定方式表现着就其作为有广延的事物而论的实体的本质；这就是说，每个事物都有使它必然地是其所是的个别本质，而这不再是就每个事物受某外部存在物限制而言的，而是就实体在它的每个应变致动的效果（分殊）中都施出了同等的实体之自我肯定的动作而言。在这个意义上说，作为一个单一存在物的自然本身有它自身的本质，它的这个本质就是自然必然性和统一性的理据所在：自然本身的本质就是无限直接样式，实体就通过无限直接样式而在无须借由与其他任何事物的关系的情况下直接地表现着它自身。就此而论，也就是说从着眼于直接体现着神的力量的自然本身的本质这一视角来看，自然将不再是在其自身之内把相互外在的存有集合在一个无限的连锁序列之中的所有限制机制的体系，也就是说，不再是一个主体或个体。正如我们已经看到过的那样，斯宾诺莎宣告了从无限序列中的一个存有推知另一个存有的一切尝试都是无效的，因为所有那些尝试都将再次引入关于现实性和诸目的的秩序的等级观，而恰恰是愚人和奴隶才如此震惊于现实性和诸目的的秩序等级。

与全部的样式现实性一样，人的身体有着不同于人的身体之存有的个别本质，人的身体据其个别本质而总是倾向于保持在它自身的存在之中。从这个角度来看，人的身体就不再是一个个体，也就是说不再是一个由诸部分在它们的相互关系的外在强制作用下配置组合而成的一个复杂集合体；这是因为，从这个着眼于人的身体的个别本质的角度来看，人的身体是由其内在禀赋所决定的，它的内在禀赋不是组合体或总体的完整秩序，而是实体以被决定的特定方式、通过一种单一作用在人的身体中使其自身得到表现的那种不可分解的实体之自我肯定，实体在人的身体中的这种自我肯定不能被比作和被化简为任何意义上的外部决定。

必须要更为一般地来这样说：任何个别本质都不能直接地从别的个别本质推出，也不可能从共同性质——也就是说所有个别本质所依存的属性——中推出，"一些事物所共有且一律同等地存在于部分和整体之中的东西，并不构成个别事物的本质"①。普遍必然性仅仅代表着事物的共同顺序，所有的事物都可以在普遍必然性之下得到理解，但这种理解是经由抽象来完成的：实体在万事万物之中施出其动作，实体的绝对无限无量的应变致动的效果（分殊）皆同等地表现着实体，它们对实体的这种同等表现使它们没有任何相互之间的比量关系——实体在这一个意义上的齐一万物中的这种具体肯定就是普遍必然性。

我们于是又回到了在前面遇到过的一个重要观念：实体的统一性与实体的无限力量完全吻合一致，实体的力量无所不能并且被无限无量的本质所表现，实体本身也不是作为所有的决定都被包含在它的秩序之下的个体而存有的。斯宾诺莎在标号为第50封的致耶勒斯的信中简要地提到过——我们知道，真观念在其自身之中是充足的——实体的统一性不是数目的，不是某个单一存在物的统一性，单一存在物的统一性表现为这种存在物的存有会把我们能够想象得到的与之类似的事物全部排除，实体的统一性则是绝对无限的统一性，这种绝对无限的统一性是不可能通过某种枚举的方式、以从可能的事物推出现实的事物的推论方式从外部被把握的。神并不是一个个体，不仅如此，神是唯一一种这样的"事物"，这种事物绝对不可能从着眼于个体的视角出发而被思

---

① 《伦理学》，第二部分命题三十七。

考，这类视角所依循的只可能是把所有可理解性强加给神的秩序和构成的原则，但是在神之内，本质和存有是由于"自因（causa sui）"的永恒必然性而完全吻合一致的。"自然"中的所有事物，无论是依存于何种属性的，虽然都可以在这种外部的和否定的视角之下得到观照（在这种视角之中，"自然"中的所有事物的原因性关系仅呈现为传递性原因形式），但神就其定义而言是完全肯定性的：它也是决定着——以肯定性的方式决定着——万物各是其所是的东西。

黑格尔不无道理地断言，在斯宾诺莎的推理中，实体绝不可能"生成为"主体：我甚至可以说，正是这一点为斯宾诺莎的思想给予了它的实际内容，尽管黑格尔将它的这种实际内容理解为这种思想的缺陷和局限。《伦理学》中的神并不是决定机制的这样一种总和，就仿佛这些决定机制的展开过程或它们的体系所具有的逻辑以一种理性秩序把它们都井然有序地排列好了似的：在斯宾诺莎看来，万有整体的可理解性是一个个体形式所具有的可理解性。它通过机械的和传递的连锁序列以相对的方式说明自身，并处在无休止的限制的序列之中；因此，万有整体的可理解性完全区别于个别本质，个别本质相反是通过它与实体的必然关系而被决定的。因此对于整体的观念，每当它出现在语境之中时，总是一种抽象的和否定性的观念：对于整体的观念在任何意义上都不是对依据其自身的自然/性质而倾向于无期限地保持在它自身的"是其所是"之中的肯定性现实性的表述，这种观念所表述的只是相互关联的个体形式的相互限制，也就是说，这种观念是通过外部原因对那些个体形式的生灭的解释。

正是在这种观念中，才能见到在紧结而成的诸个体的传递性串联中出现的矛盾和冲突,也能见到在这个传递性串联中出现的平衡和妥协,但这些紧结而成的诸个体都是由否定性决定顺序来说明的存有的事物,而否定性决定顺序总是外在于本质的。但关于事物的绝对知识——这种知识构成了"对神的理智之爱"——却拒绝这种认识模型并绝对地与之相分离:关于事物的绝对知识从它的对象中消除了一切矛盾,矛盾在这里并不是在它的内部解决这一幻觉的运动中消失了,相反是由于这种知识认识到真正的必然性就在于所有现实性与在所有现实性中毫无矛盾地进行着自我肯定的实体之间的独一关系。

在《形而上学思想》中,斯宾诺莎这样写道:

> 由于我们把事物加以相互比较,于是产生了一些概念,但是这些概念是在事物之外的,除了表示思想样式,并不表示任何东西。这一点可由如下事实说明:如果我们想要把这些概念思考为外在于思想而被设定的事物,我们对这些概念的清晰把握就会混淆。这类概念就是对立、秩序、一致、差异、主词、宾词以及某些我们可以补充下去的其他类似的概念。①

与"秩序"和"一致"一样,"对立"仅仅是对事物的关系(甚至不是对事物本身)的表述方式:这些概念取决于对事物的"比较"。因此它们都是抽象的、形式的概念,并不实际对应着任何内容。没有自在的秩序,也没有自在的对立:换言之,我们不可能充分地

---

① 第一篇第五章。

认识由这类概念得出的东西。不过,仅指出这些概念是形式的和幻觉性的还是不够的;我们还必须要知道它们是从哪来的,是什么使它们如此受信赖。"我们把事物加以比较"——这种做法甚至不会告诉我们事物的真实性质——是这样一种工作,就这种工作对存有的传递性连锁序列(正是这种连锁序列使比较成为可能)形成表述而言,此工作是有一定的理据的,它在它的对象的相互关系中、在它们的相互决定的不可最终测定的关系中对这些对象形成了把握。因此作为思想的样式,对立也对应于存在的特定样式,存在的这种特定样式就是使有限的事物共存于它们在其中相互限定的无限连锁序列之中的存在的样式。但是这种表述完全无法认识到这些应变致动的效果(分殊)所内禀的肯定性决定,但正是它们所内禀的肯定性决定使这些应变致动的效果(分殊)直接地与实体相统一。正是由于这一原因,这种表述无法给出具有实际普遍有效性的理性原理。

所有这一切的结果就是矛盾律的工作机制——矛盾律的工作机制在古典时代即便开始受到质疑(如帕斯卡尔)但毕竟仍旧支配着理性的思维运作——在斯宾诺莎那里被发现是某种程度上扭曲的或不规范的东西。矛盾律在被塑造成存有——它们构成了处于外部关系中的个体——的抽象秩序之后,它最多只可能把握或表示那些存有的倏忽即逝的生灭;但这样的矛盾律使我们再也不可能对事物与实体的关系为它们所赋予的本质现实性,也就是说,对使事物各自是其所是并维持在各自本身的是其所是之中的肯定性必然性有任何认识。对斯宾诺莎来说,任何事物都不是由它的矛盾内在决定的,黑格尔也正确地指出过这一点;在这个意义上说确实没有辩证法。但我们也必须强调这样一个事实,即,矛盾随即失去了它执行消灭的否定性力量,而即使是在笛卡尔那里,矛盾也是在它的这种力量当中获得其基本的逻辑功能的;矛盾既不确定任何具有现实性的存在,同样也不阻止任何存在获得其现实性,因为矛盾的话语是完全外在于事物的本质的。黑格尔对矛盾律作了颠倒的处理,得出了与他之前的全部传统所肯定的那些结论相反的结论,斯宾诺莎则完全改换了场地,他远离了矛盾律,一如他远离了所有其他的形式性原理一样,斯宾诺莎放弃了能够无差别地运用于所有现实性的这种普遍权力。但是,如果我们把辩证法展开至其内在限度的极限,辩证法也会以反对矛盾的方式来进行思想,难道不是这样吗?

作用力和努力

斯宾诺莎在剥夺矛盾律思考事物的真实性质的权力,或者说通过拒绝承认矛盾律所谓的普遍性而限制了它的用途的同时,仍然承认矛盾律有某种理性意义。在这一点上,斯宾诺莎就像是预支了批判哲学,批判哲学在反对形式主义方面显然有着相似的立场。斯宾诺莎和康德之间的这种关联是否成立呢?

根据"反思概念的歧义"(这篇文本在《纯粹理性批判》之中构成了关于"分析原理"的附录)来看,矛盾律的运用除非在纯粹理智视角之下否则并不产生任何知识,而纯粹理智总是思考事物一般,而不在特殊显象中对事物作出决定:

> 如果现实性仅仅为纯粹理智所表现,那么,在种种现实性之间就不能设想任何抵触;也就是说,不能设想

这样一种关系,即当它们被联结在一个主体中时,彼此抵消其结果,亦即 3-3=0。①

一个事物不可能是它自身的同时又是它的反面:这个原理的普遍性是抽象的和一般的,因为它总是把它的对象视作无特殊性质的事物,这种事物独立于任何经验性特征,只是理智在其自身之内设定为类似于纯逻辑主词的东西,而纯逻辑主词是不可能容纳任何相反的谓词的。于是就出现了这样一个问题,即,这个原理是否也能够应用于在经验中实际现前的事物,它是否足以为这类事物提供理性的解释。

然而,矛盾或者说对立是出现在显象的东西之间的关系中的,它们的运动不可能被简化为这种形式性的决定:

与此相反,显象的东西中的现实性互相之间当然可能处在抵触之中,如果联结在同一个主体中,一方就完全或者部分地抵消另一方的结果,例如在同一条直线上的两个作用力,如果它们在相反的方向上或者牵引或者压迫一个点的话;又例如平衡痛苦的娱乐。②

自然科学知识不能像思辨那样通过把这些矛盾化为不可能或虚空来解决它们,自然科学知识必须解释这些矛盾的后果,这

---

① 《纯粹理性批判》(*Critique de la raison pure*, trad. Tremesaygues et Pacaud, Paris, PUF),第234页。

② 同上。

也就是说自然科学知识承认这些矛盾的存在或它们的现实性。这样一来,逻辑和经验之间难道就没有抵触了吗?

康德在《纯粹理性批判》中通过一种非常明确的辩论视角对这个难题进行了介绍:他的附注与莱布尼茨传统针锋相对,后者是通过"使显象的东西理智化"的方法,也就是说,使自然和经验直接服从于纯粹理智的条件来解决这种抵触的,在纯粹理智看来,存有就是可以通过分析从主词中提取出来的谓词:

> 诸现实性(作为纯然的肯定)在逻辑上绝不相互抵触,这条原理是概念关系的一个完全真实的命题,但无论是就自然而言,还是在任何地方就某一个物自身(对这个物自身我们根本没有任何概念)而言,都没有丝毫意义。[……]尽管莱布尼茨先生并没有以一条新原理的排场来宣布这一命题,但他毕竟曾利用它来作出新的断言,而他的后继者们则明确地把它纳入自己的莱布尼茨-沃尔夫体系中去。根据这一原理,例如,一切罪恶都无非是受造物的限制的后果,也就是说,是否定性,因为否定性是唯一与现实性相抵触的东西(在一般事物的纯然概念中也确实如此,但在作为显象的东西的事物中就不是这样了)。同样,他的信徒们认为,把一切现实性结合在一个存在物中而不会有某种令人担忧的抵触,这不仅是可能的,而且也是自然而然的,因为他们只知道矛盾的抵触(通过这种抵触,一个事物的概念本身被取消),却不知道相互损害的抵触;当一个现实原则破坏了另一个现实原则的时候就会发生相互损害的抵触,唯有

228

在感性之中,我们才会遇到对这种对立或限制性进行表述的必然条件。①

从普遍和谐的观点来看,事物的必然性会形成一种让万物相互联系的一致关系,事物的必然性也正是通过万物的这种一致关系完整地表现其自身的:某种客观逻辑使人能够借助一种同质的和连续的推理从可能的事物中推导出现实的事物,这种推理无须任何外部决定干预,也无须任何自主性存有原理参与进来。现实的事物的秩序因而由它与纯粹理智原则的一致性所担保,尤其是根据纯粹理智原则,任何事物只要同其自身发生矛盾,同时就被剥夺了存有的权利:反之,在存有着的一切事物中,实际并不存在任何矛盾。

康德拒绝这种由可理知的事物推出可进入感性的事物的直接方式,这种方式实际上是一种超越论演绎的简化做法,因为它从来没有离开过理念性的领域,正是在这个领域中,这种方式一劳永逸地确定了全部现实性。对受决定的现象的综合是经验知识的基础,并且保证了经验知识的合法性,这种综合绝不能简化成为根据概念分析进行推理的纯粹理智的形式条件,而必须以在经验中被给予出的特殊事物的概念为前提。然而,从这种综合的视角来看,在自然中,决定着诸现实性(就它们作为纯然的肯定而论的诸现实性)不可能相互排斥或彼此不协调——或者说决定着这些现实性不可能进入到相互抵触的关系之中——的原则不再是一种普遍适用的原则。因此我们就有必要形成一种关于矛盾和否定的新概念,这种新概念将不再受严格的逻辑条件决定。

---

① 《纯粹理性批判》,第 239 页。

康德在 1763 年所撰写的《将负值概念引入世俗智慧的尝试》就是在进行这种新概念的创造,在这部论著中,康德采取了支持牛顿的"现实主义"而反对笛卡尔和莱布尼茨的"概念主义"的立场。"负值"这个概念不属于逻辑学而属于物理学,这个概念源自真正在经验当中被给予出来的对立,一个事物正是通过这种对立否定其他事物——或至少是"抵消效果"——从而肯定其自身的。这里出现了肯定性的事物和否定性的事物之间的一种新关系,这种关系在严格意义上说不是矛盾关系。

要解释"负值"这种非常特殊的现象,我们就必须引入逻辑矛盾和实际对立之间的区别:

> 相互对立的事物是:其中一个取消通过另一个而设定的东西。这种对立是双重的:要么是由于矛盾而是逻辑的;要么是实际的,即没有矛盾。第一种对立,即逻辑上的对立,是人们迄今为止唯一瞩目的对立。它在于对同一事物同时肯定和否定某种东西。这种逻辑结合的结果,就像矛盾律所说的那样,是什么也不是(nihil negativum irrepraesentabile [否定的、不可想象的无])。[……]第二种对立,即实际的对立,是这样一种对立:此时一个事物的两个谓词相互对立,但并不通过矛盾律。在这里,一个取消了通过一个而设定的那种东西;但结果却是某种东西(cogitabile)。①

---

① 《将负值概念引入世俗智慧的尝试》(*Essai pour introduire en philosophie le concept de grandeur négative*, trad. Kempf, Paris, Vrin),第 79 页。

在这两种对立形式中,在冲突的决定之间得到确定的关系都被说成是属于同一个主体的不同谓词之间的关系。但在这两种情况中,这种关系的性质是完全不同的。因为在逻辑矛盾中,谓词并非就它们自身、就它们的实际存有而论的事物,而是根据它们的相互关系、被放在一个共同的主体中被思考的事物,而这个共同主体不可能容纳相互抵牾的决定:故此这种矛盾可以通过单纯的分析——内在于这个主体的单纯分析——得到解决。这种分析抽掉了不同谓词的所有肯定性,因为它断定把不同谓词放在一起思考是绝无可能的:

> [就逻辑对立而言,]人们仅仅关注一个事物的谓词相互取消或者通过矛盾取消其结果的那种关系。对于二者中哪一个是真正肯定的(realitas[现实性]),哪一个是真正否定的(negatio[否定性]),人们根本不关心。①

极言之,我们必须说二者都是否定性的:它们都不是在它们自身之内的事物,因为二者中的每一个都是以抽象和相等的方式通过对另一方的排除来使其自身获得界定的。请注意,黑格尔也将这一方面纳入考虑,但得出了完全不同的东西:黑格尔在这里面发现了对否定性的事物与肯定性的事物的关系的内在性特征作出确证的一种理由。

与此相反,在实际对立中,不同谓词必定是被实际地、肯定地

---

① 《将负值概念引入世俗智慧的尝试》,第80页。

决定的，它们的受决定方式就此而言与它们的相互抵牾无关，也就是说与在它们相遇会合时所表现出来的那种否定性（取消或减弱）无关；它们因而不是自在地相互排除的，它们之间之所以相互抵触，乃是某种机遇使然，这个机遇将它们带到了同一个主体之中，使它们在同一个主体当中共存，这里所说的共存不再是逻辑意义上的而是物理意义上的共存。因而它们的冲突不可能通过单纯的概念分析来解决，而只能通过外部决定的综合来解决，这种综合的条件是由经验给予出来的：

> 通过两个谓词中的一个被肯定的东西并没有通过另一个谓词被否定；因为这是不可能的，相反，两个谓词 A 和 B 都是肯定的；只不过由于从每一个都分别得出结果 A 和 B，但通过二者一起在一个主体中产生的结果就不是这一个，也不是另一个，因而结果是零。①

在这种情况中，不一致不是在这两个"谓词"本身之间发生的，而是在它们的效果之间发生的：正是它们的效果在一种平衡状态中相互取消或相互修正。这就是说这些谓词不是前一种情况用的那种逻辑谓词，逻辑谓词表现着它们的主体的性质，它们本身也被它们的主体所决定，相反在这里的谓词本身是具有自治性的"主体"，它们每一个都是通过各自的性状——或者用康德的话来说是通过它们的"效果"——而在其自身之中获得规定性的。实际的对立实际上是各自独立的存在物之间的外部关系，或在

---

① 《将负值概念引入世俗智慧的尝试》，第 80 页。

"共存"一词的严格物理意义上而言的共存关系。

为了说明这种对立形式,康德首先以机械运动为例:两种相反方向的风以相反的压力作用于一艘船,这艘船作为述谓判断的主词不会发生自我矛盾,它只是陷入了相反的作用效果的张力之中,这些相反的作用效果把它当成了它们对抗作用的对象而在它上面发生冲突。所有这些作用本身都不是否定性的,因为"想象一种特定类型的对象,而又称之为否定性的,这是荒谬不通的"①;仅仅在那些相反的作用的遇合所确立的相互关系中才会出现一种否定性:

> 对立物中的一个并不是另一个的矛盾的对立面,如果后者是某种肯定性的东西,那么前者也并不是后者的单纯否定,而是作为某种肯定的东西与它相对立。②

这里的"矛盾"是各个原因之间的对立的表现形式,这些原因处在由经验所决定的作用力关系之中并因而发生相互作用,在相互作用中改变了它们的效果。

在这篇发表于1763年的论著中,康德设想"将[负量]概念应用于哲学对象",也就是说把自然世界里机械对立的研究引入到对精神世界里机械对立的研究中;这一尝试得出了一个后来在批判时期被放弃了的独特的结果(即在精神中也发现了作用力之间的冲突)。但是,这种对立的概念——严格地被限制在物理学领

---

① 《将负值概念引入世俗智慧的尝试》,第84页。
② 同上。

域的对立的概念——仍为 1786 年发表的《自然科学的形而上学初始根据》给予了基础,在这部著作中这个对立概念的含义也得到了更为完整的解释。

在这部著作中,康德采取了与由笛卡尔沿袭下来的几何学机制相反的立场,笛卡尔的立场的前提是把物质现实性化简为抽象的广延,而抽象的广延是缺乏任何物理决定原理的,也就是说只有适用于理智世界的决定原理而无适用于经验现实性的决定原理:康德用真实对立之物理学取代了笛卡尔的立场,而真实对立之物理学正是建立在关于作用力的形而上学概念之上的。自然科学并不限于"运动学","运动学只是从形状和运动原理出发对显象进行解释,对它而言,"物质是在空间中运动的东西"①;自然科学相反通过某种"动力学"修正了运动论,对自然科学而言,"物质就是运动的东西,这是就它充实一个空间而言的"②。运动因而不仅为几何学性状所说明,还需借助真实的"作用力"来说明,"作用力"既作为运动的助动力也作为运动的阻力作用于运动的东西。

在这一语境中康德同兰贝特展开了一场论战,这场论战的角度是非常有特点的:

> 按照他们的概念,某种实在的东西在空间中的在场由于其概念,因而根据矛盾律,必定本身就已具有这种阻抗,并且必定使这样一个事物所在场的空间中没有任

---

① 《自然科学的形而上学初始根据》(*Premiers Principes métaphysiques de la science de la nature*, trad. Gibelin, Paris, Vrin),第 25 页。

② 同上,第 52 页。

233   何别的东西能够同时存在。然而,矛盾律并不拒斥为侵入一个在其中可以发现另一物质的空间而移近的物质。只有当我把某种力赋予那占据一个空间的东西,以拒斥一切逼近的外部运动物时,我才懂得,一个事物所占据的空间还会被另一个同类事物所侵入,这将包含一个矛盾。①

在这里,康德仍拒绝把逻辑决定与物理决定混为一谈——"矛盾律并不拒斥物质":它在这里并不起任何实际的原因性作用;矛盾律在这里所能够起的作用至多是在运动完成之后对运动的某些性状进行表现、形式性地描述运动的结果。但是若把这种抽象的阐释当作对现象的理性解释,就等于是放弃了对由对抗的作用力的关系所决定的物理现实性的认识。"不可入性具有物理学基础。"②在这里物理学不再服从于逻辑学前提,而是在形而上学原理中得到保证。

实际上,这些基本的作用力——它们的概念把经验纳入考虑——本身在经验中是无法获得明确指认的,而只能被"形而上学地"表述。无论是吸引的作用力,还是排斥的作用力,都不能被简单地视为在由一具体物体所给予的被决定的场所之中发生的经验性运动:这一运动仅仅是它们的效果,仅仅是一个原理的物理性表观,而那个原理本身又不是物理的。对作用力之间的真实对立的观念是经验性理性的基础,而不能被混同为实际构成了物质自然的物体之间的真实关系。这就是说,"作用力"并不是表现

---

① 《自然科学的形而上学初始根据》,第53—54页。

② 同上,第59页。

着本性自然的物质的组成部分,而是自然本身——由形而上学视角出发普遍而论的自然——的"诸作用力"。对抗的作用力这个概念因而使"对物质的某种构造"成为可能:现象必须由实际的作用力的对立来解释,而不能由别的方式来解释;我们也知道,返回经验对康德而言并不意味着盲从经验,而是意味着借由理性原理返回经验的理性的决定机制,那些理性原理虽不是在经验中被给予出来的,但却是适用于经验的。

正如我们看到的那样,这些原理并不是在分析的方向上而是在综合的方向上展开来的原理。这些原理因而会判定将物质简化为广延的做法是错误的:

> 空间是这样一个概念,它根本不包含任何存有的东西,只是包含外感官的可能对象的外部关系之必要条件。①

物体是如何填充广延中的一个位置的呢?并非由于属于广延本身或可从广延中推断出来的那些特性:

> 物质性自然的动力学的普遍原则是:外部感官对象的一切不仅是作为空间决定(位置、广延和形状)的现实性的东西,而且还必须被看作运动的作用力。②

---

① 《自然科学的形而上学初始根据》,第61页。
② 同上,第95页。

通过将形而上学的作用力范畴引入自然表现之中，康德消除了"通过把绝对充实与绝对空虚相结合来解释物质的一切差异"①的机械观，因为这样一种观点最终会导致微粒哲学，而这种微粒哲学总是通过坚固的元素与这些元素运动于其中的虚空的广延之间的抽象关系来对自然作出决定；微粒哲学使其自身受碰撞论物理学的限制（碰撞论物理学的合理性是不完整的和任意的，因为它依赖于关于最初冲力的假说），并且最终会导致物理神学：

> 凡是使我们免除乞灵于空的空间的需要的东西，对于自然科学来说都有现实的好处。因为空的空间给想象力提供了太多的自由，来用虚构弥补内在自然知识的不足。绝对的空和绝对的密在自然学说中大约相当于形而上学的宇宙科学中盲目的偶然和盲目的命运，亦即是占统治地位的理性的拦路石，以使虚构要么取代理性的地位，要么让理性在模糊性质的软床上歇息。②

这种几何学的或机械论的阐释从它的对象中移除了所有现实的作用，它的积极性至多是在它自身的边缘产生关于某种可能的世界的诗性虚构。

关于自然的形而上学观点相反则引入了对现象的动力学探究，通过基本的作用力组合来决定物质。而这种解释方式"对于

---

① 《自然科学的形而上学初始根据》，第112页。
② 同上，第111页。

实验哲学更为适合和有益得多,因为它直接引导人们找出物质固有的运动作用力及其规律,反之对假设空的间隙和具有一定形状的基本微粒的自由加以限制,这两者都不能通过实验来决定和找出来"①。

对于自然的机械论表述(这种表述的抽象决定可由分析得出)只对一种可能的世界而言是有效的,而关于作用力的形而上学假说则是具有具体意义并且具有实验有效性的;它使人们通过建构的方式认识现实世界成为可能。

根据这一假说,构成自然的物体之间的关系可由两种基本作用力——斥力和引力——的对抗来解释,这两种基本作用力以一种综合的关系发生相互作用。

这种关系是基本的。如果说斥力可以直接进入表述(这是因为任何物体的存有都毫无例外地会对一切外部侵入作出抵抗),那么显而易见的是,这种作用力不能够被理解为物质之存有的唯一原理,因为,若是这样的话,物质——即便物质是单由这种广延性的倾向所构成的——就不仅会倾向于占据一个空间并且抵抗外部入侵,而且还会倾向于以一种无限界的方式在空间中发生扩散。

> 这也就是说,(物质)无限地逸散,并且在任何可以告知的空间里都找不到一个可以告知的物质的量。因此如果只有物质的斥力,一切空间都会是空的,而根本

---

① 《自然科学的形而上学初始根据》,第113—114页。

就不会有物质存在。①

因此,从整体上看,斥力只有在与相反的原则,即引力原则相平衡的情况下才会成为一种可理解的自然原则:

> 因此,必须在某个地方设定物质的一种原始的作用力,它在斥力的一个相反方向上起作用,从而造成接近,这就是一种引力。②

动力学定理六("没有斥力,单凭引力,就没有物质是可能的")从相反的方向上进行了同样的证明:单由引力来说明自然就会使自然等同于一种无限矛盾的运动,这种无限矛盾的运动将使物质都汇聚到空间中的一个点上,因而同样会使物质消失。由此可知,"基本的"和构成了自然知识的真原理的东西就是源自相反的两种作用力的对抗,这决定了空间中的物质的全部运动。

这种冲突不能再还原为更深层的决定,就此而言这种冲突是始源性的。如果说这一冲突的原理是适用于整个自然科学的,那么这个原理本身却不能得到解释,也就是说,该原理本身是被分析出来的,因此这个原理是一则形而上学原理:

> 一切自然哲学都在于把给定的、表面上各不相同的已知的作用力追溯到更少数的作用力和力量,它们足以

---

① 《自然科学的形而上学初始根据》,第71页。
② 同上,第74页。

用来解释前面那些作用力的结果;但这种追溯却只能进行到我们的理性不能超出的那些基本作用力为止。这就是为了建构物质概念形而上学所能做的一切。①

因此,作用力的冲突是对自然的理性解释可以追溯到的最后之点,但这并不是说作用力的冲突根据它的最终目的构成了自然本身。自然科学的形而上学原理所能得出的无非是它们为之给予出条件的知识,而绝不会将我们引向一种关于自然的形而上学,而关于自然的形而上学的事业若要至少具有某种意义,就需要采用另外的概念和另外的证明。康德在其学说中转向了历史哲学,这种历史哲学从根源上也是建基于对抗的作用力这个概念之上的(比如可参看《普遍历史的理念》中有关"非社会的社会性"的观点),他之所以转向历史哲学,就是要通过使自然和理性在法律状态中得到调和的某种最终决定来解决冲突:这是因为,历史有一种使这种"解决办法"成为可能并且必然符合"自然的意图"的目的。

在自然王国中,我们容易理解这种始源性冲突何以是不可化约的,尤其是何以不允许被化约为某种分析性关系的:如果可以这样化约的话,对抗的两种作用力就成了相互依赖的东西,就仿佛是同一个基本作用力(比如可以构成对自然加以解释的普遍模型的生命冲动或基本能量)的颠倒或相反的形式似的。这样就会出现一个无法解决的难题:这种基本作用力为什么会在它的表观层面从它自身发生冲突呢? 这样的还原是不可能的,至少只可能

---

① 《自然科学的形而上学初始根据》,第115—116页。

由抽象得出,因为对抗的作用力就它们的原理而言是不能够相互化约的:

> 这两种运动作用力属于完全不同的类型,而且使一方依赖于另一方,否认一方不借助于另一方而有可能性,这都缺乏丝毫的根据。①

两种作用力因而是不可分离的,因为二者相互作用,或者说是互为中介地起作用,而它们的关系又是综合性的,并且担保了它们相互之间的真正外部性。也正是在这里,我们发现了负量的概念,而所谓负量不过是这样一种幻觉的习惯或游戏,这一幻觉告诉我们两种运动作用力中的一个相对于另一个而言是否定性的东西。

让我们按照"动力学的总附注"的总结,回顾一下这一推理的整个过程:斥力作为空间中现实的东西的直接决定,构成了一个起点——物体首先通过抵抗的现象将其自身表述为一种坚固的东西。接着被谈及的是引力,引力与斥力相对立,但这种对立是包含在表述的顺序之中的,表述的顺序揭示出"相对于作为我们外部知觉的真正对象的前者而言否定性的东西,亦即引力"。在这一情况中,没有自在的否定性,有的只是由我们对现实的东西的直接感知条件而来的否定性,我们的直接感知循着适合于其自身的连续性顺序对现实的东西进行分解。正是由于这一原因,两种作用力的对立只是"事后"才作为两种作用力相互限界的一种

---

① 《自然科学的形而上学初始根据》,第115—116页。

关系(这一关系是自然可理解性的条件)而被给予出来的。我们看到了这种表述——这种可被直接理解的表述——的优势,因为,这种表述是以对物理现实性的自发表述为基础的:它在"事后"能将吸引作用同排斥作用对立起来,因而清楚地表示出了这种关系的综合特征。但是,这种表述由于把吸引作用理解为内在否定性的作用力,实际上又颠倒了理性的物理学顺序,对理性的物理学而言,要实际地而非形式性地理解现象之间的必然关系,就不能从两种作用力的任何一方出发,而必须从两种作用力之间的冲突本身出发。于是,两种作用力的现实独立性和它们关系的始源性综合特性就成了难题的关键。

在其《哲学全书》第262节评注中,黑格尔指出康德"已经通过他所说的对物质的构造——感谢他的文章——开辟出了一条通向物质概念的道路,也正是这篇文章唤醒了沉睡中的自然哲学概念"①。但在黑格尔看来,康德没能达到这个事业的目的,因为他把对物质现实性的决定局限在关于两种作用力的思考之中,而在这两种作用力之间存在的仅是一种外在性的综合关系,它们就仿佛"被设定为互为对立面"似的。物质被化简为这种作用力关系之后仍不能在其自身之内被理知:正如我们已经看到的那样,康德正是由于尊重知识的这种局限而认为作用力的冲突是不可化约的。但这就产生了一个矛盾的后果:作用力之间的关系——作为真实的对立被给予出来的这种关系,其事实上的存有是无法被克服的——只能用形而上学视角来观照,因为这种关系不可能在经验中得到证明。要摆脱这种"矛盾",我们就必须给物质概念

---

① 《哲学全书》,冈迪亚克译本,第253页。

一个新的内容,而不是用这些"反射性决定"(即两种基本的作用力)来综合地构建它,而是要展开物质概念的内部矛盾并由此而实际地得到物质概念。实际上这就要对矛盾和对立作出区别:在对立之中,对抗的诸项是外在的和独立的;但在矛盾的运动中,相反的东西则在一个内在的过程中相互结合在一起。黑格尔在《逻辑学》下卷第二编中完整地阐述了这种区别。①

黑格尔把康德的立场颠倒了过来:吸引作用和排斥作用不再是唯一使对自然作理性的表述成为可能的不可化约的元素。它们是一个单一的物质过程的不同表观或不同环节,在这个单一的物质过程的展开过程中,它们显然是有内在联系的:

> 这些环节不应当被看作是独立的或自为的作用力;物质之所以由它们形成,仅是因为他们是概念的诸环节,而物质则是它们在显象中表达它们自身的前提。②

正如我们所见,辩证法的道路在这里取代了形而上学的道路,并将黑格尔带回了对现实性的严格逻辑分析。黑格尔所采用的严格的逻辑分析方法又不同于莱布尼茨的逻辑分析方法,特别是使用了完全与矛盾律相反的方法。

在《逻辑学》上卷第一编之"自为存在"一章当中我们可以看到这同一种论述方式的更充分展开的形式。③在康德看来,对物质

---

① 《逻辑学》,拉巴里埃尔和雅尔奇克译本,卷二,第58—87页。
② 《哲学全书》,冈迪亚克译本,第253页。
③ 《逻辑学》,拉巴里埃尔和雅尔奇克译本,卷一,第151—161页。

的构造的起点就是吸引作用和排斥作用,这两种作用又被当作两种独立的作用力,"这样它们就不会通过它们的性质而相互关联了,那种作用力的任何一方不是可以转化为其对立面的一个环节,那只可能是牢牢地与另一方相对立的"①,因此这些作用力是抽象地并列着的,物质只是它们之间冲突的结果。物质现实性只要还是被外部决定所代表(这些外部决定互为外在的东西,并且也外在于物质的现实性)就不会被真正地认识。作用力的形而上学禁止人们理解内部运动或"过程",而恰恰是内部运动或"过程"在让物质的构成性元素起作用的同时把这些元素统一在一起。

康德因此未能实现他给出对物质的理性推导的目标。这一评价使黑格尔得出了一个令人惊讶的结论:"康德的推理过程实质上是分析的,而与构造没有关系。"②事实上,基本的作用力概念是从对物质的直接表述中获得的,这种对物质的直接表述由直觉给予,黑格尔对直觉前提是这样解释的:

> 我们之所以在物质概念中立刻想到排斥作用,是因为物质是由排斥作用直接给予的;反之吸引作用则是由推论附加给物质概念的。但是那些推论也是以方才所说的为基础,因为一种只有排斥作用的物质,并不足以穷尽我们所设想为物质的那种东西。这显然就是对经验进行反思的习惯性知识的方法;这种知识先感知到经

---

① 《逻辑学》,拉巴里埃尔和雅尔奇克译本,卷一,第152页。
② 同上,第153页。

验中的种种决定,然后以这些决定为基础,并且为了这些决定的所谓说明而假定了应当产生这些现象性的决定的相应的基本质料或作用力。①

基本作用力概念因而是从对经验表述的分析得出的:那些基本作用力皆是这种表述——抽象的和对象化的表述——中的元素。它们的差异、它们的现实外在性仅仅是表述之中的、被投射为现实对立形式的一种外在性、一种差异。"作用力"不是自然的实际性状,而是"由感知所得出的决定",是形式性地被现实化的和人为地被析出的东西。

就此而论,黑格尔认为康德是一个不能自圆其说的思想家,他没能达到他对机械论批判的目的:康德从决定着物体的实际运动的作用力出发决定物质,从而清除了由纯粹几何学方式得出的分析性的惰性物质的抽象概念;康德因而也开辟了一条通向新物质观的道路,这道路不仅是动力学的,而且也是辩证法的,他把物质带回到了内在地在矛盾中得到统一的吸引作用和排斥作用的理性过程之中。这个后果是物质的真正构造,也就是说是物质的真正起源,然而康德对此后果是全然"bewusstlos(无意识)"②的:康德由于在抽象的同时也是经验的作用力表述中误解了"事物的自然"而没能认识到此一后果。

如果我们把黑格尔对康德的文本的自由发挥放在一边不谈的话,黑格尔的批判最重要的优点就在于指明了真实对立概念的

---

① 《逻辑学》,拉巴里埃尔和雅尔奇克译本,卷一,第154—155页。
② 同上,第159页。

含糊之处,并且也指出了把真实对立与逻辑矛盾相区别的这种区分的人为构造的特性。"真实对立"这个提法中的"真实"实际上指的是什么呢?这个词实际上指一种除非借由形式性理智的工作否则便不能被化约为逻辑决定的特征。但"真实"也具有一种肯定性而非批判性的含义,指示了不以思想为转移的客观现实性的物质性存有,客观现实性的物质性存有并不直接充分符合于思想,并且自在地外在于思想——是这样吗?肯定不是的,因为,诸作用力仅能被形而上学地肯定,且作用力之间发生的冲突这一"现实性"也是为思想所设定的——因为思想的目标就是通过知识把握对象——而且这一"现实性"也是服从于理性的先验条件(而不再是理性的形式条件)的。

  作用力之间的对立是理性用来理论地解释世界所必需的概念,这个概念也是由为自然科学开辟了可能性条件的形而上学提供给理性的。正如我们所看到的那样,康德之所以反对莱布尼茨,就是因为他拒绝直接将存有等同于一种谓词、将感性的东西等同于可理知的东西的那种连续推导。但是他在更深层的地方还是与莱布尼茨保持一致的,康德依旧保留了由可能的东西推出现实的东西的推导的观点(即便这种推导不再是形式性的推导),在康德看来这种推导不会从一开始就在直观理智的虚构中止步不前,而是最终可以达到把知识来源的多样性纳入考量这一复杂综合的目的。这样一种推导所致力得出的现实的东西,无论其条件是什么,只可能是理性的条件的现实化产物,正是理性的条件参与了这种现实的东西的实际运动,并 a priori(先天地)将它纳入了向知识开放的领域之中。

  卢西奥·柯莱蒂(Lucio Colletti)认为康德是"唯一一位至少

有一点唯物主义痕迹的德国古典哲学家"①:这种"批判的"唯物主义恰恰就是由对真实对立和逻辑矛盾进行区别所构成的,这种区别"保证了存有的优先性和存有的超逻辑特征"②,也就是说保证了"思想和存在之间的异质性"③。这一解释使直觉和概念之间的区别(这一区别使得知识来源多样化并进而调节着理性的内部工作程序)与在其自身之中的物和显象之间的区别(这一区别从外部限制了理性的权能)相叠覆。但是在这两种情况中,现实的事物和思想的事物指向完全不同的内容,两种不同的内容显然不能够互约。对立的物理概念勾勒出的现实的东西来自形而上学构造,或者用我们已经使用过的一个提法来讲,是对可能的事物现实化;在这个意义上来说,对立的物理概念勾勒出的现实的东西是由首先在理性中被给予出的条件决定的,因而总是外在于物质现实性本身的构成的。

　　这个漫长的阐述最终把我们带回到了斯宾诺莎。我们之所以从康德的论证的主要线索出发,是因为我们曾认为我们可以在康德那里形成的新逻辑与出现在《伦理学》之中的思想方法之间找到某种相近的联系,而出现在《伦理学》之中的那种思想方法不是像黑格尔会做的那样直接反对矛盾律,而是用一种前所未有的方式利用矛盾律。似乎至少有两点可以证明斯宾诺莎和康德是相近的:第一点是对某种绝对肯定性的要求,这一肯定性把所有

---

① 卢西奥·柯莱蒂:《马克思主义和黑格尔》(*Le Marxisme et Hegel*, Paris, Champ libre),第106页。

② 同上,第104页。

③ 同上,第94页。

内在否定性从现实性中清除出去,并将矛盾概念限定在抽象理智的反思之中;第二点是从物理现实性所内禀的、以绝对肯定性方式决定着物理现实性的那些趋势出发来解释物理现实性的尝试:这些趋势就是斯宾诺莎意义上的"conatus(努力)"、康德意义上的"作用力"。但我们现在可以看到这样的相近性何以是相当表面的。

在康德看来,"作用力"仅是从着眼于它们的相互对抗的视角而能被思想的东西,除此以外,至少是出于这一原因,它们再无可指认的现实性。这就是说,作用力借以使它们自身得到肯定的张力发生在物理决定的连锁关系之中,是在全部穷尽了这个概念的显象序列之中的。相反,在斯宾诺莎那里,构成了一种个别本质的conatus(努力)则使这个别本质无中介地与无限实体相结合,无限实体因而以一种既有限又无限的决定(也是不能被可能的知识条件所限定的决定)在个别本质中表现着它自身。从这个观点来看,第三种知识既不会考虑真实对立,也不会考虑逻辑矛盾意义上的对立,因为第三种知识——无论它具有何种形式——禁止从可能的事物推导出现实的事物的一切要求。

我们在这里确认了我们曾经碰到过的一个观念:实体向实体使其自身得到肯定的样式的"过渡"不是现实化或表观化的运动,也就是说不是可以表述为力量之于动作的关系的某种东西。实体并不是作为形而上学奠基或理性条件而先于它的样式,或在它的样式的显象现实性背后而存在的,相反,实体就是同时在它的所有样式中进行着自我表现的动作,这一动作本身不受样式之间的种种关系的决定,而是样式之间的关系的实际原因。实体不多不少就是它自己的全部应变致动的效果(分殊):无限多种存在物不是"复合"组成了实体,而是构成实体,实体就表现为自然统一性与无限多种存在物之间的同一,而不能被化约为关于某种秩序的形式性原理。

Conatus(努力)就是实体在其应变致动的效果(分殊)中的表现,因此并不是作用力;实际上,实体的应变致动的效果(分殊)并不相互施加作用。恰恰相反,它们每一个都倾向于保持在它们自身的"是其所是"之中,也就是说都倾向于保持在它们各自在其自身之内的本质的永恒性之中,它们各自在其自身之内的本质的永恒性是应该独立于时间的展开而被思考的;这种倾向使它们趋向的不是别的东西,而正是它们各自的存在;我们甚至不能说这种倾向在其开端就已经完满,因为它既无开端也无终结。这个意义上说,这个趋势是绝对原因性的东西,也就是说,它排除了所有的终结和所有的中介,而终结和中介相反则只是在着眼于连锁序列(无论这连锁序列本身是否是理性的)的视角中才是可思议的。正如我们已经充分证明过的,个别本质不是各自为中心的、力图现实化的"主体",因为,所有的个别本质都是纯粹实体的动作,而这些动作既无对象,也无主体,既无内容,也无形式;换句话说,它们从一开始就超越了由抽象反思所设定的这些区别。

然而,这是我们已经证明过的,斯宾诺莎学说仍然承认主体概念有其位置,斯宾诺莎学说把主体的概念界定为一种关系,不再是本质之间的关系,而是存有之间的关系。在存有的层面上,也就是说在由被自然生产的自然所组成的全部事物的层面上,拿康德的作用力学说来类比斯宾诺莎的这种学说会更说得通吗?

斯宾诺莎的物理学确乎提出了"个体"之间一定数量的关联方式,"个体"的这些关联方式可以被归结为一套作用和反作用,并且完全是可用机械论原理来解释的，而无须求助于任何外部和内部的目的性：

> 同一个主体之内，若被激起了两个相背反的动作，这两个动作或其中之一就会发生变化，直到不再相背反为止。①

这难道不是康德所说的那种"自然的形而上学原理"吗？

在回答这个问题之前，我们最好搞清楚这种近似性的范围。如果说作用力平衡的学说有效地描述了使"主体"——任何形式的"主体"（它不代表肯定性的决定，而将所有个别本质同它们所表现的无限性结合在一起的是绝对肯定性的动作本身）——得以构成的关系系统的话，斯宾诺莎似乎是在证明本质和存有的顺序之间的差别，这一差别预示了现象和事物本身之间的关键差异，也正是这一关键差异迫使我们去厘清理性的不同机能或用途所造成的不同知识类型。

然而，对斯宾诺莎来说，并不存在现实性的两种顺序，一种是实体的和无限的顺序，另一种是样式的和有限的顺序，相反，现实性是单一的和不可分割的，只由同一个原因性法则决定，借此唯一的原因性法则，有限和无限不可分割地联系在一起。也不可能把这个现实性切分为两个不同的样式性领域，仿佛有一个领域是本质的领域，另一个领域是存有的领域似的。这正是无限样式这一难以把握的理论所教给我们的东西。我们根据运动和静止的

---

① 《伦理学》，第五部分公理一。

普遍规律在现实性那里所感知到的它的本质永恒性,也是我们可以依据它的存有所表述的"万有的全貌(facies totius universi)",即一个整全的个体,这个整全的个体在无限的绵延中与它自身保持同一,既无开端也无终点,从这一角度来看,这一整全的个体不再为永恒的概念所含纳。

所有类型的知识所把握的是同一个自然,只是角度不同,这些知识的角度不可通约,因为它们在某种程度上是相互脱节的,它们各自依据它们在它们自身之中所把握到的现实性的元素,或依据对这些现实性的元素的串联来进行知识建构,而不同的知识类型对它们所把握到的现实性元素的串联顺序也是不同的。但是正如我们所看到的那样,每一种知识在其各自的方式之中都是"真实的",也就是说,每一种知识都从它们各自的角度出发遵守各自的规则:每一种知识都在其自身的原因中蕴藏着解释力,这种解释力是不能在理性或人类理智的性质中去寻找的,理性或人类理智是要受它表述现实性时所依赖的条件制约的。极言之,我们不能断言这些种类的知识中的某一种比另一些更为"真实"(如果我们谨慎地对"真实"和"充分"加以区分的话),因为每一种知识就其工作系统而言都是必然的:仅在某种实践的视角之中(《伦理学》显然就为实践的事情留出了地盘),才可能建立知识之间的等级关系,这种等级关系将对神的理智之爱置于至高的位置,高居于关于自然之链的知识和想象的错位之思之上。但从另一个方面来说,这些不同形式的知识所面对的又是同一个现实性,这些知识分别从有限到无限地或从无限到有限地、在有限与无限的相对关系中呈现着这同一个现实性的性质的内在多样性。

正是由于这个原因,我们必须抛弃拉近斯宾诺莎所开辟的视域和康德可能会遵循的视角的一切尝试,尽管这一尝试看起来非常诱人。尚不能确定的是黑格尔本人是否陷入了这种混淆:他针对斯宾诺莎和康德提出的那些批驳以某种隐秘的回声在斯宾诺莎和康德之间相呼应。这难道不是他贬低斯宾诺莎学说的关键吗?黑格尔仿佛是在斯宾诺莎那里读出了康德,因为他无法阅读斯宾诺莎本身,无法读出斯宾诺莎哲学立场的革命的特殊性。

目的论

斯宾诺莎将实体同其应变致动的效果(分殊)的关系理解为一种直接同一性(这种直接同一性因而无须借助于矛盾的中介),他这样做,既不是想要把唯一的存在一下子全部现实化为所有的无限性,也不是想把这个唯一的存在设想为在其自身的展开中自我满足的某种倾向的现实化过程:斯宾诺莎学说中的实体既非绝对客体,亦非绝对主体,他所说的实体显然使这些表述范畴归于无效,黑格尔反而会利用这些表述范畴,并断言自己一劳永逸地解决了它们的矛盾。

斯宾诺莎学说中的实体不是一个主词。但实际说来,黑格尔所说的精神也同样不是一个主词,而是一个主体,这就造成了大为不同的后果。黑格尔主义逻辑学否定了传统主词理论的立场,就传统主词理论的立场而言,主词是由理智的逻辑指定了相对于客体或谓词的固定位置的。被把握为这个概念之中的"自我"的主体概念在其内在运动中与"事物本身"相同一,也就是说,这个概念不仅与对事物本身的内容的表述相同一,而且与事物本身的在场相同一。在这种在场之中,精神不是使其自身被揭示为一个主词,而是使其自身被揭示为绝对主体,这一绝对主体表现在其自身的过程总体性之中。用路易·阿尔都塞的话来说,它是一个其本身就是主体的"无主体的过程",或者还可以说,它是过程-主体。这就是"主体性逻辑"的意思,"主体性逻辑"既不是主体的逻辑,也不是主词的逻辑。

这样一来,主词的普通功能(主词所行使的述谓判断的功能)也就失败了。在这一功能起作用的理性话语中,概念既是主体又是谓词,或毋宁说就是它们的统一体,也即它们的相互决定的运动:

> 如果说:现实就是普遍,同样地,作为主词,现实就消失在它的谓词里。普遍不应该只具有谓词的意义,以致命题所表述的是"现实是普遍的",相反,普遍应该表述着现实的本质——因此,思维既在谓词中被抛回主体,又同样地丧失了它在主体中曾经具有的那个坚固的和客观的基础;并且在谓词中思想不是返回到自身,而是返回到内容的主体。①

对抽象理智来说,一个命题的真理是形式性地被关系形式系统决定的,这一关系形式系统的规则是必须要受到尊重的。但是,概念的活动、概念的生命则将这种僵死的关系、这种构造打破,消除了它从外部强加给理性的限制,并使每一种形式都分解在另一种形式之中,而那另一种形式不是别的,正是使前者朝着

---

① 《精神现象学》,伊波利特译,序言,第149页。

它实际现实化演进的一个阶段。

真正的理性是具体的,这种理性因而要求我们必须摒弃传统的述谓思想模式:

> 至于辩证运动本身,则以纯粹的概念为它自己的原素;就此而言,辩证运动的内容本身就是一个不折不扣的主体。因此没有什么内容能够一方面表现为一个作为载体的主体,另一方面却意味着一个谓词;就其直接性而言,命题是一种纯粹空洞的形式。①

命题是一种空形式,因为它不过是以把主词和谓词安排在固定位置上的方式把它们分离开来。真理不是为某个总是保持外在的谓词而设定的主词,相反,真理是主体,就它也是内容而言,它在它的每个在场环节中都将其自身呈现为理性的东西。这就是"辩证运动的内容本身就是一个不折不扣的主体"这句话要表达的意思。此即它的自治性和它的无限性的关键。

活的精神在它的直接展开之中驳回了抽象逻辑的要求,因此也在其自身系统之中为否定性的东西留出了地盘。绝对的否定性——或否定的否定——不是别的,正是这个概念所受的不可抗拒的推力,这一推力不让它止于有限的决定,无论这有限的决定具有何种形式,因为,任何有限的决定对这个概念来说都是暂时的和不完整的,它必须使它自身打开来,从而发现并实现它同它的自我的同一性:

---

① 《精神现象学》,伊波利特译,序言,第153页。

活的实体,只当它是自己设定自己的运动时,或者说,只当它是一个以自身为中介而转变为另一个东西的活动时,它才真正是个现实的存在,或换个说法也一样,它这个存在才真正是主体。实体作为主体是纯粹的简单的否定性,正因如此,它是单一的东西的分裂为二的过程或树立对立面的双重化过程,而这种过程则又是对这种漠不相干的区别及其对立的否定。所以唯有这种正在重建其自身的同一性或在他物中的自身反映,才是绝对的真理,而原始的或直接的统一性,就其本身而言,则不是绝对的真理。①

这个概念"本身就是一个不折不扣的主体",因为,它在它的自我之内设定它的他者,它进行着自我反射:它只是为了在其中直接扬弃它自身才在一个决定之中辨认它自身,而且在这么做的同时,它也将这个决定当作一个特殊的和有限的决定一并扬弃,这个决定本身是无法在其自身之中汇集起整全的无限理性的。这就是否定性的事物的运动,这一运动总是返回自身的,而且为了真理的实现、为了真理的理性生成而服务。

而且,如果说有限逻辑的抽象主词从其自身当中排除了所有否定性并且不会陷入自相矛盾的话,那么,与有限逻辑的抽象主词不同的是,黑格尔的主体——它由于"本身就是一个不折不扣的主体"之故而是无限具体的主体——则在其自身之中包含了全

---

① 《精神现象学》,伊波利特译,序言,第49页。

部的矛盾：它既是全部矛盾的整体展开的条件，也是它们整体展开的结果。真理之所以不是一个主词，而是自我主体，且作为自我主体而现在现前，正是由于这种内在否定性使然。

然而，我们可能会感到好奇：与黑格尔对其抽象性和局限性不断挞伐的古典理性相反的这种方法难道不是为了达成相同的效果吗？在古典理性那里，基于形式条件和规则（它们是陈述真理的必要条件），矛盾从一开始就被排除掉了；而就这种与古典理性相反的方法而言，矛盾经历了漫长和复杂的过程之后最终也被克服了。在这个过程中，转而反对它自身的矛盾在真理主体的确证中得到了解决，真理主体的确证既是实际的，因为它从其自身衍生出全部可能的限制；又是无限的，因为它克服了全部那些限制：它就这样成了它自身的绝对置出。在这两种情况中，都存在着与主词/主体相关的、有足够办法在其自身之中找到克服一切否定性的、保证了真理之涌现的理性。不过，在黑格尔所反对的先前表述中，那种主词是一个有限的主词，是在一开始就完全构成好了的、在全然肯定性的原理中被实现的东西，而正是它的稳定性保证了证明的连贯性或顺序；而在黑格尔的论述中，主体是无限主体，只有在它自身的过程的终点，它才会成为它自身，它的运动会把这一终点之前的东西全部予以否定。

黑格尔的"主体"难道不是古典理性主体的镜像吗？无疑是批判的镜像，它揭示了抽象理性的种种不足，并将之打散。但也仅仅是一种镜像，这一镜像仍旧依附于它所依赖的模型，并以它自己的方式重现了那个模型的本质特征。因此，相对于他所谴责的传统思想，黑格尔只是进行了一次位移，把关于理念性的理性的幻觉从开端挪到了终点，但这个终点与替换掉的开端一样是绝对的,这个理念性的理性因为不承认任何外在于自身的元素,而是纯粹的。经过这种"颠倒",有某种基本的东西被保留了下来:它就是关于自我主体精神、真理的主人的观念,在这种观念看来,自我主体精神、真理的主人在它显现为自我同一的东西的理性过程中控制着这个理性的过程。

这种比较虽然看起来武断,但毕竟可以把黑格尔目的论的作用这一根本性的东西揭示出来:正是黑格尔的目的论用理念论的辩证法替换掉了为真理奠定一致性或持久性的传统标准。这个概念的无限性、它向自身返回的不可抗拒的运动趋向于一个目的,这种趋势就像笛卡尔那里的诚实的神那样(笛卡尔的诚实的神支撑着整个真理的秩序)保证着这个概念的任何工作都功不唐捐,也保证了这个概念的工作是渐进式发展、既连续又断裂的演化过程的组成部分——正是这一趋势把精神从不确定的开端引导向它必然的实现。正是由于这个原因,黑格尔才会明确地求助于亚里士多德及其目的性概念并写下"理性就是目的论的工作"①。

真理经历它的全部历险之后,才达成了它的生成,而真理的生成也就是概念的自我复归:它有一种方向,所以它就是理性的。它最初的那些阶段虽然离它们的最终实现还很遥远,但却构成了对最终实现的预支和昭示。黑格尔理念论尤其就体现在这一点上。在这种保证中,精神通过使其自身成为它自己的内容而将它自己向自己给予出来;在这种保证中,精神的运动总是向着精神已经以某种方式竖立在那里的地方运动,因为精神是自我实现的、通过它的所有显现所构成的循环自我返回的主体。也正是由

---

① 《精神现象学》,伊波利特译,序言,第55页。

于这种保证,某些可能性从一开始就被排除了,这说明这个无限的过程仍然是有限的,因为它依赖于一种导向。比如说,这个过程可以是无方向的这一可能性就被排除掉了,因为否则它将不再自在地是理性的,不再具有它在其自身之中的统一性。再比如,这个过程可以同时在诸多对立的方向上保持无期限的张力,而且由于尚未出现一个单一的占支配地位的趋势,这些对立的方向也不可能以确定的方式达到平衡——这种更不可接受的可能性也是被排除掉的。若非排除掉了诸如此类的可能性,真理就会陷入无法克服的矛盾之中,或至少,没有什么能保证这些矛盾必定会彻底地得到解决。

这种目的论的另一个名字就是"否定的否定",或者说就是并非有限的否定这个概念。有限的否定是否定,但也仅仅是否定,仅仅是对某一事物的否定,它在否定那事物的时候是从外部克服了那个事物,从某种意义上来说也是躲避了那个事物:就像任何限界一样,有限的否定必然是相对的。相反,绝对否定是克服了所有限界的权能,这种权能只有在一种完全展开了的体系的无限性中才能得到实现,这个体系的无限性在其自身之中包含了它的全部界限,因而也使全部这些界限不复为界限。有限否定是一个休止点:它不会通向任何地方。无限否定则必然通过它解决的那些矛盾而通向它倾向于实现的这个目的。

就此而言,黑格尔虽然宣告自己在这一问题上与此前的传统彻底决裂,我们也可以说他恰恰在这一点上与此前的传统重新又联系在了一起。黑格尔虽然谴责表述的逻辑的局限性,但黑格尔的辩证法在被给予的"否定的否定"的担保之下("否定的否定"是这种辩证法"实现"的条件)也与表述的逻辑一样是一种反矛盾的思想方式,因为黑格尔辩证法仍然是从对矛盾克服的愿望出发、从着眼于使矛盾消失的视角出发,以使矛盾发生递归的方式来设想矛盾的。《哲学全书》的一则评注对此说得很明确:

> 矛盾是推动整个世界的原则,说矛盾不可设想,这是荒谬不通的。这句话的正确之处只在于说,我们不能停留在矛盾里,矛盾会通过自己本身扬弃它自己。但这被扬弃的矛盾并不是抽象的同一,因为抽象的同一只是对立的一个方面。①

设想矛盾,就是设想矛盾的克服,因为"我们不能停留在矛盾里"。停留在矛盾里则是迟滞性思维的一种症状,这种思维踟蹰停滞,无法达成它的目的,无可逃避地陷在矛盾之中。

我们已经看过黑格尔对斯宾诺莎的否定论以及他对"无宇宙论"的谴责。值得注意的是,黑格尔在他的《逻辑学》第二编专门评论斯宾诺莎的评注中联系斯宾诺莎的"东方式直觉"写下了这样一句话:

> 所以存在越来越暗淡,而黑夜(即否定)这条线上最后的黑点,它并不返回到最初的那光明里去。②

绝对之物以一个否定项使其过程得以完结,这意味着它完全

---

① 《哲学全书》,布尔乔亚译本,第 119 节。
② 《逻辑学》,拉巴里埃尔和雅尔奇克译本,卷二,第 242 页。

彻底地带着它所趋向的那个目的的印记：它的过程无非是一种倒退、一种裂变，它消没于非理性的事物之中。

但归咎于斯宾诺莎的这种"否定论"实际上是属于黑格尔本人的"实证论"的。绝对的确证性在矛盾中发现矛盾翻转的条件、发现消除矛盾的条件，因为，如果说每一个事物都必然要经过矛盾的话，那么这些矛盾就是真理实现所必不可少的中介和辅助，黑格尔哲学就是关于这种绝对确证性的哲学；矛盾仍然是摆脱矛盾、结束矛盾的最好方法，"否定性的东西的劳动"恰恰是把否定性的东西本身当作对象并予以抹除的。如果说那些没有耐心的哲学和不完善的逻辑总是在自身的基础之中、在自身的开端中移除矛盾的话，那么，与这些没有耐心的哲学和不完善的逻辑相反的是，我们必须把赌注押在矛盾对自身的战胜之上，这一胜利是矛盾的目的的表现，并且使矛盾终告消失：对概念来说，由绝对否定开创出的这条道路，也是进入无限的通途。

通过使矛盾转而反对其自身的这种递归运动，真理在自我实现过程中得到宣示：对自我进行着回忆的精神在其实现过程中虽然会有许多种形式，但在全部这些形式中，精神总保持向自我现前：正是由于这一原因，精神的"历史"不知道过去，而仅只同精神——在其自我之中运动着的精神——的永恒实际性相关：

> 哲学史所探究的普遍的东西不应该被理解为历史生活的某个十分重要的方面，在这个很重要的方面之外我们也还能发现别的决定性。这种普遍的东西是无限具体的东西，是到处现在现前的东西，因为精神永远就在自我的近旁——对无限具体的东西而言没有过去，无

255

限具体的东西总是有着不变的力道和力量。①

精神在整个过程中保持自我同一,因而在其自身之中并不具有历史。因为这个过程"是绝对的运动,同时也是绝对的静止"②,或者说:

> 它因而不是一种历史,或它是一种同时并非历史的历史;因为我们可以接触到的思想、原理、观念都是现在现前的;它们都是我们自己的精神的决定;历史中的事物,或者说过去的事物,都已不复存在,都已死去。③

精神在其内在发展之中最终高踞于一切历史之上,因为精神从一开始就是历史的目的,历史不过是精神的一种外在显现:理性地理解历史就是使历史回到既是其引擎又是其真理的概念,使历史中的事物扬弃在概念之中,并确证活的思想对已被扬弃在活的思想中的已死的过去的胜利。

精神通过它自己的历史返回自我,在这种生成同一性的过程中,精神永远总是"就在自我的近旁"。这种永恒性难道与斯宾诺莎学说中的永恒性没有共同之处吗?从着眼于无限的角度来看,斯宾诺莎学说中的永恒性也有这样的特征吗?

---

① 《历史中的理性》(*La Raison dans l'histoire*, trad. Papaïoannou, 10 X 18),第 32 页。

② 《哲学史讲演录》导言,基博朗译,卷一,第 131 页。

③ 同上,第 156 页。

对斯宾诺莎来说,永恒性是永恒的事物的性状,与"[永恒的事物的]实际的无限存有"①相吻合,永恒性就属于那直接就是本质的这种存有,也就是说属于实体,实体的性质不受任何绵延中的条件的限制。实际上,任何绵延都是有限的,因为绵延是由部分组成的,在这种分析中,绵延是可计数的对象。无限的实体必定超出了这样的分析,"因为,如果我们把绵延归属于它,实际上我们就把按其本性为无限的东西分割成许多部分"②。

因此永恒性并不是特殊种类的绵延:它尤其不是超出了所有可指认的边界的绵延,"虽然绵延是被设想为无开端亦无终结的"③。我们在这里又看到了曾经帮助我们理解实际的无限性的性质,也就是说帮助我们理解从其自身中排除了所有的潜在性的那种无限性的性质的推理,这一推理曾帮助我们避免将实际的无限性理解为由有限的东西组合相加或构造而成。

斯宾诺莎学说中的永恒性实质上是原因性的永恒性;永恒性属于无限的事物,而无限的事物是没有任何目的论式的展开的可能性的,相反,无限的事物的原因就在其自身之中。实体因而从根本上区别于黑格尔的精神:根本就不能说实体"就在它自身的近旁",因为实体不是别的,就是在它的全部应变致动的效果(分殊)中以不包含任何时间性决定的方式共时地肯定其自身的作用本身,这种作用共时地表现在它的所有应变致动的效果(分殊)中,而且正如我们已经看到过的那样,又不会把它的所有应变致

---

① 《形而上学思想》,第二篇第一章。
② 同上。
③ 《伦理学》,第一部分定义八说明。

动的效果(分殊)秩序化地构成为它的表现的体系。这种作用是永恒的,因为它在任何情况下都不依赖于现实化的运动过程,否则,现实化的运动过程将会是使它的展开服从于潜能无限性的条件。永恒性就是无目的。

如果我们想要理解斯宾诺莎和黑格尔之间的差异比较的关键之点,这一永恒概念就是一个非常重要的概念。实体的自我同一性排除了所有中介,从这一意义上来说,实体的自我同一性实际上也把否定性排除在自身之外。但是这种排除并不是外在性的一种表现,因为外在性即否定性、有限性,而实体是不承认否定性、有限性为其自身的性质的一部分的,因而也不会像"omnis determinatio est negatio(所有决定都是否定)"这个提法所暗示的那样将否定性、有限性投射在它的应变致动的效果(分殊)之中。因为,我们不可能在实体和样式之间设想任何"过渡",若是那样就意味着存在无限的事物分解为有限的事物——有限的事物必然是不充分的事物——的过程。正是由于这一原因,实体在它的应变致动的效果(分殊)之中是永恒地现在现前的,离开它的应变致动的效果(分殊)便不可能设想实体,离开实体就不可能设想它的应变致动的效果(分殊)。无限的事物与有限的事物间关系的直接性,使我们不可能将这种关系设想为一种目的论式的关系,其实我们不可能将实体设想为使自身在目的论式关系中得到实现的绝对主体。

实体借以在自我决定中表现其自身的作用由于实体的这种自我同一性而不可能由任何目的论的解释来说明。目的论的解释总是从现实性的"受造"角度出发理想地设想现实性,因而不过是一种主观幻觉:这一点已经由《伦理学》第一部分附录充分证明过。在着眼于永恒的视角中,根本就没有对目的的考量的地盘,也根本没有对某种自由主体的干预考虑的地盘,仿佛这种自由主体能够将它自身的秩序强加给事物的顺序似的;这就是斯宾诺莎反对笛卡尔的实质所在。黑格尔也是反对笛卡尔式主体的,在黑格尔看来,笛卡尔式主体不过是一个主词,仍然是一种抽象;但黑格尔对笛卡尔的反对,与斯宾诺莎对笛卡尔的反对是截然相反的,黑格尔的这种反对意见最终被证明是没有切中要害的,因为它在把主体拉回到它的单一的有限性之中的同时,又更进一步地强化了主体的内在导向及其向诸目的的投射,这一点正是所有观念论思想所设想的理性运动——也就是说意向性运动——的特征。但正如我们已经看到的,斯宾诺莎在用"conatus(努力)"的概念去说明个别的本质时,便已经排除了目的论式主体的概念,因为,这种主体既不足以表现实体的绝对无限性,也不足以说明实体在这些有限的决定中是如何表现其自身的。

　　黑格尔不可谓不机敏地注意到了斯宾诺莎思想中既没有主体的概念,也没有"否定的否定"的概念;实际上这两个概念是同一个内容的不同名称。在斯宾诺莎的体系中显然是没有这种内容的。这是否意味着,就像黑格尔对这种缺乏所作的解释那样,这个概念是斯宾诺莎的"缺陷",黑格尔就此得出结论说斯宾诺莎学说尚不能提升到与他的学说一样的水平而处于劣等?

　　我们知道黑格尔式的目的论反复出现在他的哲学史观中;对这种目的论而言,诸多体系以等级的方式次第排列,它们的等级是由它们的内部矛盾决定的,内部矛盾决定了每个体系发生自我颠覆,迫使其让位于更高的、更接近于真哲学的形式,而真哲学在其自身之内是否定一切历史的。这种观点是有一种明显的旨趣的：它使我们在各种哲学的内在运动中、根据它们的相互关系（而不再作形式化的比较）研究这些哲学成果成为可能；它不是从无关的顺序出发而是从它们的矛盾出发指认出一种哲学立场。但是，萃取出这种合理性所必须付出的代价是，这些矛盾是按照绝对否定性原则来呈现的，仿佛它们是在一种不可抗拒的序列中一个构成了另一个的解决似的，而这个不可抗拒的序列又只能完全以这个合理性为目的来解释。因此，黑格尔将进化论引入了哲学史，我们或许可以说他的这种进化论在时间上是超前的。从这种观点看来，一种哲学由于继另一哲学而起并从这另一哲学的失败中获得营养而是优胜者。这让黑格尔能够根据理性的，因而是导向性的否定性原则来描述哲学：根据它在历史中所处的位置，斯宾诺莎哲学必然是不充分的或有缺陷的，并且必须在这个基础上解释它。

但反之，如果我们在考察斯宾诺莎的证明时，排除了黑格尔的目的论，这种进化论的哲学史观也就消失了：哲学之间的真正关系不再仅仅是由它们之间等级整体性程度来衡量的；它也不能简化为按时间顺序排列的谱系，就好像哲学与哲学之间可以用不可逆的继承顺序来排列似的。在这种也许不是物质性的，但也不再是观念性的历史中，出现了一种新的矛盾，那就是各种倾向之间的战争，这些倾向各自在其自身之中并不许诺对自身的解决。这种矛盾仍然是相背倾向的统一，但却是没有否定的否定的统一。

从这个角度来看，斯宾诺莎思想中否定的否定之阙如，不能再被视为缺陷，不能再被视为有待填补的空白或一个必定会被弥补的裂隙。斯宾诺莎思想中否定的否定之阙如相反代表了提前的抵抗的积极征象,这种提前的抵抗也确乎是一种真实的抵抗,它抵抗着黑格尔辩证法的某个方面,我们或许可以简要地说,它抵抗着黑格尔辩证法的观念论的那个方面。这样一来,我们碰到过好几次的令人吃惊的现象也就得到了说明,这个现象就是,黑格尔对斯宾诺莎学说的几个基本论点尤为敏感,这种敏感使得黑格尔在相反的方向上通过普通的排斥形式解释那些论点,他的解释虽然曲解,但也同样切中肯綮,从而使那些论点得到了表现。因此,如果我们不再考虑时序上的"规则"的话,那么我们就可以说,黑格尔并不能够总是正确地理解斯宾诺莎,或并不希望正确地理解斯宾诺莎,这恰恰是因为斯宾诺莎完全含纳(理解)了黑格尔,从目的论的观点来看,这显然是令黑格尔难以容忍的。

极为明晰的视域被颠倒了过来:恰恰是斯宾诺莎拒绝了黑格尔式的辩证法。这是否意味着他拒绝了所有的辩证法呢?他在黑格尔辩证法中所拒绝的东西恰恰是非辩证法的东西,是马克思所说的黑格尔的唯心主义——我们难道不能这么说吗?我们必须抛弃这样一种观点,即所有辩证法都是唯心主义的或反动的,因为,这种观点在哲学上毫无意义:对于唯物主义思想史来说,"所有的辩证法"这个提法也完全是没有意义的。真正的问题是:唯物主义辩证法与唯心主义辩证法的区别何在?在何种条件下辩证法才能成为唯物主义的辩证法?我们必须承认,正是斯宾诺莎帮助我们提出了这个问题并且为这个问题赋予了内容:没有任何担保,绝对地以原因性的方式发挥作用的辩证法是什么样的或应是什么样的辩证法——它所绝对服从的原因性没有由绝对否定性原理从一开始就为之固定的先行的导向,它也并不承诺它所包含的矛盾在它们自身中包含着它们的解决条件从而终将得到解决。

当马克思写下"人只向他自己提出他能够解决的问题"时,他还是完全信赖黑格尔式的进化论的。马克思主义后来的历史将在实践中证明,问题不能仅仅通过问题的提出来解决。但提出问题本身就是一件重要的事情,即便问题的提出并不意味着问题的解决。在黑格尔之后(而不是依据黑格尔)阅读斯宾诺莎使我们能够提出非黑格尔式辩证法的问题,但我们也必须承认(作出这样的承认正是成为斯宾诺莎主义者的一种方式)对这个问题的提出并不能使我们在此同时对它作出回答。

译后记

2019年,加州大学伯克利分校英语系学者约瑟夫·塞拉诺(Joseph Serrano)对皮埃尔·马舍雷作了一次访谈。在访谈中,马舍雷以某种学术总结性回顾的方式,对他本人的理论实践兴趣作出了非常直接的表述。"斯宾诺莎问题"贯穿访谈始终的核心。从某种意义上说,17世纪哲学家斯宾诺莎是马舍雷的学术起点,也是使他与阿尔都塞之间产生理论亲和性的交叉点。与人们的通常印象不同,并不是阿尔都塞将马舍雷引向了斯宾诺莎研究:马舍雷对斯宾诺莎的兴趣可以追溯到他的高中岁月,在1958年进入巴黎高师之后,某种可被称为法国的"斯宾诺莎复兴"运动的思想环境让年轻的马舍雷将斯宾诺莎研究当作自己的学术志业之一。

20世纪60年代初期,巴黎高师(以及索邦大学)的"斯宾诺莎复兴"思想运动是由多个思想脉络织成的一个网络。在这个网络中,当时任弗拉基米尔·扬克列维奇(Vladimir Jankelevitch)[①]

[①] 弗拉基米尔·扬克列维奇(1903—1985),法国哲学家、音乐学家和作家,他对伦理学、音乐哲学和存在主义理论作出了重要贡献。1949年扬克列维奇任巴黎高师哲学教授,在巴黎高师任教期间对许多学生产生了深远的影响。扬克列维奇也是黑格尔《逻辑学》("大逻辑")法文版的译者。

的助教的迪娜·德雷福斯(Dina Dreyfus)①对斯宾诺莎素有研究兴趣,马舍雷同她一起参加了马夏尔·果鲁特的斯宾诺莎讲座课程,"多亏了她,我才明白,斯宾诺莎的哲学不仅仅是众多学说中的一个,而是代表了一种不同的哲学方式,或'真哲学'"②。

在这期间,在与以"哲学辅导教师"身份监督并在课外指导巴黎高师哲学系学生的阿尔都塞的交往中,马舍雷不仅接触到了阿尔都塞与德勒兹围绕斯宾诺莎所展开的对话及理论重点,还从阿尔都塞那里认识到了斯宾诺莎哲学标志着哲学史上的一个"决裂点"。1960年,在进入巴黎高师学习的第三年,马舍雷选择了乔治·康吉莱姆(Georges Canguilhem)③做硕士导师,并提出以"斯宾诺莎那里的哲学与政治"为题作毕业论文——显而易见,阿尔都塞在他对这个题目的选择上是具有决定性作用的。

1963年从巴黎高师毕业后,马舍雷更深入地参与了阿尔都塞当时的理论活动,参加"阅读《资本论》"工作小组的同时,还参加

---

① 她是结构主义人类学家列维-斯特劳斯的第一任妻子。

② Joseph Serrano, "Between Literature and Philosophy: An Interview with Pierre Macherey", In Warren Montag & Audrey Wasser (eds.), *Pierre Macherey and the Case of Literary Production*, Northwestern University Press (2022), p.180.

③ 乔治·康吉莱姆(1904—1995),法国哲学家、历史学家和医学史家,在1955年至1965年期间担任巴黎高等师范学校哲学系的系主任。在这个职位上,他通过组织和指导教学计划、招聘教职员工和推动学术研究等方式,对该系的发展和运作产生了重要影响。

了同为阿尔都塞所主持的"斯宾诺莎小组"①,在这一阶段,阿尔都塞、马舍雷、巴利巴尔等人在更具深度的层面着手开始经由"斯宾诺莎通路"保卫马克思主义哲学的工作,应该说,"斯宾诺莎问题"自此以后成为马舍雷的基本研究工作重点。1979年马舍雷发表了他的第一部斯宾诺莎研究专著《黑格尔或斯宾诺莎》②(收入阿尔都塞主编的"理论"丛书,也是该丛书的最后一册),这表明该著作同当时阿尔都塞的黑格尔理论关切的相关性:"黑格尔借他的绝对否定概念把目的论预设引入了辩证法当中,这种目的论预设包含了它自身的前提和担保,而它[指《黑格尔或斯宾诺莎》一书]是提出将目的论预设剔除掉的辩证法的一项规划。这项规划也正是阿尔都塞所从事的重建马克思主义理论的核心。在阿尔都塞看来,这种辩证法是重返历史进程并将政治斗争定位在坚实阵地之上的前提,因为只有通过这样一种辩证法,我们才可能抓住历史进程在形势之中的实际展开,才可能清除掉通向某种既定目的的进步论偏见。我认为这个规划比以往任何时候都更为迫切和必要。马克思和恩格斯曾认为只需将黑格尔的'观念论'辩证法颠倒过来,使之具体化就够了……但正如阿尔都塞指出的那样,这样的颠倒与其说改造了黑格尔辩证法,不如说保留了辩证

---

① 有关阿尔都塞"斯宾诺莎小组"的理论工作计划,请参看拙文《力量政治学与群众的自我启蒙:阿尔都塞的斯宾诺莎及其难题性》,载《东方学刊》2021(01),第95—97页。

② Pierre Macherey, *Hegel ou Spinoza*, Paris, Librairie François Maspero, coll. Théorie, dirigée par Louis Althusser Paris, 1979 (第二版 1990 年由 La Découverte 出版)。

法或让辩证法得到了再生产。……用必然性和普遍性的特权装点起来的某种虚构只会遮蔽革命行动必须从中开辟出道路的错综复杂网络所内蕴的实际矛盾,确切地说,革命行动所要开辟的这条道路不可能有事先确定的终点,革命行动也不可能沿着理想中笔直的单一路线向那个所谓终点前进。"①

* * *

通过对黑格尔和斯宾诺莎的文本进行跨越性批判,凸显斯宾诺莎哲学中的非目的论、非观念论的辩证法概念,构成了《黑格尔或斯宾诺莎》一书的基本目标。马舍雷在这里使用的批判方式之所以是"跨越性"的,是因为他通过黑格尔回到斯宾诺莎的同时,也经由斯宾诺莎来阅读黑格尔,前一种路径使他能在斯宾诺莎那里勾勒出某种替代性的唯物主义辩证法,后一种路径则使他对主体论形而上学的观念论传统进行彻底的解构。

马舍雷提醒我们注意,黑格尔在其《逻辑学》(即"大逻辑")和《哲学全书》第一部分(即"小逻辑")中,从关于"存在(Sein)"的论述过渡到关于"本质(Wesen)"的论述时反复或隐或显地论及斯宾诺莎学说,或与斯宾诺莎进行对话,这些症状性的段落不仅表明黑格尔比近代哲学史上任何其他哲学家都更"接近"斯宾诺莎,而且也表明黑格尔从他自身观念论、目的论出发误读了斯宾诺莎哲学的核心要点,并且以此方式"压抑"了斯宾诺莎的话语

---

① Joseph Serrano,"Between Literature and Philosophy: An Interview with Pierre Macherey", In *Pierre Macherey and the Case of Literary Production*, p.196.

结构。

黑格尔是如何有意误读并"压抑"了斯宾诺莎的话语结构的呢?在本书第一章"斯宾诺莎的读者黑格尔"中,马舍雷就此直接给出了他要随后展开说明的黑格尔的斯宾诺莎解读－误读策略:(1)承认斯宾诺莎哲学是真正意义上的哲学开端,因为斯宾诺莎学说首次将"绝对之物"思考为实体的自我实现,但是,这种自我实现的绝对实体仅仅是对"绝对之物"的一种形式性设定,"在开端就直接被给予出来的绝对之物虽然无须再发展其自身",它的现实性表现与其说是"发展",不如说是"分解"或"过渡";(2)因而斯宾诺莎学说借以表达自身的"几何学方式"只是思想"从外部"对实体这一空洞的绝对之物分解为"诸属性""诸属性"分解为"样式"的形式性表述;(3)因此,斯宾诺莎那里的"诸属性"与其说是客观意义上的基本决定,不如说是抽象理智构造的实体的"影子";(4)最终,斯宾诺莎"所有决定都是否定"这一公式表明,其学说是缺乏"否定的否定"的片面、抽象、静止的"消极"哲学。马舍雷在随后章节中所做的工作即分别围绕"几何学方式"问题、"属性"概念问题和"作为否定的决定"问题,依据黑格尔的文本,解析他的误读,继而重建斯宾诺莎的学说体系,最终回应黑格尔对斯宾诺莎的批评;在这种跨越性批判的过程中,马舍雷洞察到黑格尔实际上是笛卡尔的真正继承人。

本书的叙述分别针对黑格尔就斯宾诺莎所提出的以上四点责难展开,揭示了斯宾诺莎"实体"的绝对同一性、绝对肯定性、绝对统一性的唯物主义内涵(第一章"斯宾诺莎的读者黑格尔"),从这一"实体立场"出发,澄清斯宾诺莎的"几何学方式"并非一般意义上的方法论,而是真观念的充分展开形式(第二章"几何学方式"),思想属性与广延属性具有同一种顺序保证了真观念能在心灵中被给予出来,属性并非实体自我分解形式,而是实体表现其绝对肯定性、保证自身可理知性的先天条件(第三章"属性难题"),黑格尔虽然充分肯定斯宾诺莎在真正意义上的哲学中的开端地位,但却在存在论、方法论和认识论上刻意系统"扭曲"斯宾诺莎哲学体系的内在成因,他这么做就是要为这一体系引入目的论的动力机制,从而使斯宾诺莎关于永恒性、共时性、肯定性真理的话语转变为以否定为动力基础、以主客体环节展开为历时演进形式,最终指向绝对精神自我实现的开端性目的的话语结构——对这个总问题的叙述占据了全书的近一半篇幅(第四章"所有决定都是否定")。

马舍雷的跨越性批判所遵循的这一叙述方法让黑格尔对斯宾诺莎的解读以问题性的方式进入了一种现实的运动,但显而易见的是,这一叙述方法是以研究方法为前提的。正如马克思在《资本论》德文版第一卷第二版跋中所说:"在形式上,叙述方法必须与研究方法不同。研究必须充分地占有材料,分析它的各种发展形式,探寻这些形式的内在联系。只有这项工作完成以后,现实的运动才能适当地叙述出来。"①

马舍雷作为"阅读《资本论》"工作小组的核心成员,不可能不清楚地意识到马克思所说"研究顺序"与"叙述顺序"之间的不同——研究顺序是综合,是对原因的把握,叙述顺序是分析,是从作为决定机制的原因中推出并表述原因在现实中的具体效果;更为重要的是,马舍雷作为斯宾诺莎哲学的细读者,不可能不清楚

---

① 见《资本论》第一卷,北京:人民出版社2004年版,第21—22页。

地知道,"真科学从原因进到效果(veram scientiam procedere a causa ad effectus)"①而不是相反,这也正是斯宾诺莎本人所遵循的从事哲学批判工作的基本方法。马舍雷本书的研究顺序,恰是从他叙述顺序中的最后一章即黑格尔对斯宾诺莎的"决定即否定"这一提法的全面改写入手的,从中揭示出黑格尔把一种不属于斯宾诺莎哲学的"难题"(即"否定"的难题)移入其中,从而让后者的"属性"概念成为某种退行性的"冗余概念",其体系方法才因这一"冗余概念"而成为非有机的形式性方法,进而可以让黑格尔本人的哲学对斯宾诺莎学说体系进行"收编"。

在这里,我们以马舍雷对"黑格尔与斯宾诺莎的关系"进行研究的顺序来对黑格尔的斯宾诺莎解读的基本问题性加以重述,则更能清晰地把握两种哲学的潜在"对抗"。

* * *

"所有决定都是否定(Omnis determinatio est negatio)",黑格尔在《哲学全书》第91节附释中、在《哲学史讲演录》中都确定地把这个提法归之于斯宾诺莎。但这恰恰是对斯宾诺莎所说的"[这种]决定就是否定(determinatio negatio est)"的歪曲,显然,黑格尔通过加上"omnis(所有)"这样一个定语,让这句话成了一种全称判断——这样便使"否定"成为事物之间的绝对运动机制,

---

① 见《理智改进论》第85节,《伦理学》第一部分公理四。贺麟先生译本作"真知识是基于由原因推出结果",见《斯宾诺莎文集》,北京:商务印书馆2014年版,第257页。

而把肯定归为相对的、作为中介通向目的的相对运动机制,从而便于使两者分属于不同等级的"环节",就仿佛光明与黑暗似的。

马舍雷把斯宾诺莎的提法"determinatio negatio est([这种]决定就是否定)"放回到上下文中去理解——放回到斯宾诺莎给梅耶尔、给耶勒斯的信当中去理解。斯宾诺莎在给梅耶尔的信中说得很清楚,对实体的认识只能从永恒原因性去把握,而任何从经验表象对实体样式的外在决定只可能是对事物真实性质的消极表述;用他给耶勒斯的信中的话来说,"凡是说他认识形状的人,他所想表示的,无非只是说他在认识一个决定了的事物,以及这个事物如何被决定。因此,对事物的这种决定,不是指事物的存在,正相反,它是指事物的不存在。既然形状无非只是决定,[这种]限定就是否定"。就此我们便能发现,斯宾诺莎的这一提法并不适用于实体的属性(无限的属性),甚至不适用于无限样式和有限样式,而是适用于"理性中的存在"或"想象的辅助工具",想象实际上无法超越有限,它若想要通过有限的东西去分析无限的东西,只能陷于徒劳。在这里,马舍雷强调了斯宾诺莎在"想象性"感知机能与理智的认识机能之间作出的批判,并证明了只有理智才能实际地把握无限,因为,理智超越"数目字的标准"(即黑格尔所说的坏无限),在某种"领会"中抓住无限。与经验借助想象对具体有限事物的"形状"所能把握到的决定(或"限定")不同,实体的无限性是绝对肯定性的。黑格尔想让他自己的哲学与斯宾诺莎联系起来,因此不惜使用这则把决定与否定联系起来的提法——"所有决定都是否定(Omnis determinatio est negatio)"——去歪曲斯宾诺莎的原意,但他毕竟犯了一个判断错误。

在这里,马舍雷发现了德勒兹所解释的斯宾诺莎学说和黑格尔学说之间的真正裂隙——德勒兹把斯宾诺莎学说理解为一种肯定的哲学,而在这种裂隙之中,黑格尔学说则把否定视为一种操作(运作),这种运作通过重复自身(否定之否定)获得肯定性的后果。显然,马舍雷认同德勒兹对斯宾诺莎的阐释。

从斯宾诺莎学说体系的文本内部来看,"决定"这个概念就其与"原因性"概念联系而言实际上具有绝对肯定性的含义,并在这一意义上充当着斯宾诺莎整个学说体系的核心。马舍雷后来在对斯宾诺莎《伦理学》作细读的时候统计过,与表现着原因性关系的观念相联系的动词"决定(determinare)"在《伦理学》中共出现 102 次("实体"一词是 134 次),属于绝对高频词。① 这也就是说,当"Determinatio"一词涉及实体由其自身性质而来的"规律性"的时候,只能被理解为"决定"、被理解为实体的绝对肯定性和给定性,实体本身以决定了的特定样式(certo et determinato modo)在有限事物中表现它自身,并让所有个别事物处于永远到处同一的"顺序和联系"之中。换言之,实体作为"生产自然的自然",所有事物都在它之中并取决于它:对斯宾诺莎来说,只有在人的观念中才存在肯定性与否定性这个传统的对立,而在整个自然过程中是没有也不可能有这个对立的:在自然中,一切都由原因性永恒地给予出来,自然即绝对肯定。

黑格尔那里作为否定的决定与斯宾诺莎作为原因性的决定之间的差异背后是两种实体观、两种无限观的差异。在耶拿"逻辑学"中,黑格尔将实体表述为一种"对比关系(Verhältnis)",也

---

① Pierre Macherey, *Introduction a l'Ethique de Spinoza t1*: *La nature des choses*, Paris, PUF, 1994, p.32,34.

就是说,诸环节的无限性。① 实体不是纯然直接性的存在,而是指可能生成的决定性,也就是说,实体是各对立项在其中起作用的场地:每一个决定性同时是其他决定性之所是也非其他决定性之所是。对这些决定性来说,实体本身就是它们的内容,实体的形式就是它们的共同契机。但实体的存在不仅是质的,而是已经转变为量的质。因此,对黑格尔来说,谈论实体的统一性不仅要看到在它之中汇集的决定多样性,而且也要以直接排除的方式把实体统一性同它所不是的东西对立起来,也就是说,把作为现实的实体统一性同不能存有的东西对立起来。对实体加以确指就意味着将它理解为总是在生成的可能:可能性和生成中的存在的统一性就是必然性。因此,我们看到黑格尔在这里重新把康德的样式范畴运用于实体本身——我们知道,在康德那里,对象同理智、判断和推论的关系是由样式所派定的。黑格尔在耶拿"逻辑学"的文本中借此来暗示,实体通过理智、判断和推论三种样式表达自身,但不会固定于其中任何一种,更不会等同于无决定性的存在。实体作为关系(也可称之为无限性),人们在其中断言的有限的决定(偶性或模态)只能是被扬弃的东西。无限的、生成的对立才是唯一的实体统一性的基础。这也就是说,在黑格尔看来,我们必须把实体思考为统一与对立的统一体,或者说量(纯肯定的单位)和质(排除性的否定单位)的统一体,或自我同一与差异的统一体。黑格尔将实体思考为它自身的无限化、思考为一个过程:实体的可理解性也就在于这种绝对变易性,实体总是从一化

---

① 黑格尔专论实体的文字集中于三个地方,即耶拿《逻辑学》《精神现象学》和《大逻辑》第二编本质论第三部分"现实性"各处。

为多,同时通过否定的否定而由多返回一。这种无限性构成了运动的原理和运动本身。黑格尔也正是从被这样理解的无限性出发试图对作为"自因"的实体作出解释和论证的。实体这种"无限"关系——实体性关系——是为"思想关系"作准备的"存在关系","思想关系"作为实体辩证法恰恰就位于"客观"逻辑向"主观"逻辑过渡的转折之处:黑格尔就这样抛弃了实体的作为自然本身的内在性。

如果说黑格尔所理解的实体是"自因"关系性的无限化历时运动,以至于"阐释为这样一种主体,此主体在一种穷尽性话语中不断返回其自身,这样,此主体就可以在它自身内展开它所能够展开的全部矛盾,并通过这些矛盾引导精神达到其实际的完满性"①,那么,斯宾诺莎的实体则是自然(物质原因性)本身共时性的完满原因性,它永远同一地存在于万有之中,实体的无限性以内涵性的方式,既保持自身的不可分性,又遍布于它的一切样式之中:全部的广延不可分地存在于每一滴水中,正如全部的思想属性都在每一个观念的活动中在场并必然地决定着每一个观念的活动一样。如果说黑格尔将否定理论置入观念论-目的论实体观的核心的话,那么斯宾诺莎则在他的学说中没有给黑格尔意义上的这种否定理论留出任何地盘。

黑格尔正是由于将实体理解为绝对之物以"自我返回"的方式自我展开的历时关系系统,将无限理解为否定之否定的无限化"过程"的缘故,"才会将属性理解为无限化中的一个一个对立环节",从而系统地(有意地)误解斯宾诺莎的属性概念,"实际上,

---

① 见本书,第239页。

我们若仅限于思考一个一个的属性,我们就自然地倾向于以否定的方式来思考它们,即把它们彼此对立起来,把每个属性本身的性质理解为别的属性所没有的性质"①。这就是黑格尔在《精神现象学》中思考属性的方式——从属性的相互否定必定得出属性之间的否定性特征。因此,在黑格尔看来,实体首先是这些环节的简单集合,其中的这些环节在将它们揭示为对立之前,仅仅是处于面对面的、相互外在的冷漠之中。

马舍雷从跨越性批判的角度,澄清了斯宾诺莎那里诸属性之间、诸属性与实体之间的关系以及这些关系的内在决定性,并从这个角度反驳了黑格尔针对斯宾诺莎学说体系是抽象体系和形式性体系的批评;在黑格尔看来,斯宾诺莎思考"绝对开端"的企图导致了其学说的抽象性和形式性。马舍雷对斯宾诺莎的"属性"术语作了基于原文本的解析,并由此表明,"无限多无限属性"中的每一个属性必然平等地作为实体的一个"维度"而存有,且以非对立的方式统一于实体之内。属性与实体的这种区别使得实体作为自在地被决定的绝对之物无差别地在每个属性之中表现其自身。马舍雷甚至还以跨越性的方式"仿照黑格尔的说话方式说:实体与诸属性的关系是绝对之物借以把它自身当作实际的东西加以肯定的生成性的同一性"②。在斯宾诺莎这里,实体是有无限多无限属性的统一性,实体与属性之间、每个属性之间并无上下级的隶属关系,任何两个属性之间也不存在否定关系(每个属性是在其自身之中的无限者,以其自身方式表现着实体),但黑格

---

① 见本书,第 132—133 页。
② 见本书,第 136—137 页。

尔不仅将属性解读为由概念化加于实体的外部反思形式,而且也让"无限多属性"缩水为"思想和广延"两种属性,进而让实体作为诸环节的无限化过程统摄起这两种属性,两种属性也在实体的这一无限化过程之中形成对立并进入"否定之否定"的目的论运动之中。在黑格尔看来,他在属性问题上对斯宾诺莎的批判,是对斯宾诺莎"僵死"的绝对之物-实体、空洞的无内容的开端哲学的拯救,从斯宾诺莎学说体系这种由绝对开始、退行地衰变、裂解的哲学中生成了黑格尔自己的目的论现实性的"生成"哲学。

* * *

黑格尔将实体的无限属性简化为"思想和广延"两种对立和相互"否定"的属性,这一做法有着他自己的认识论考量,即实现实体与"主体"的思辨同一要求——反思不再与它所反思的内容对立,因而是自我反思,借此环节进入了概念王国。《精神现象学》序言宣布把实体与主体放到一起来思考这一任务,并将这一任务置于知识的远景之中——"一切的关键在于,不仅把真相理解和表述为一个实体,而且同样也理解和表述为一个主体"[1],从而宣告了既是必然性也是自由本身的观念运动。观念运动仍然属于"客观"逻辑,仍然是受必然性支配的实体运动,但在观念运

---

[1] "alles darauf an, das Wahre nicht als Substanz, sondern ebensosehr als Subjekt aufzufassen und auszudrücken." *Phänomenologie des Geistes*, *Georg Wilhelm Friedrich Hegel Werke 3*, Berlin, Suhrkamp, 1986, s22. 参看《精神现象学》,先刚译,北京:人民出版社 2013 年版,第 11 页。

动中也出现了自由。黑格尔说，如果实体是有力量的，这正是因为它会有它的种种决定性，也就是说它能置出种种决定性，并将它们保留在自身之中、将它们维持在其自身之中，换言之，实体能产生种种决定性并让它们成为必然性。因此，实体是它同它自身的绝对中介；实体在其无限化的过程中，必定要从"自在"的转变为"自为"的。实际上，在"实际性"当中，实体已经在其自身之中占有了反思性的整个运动，在"概念"之中，实体才能实现从自在向自为的飞跃，才能被提升为"主体"。马舍雷指出，在这种实体-主体的真理观当中，"思想和现实在根本上是一而二、二而一的，因为它们属于同一个过程，精神这个实际有效的东西本身就是这个过程中的主体：这个过程除了从一侧让实体呈现为真理之外，还使其自身被把握为主体，也就是说使其自身被把握为运动中的总体"[1]，黑格尔也正是在这种框架内完成了真理观的目的论建构。

在黑格尔的目的论真理观看来，实体的矛盾展开与真理的生成，是实体的主体化过程，也是主体在"事后"对自身意义的"辨认"。辨认：这种真理观归根到底仍然是符合论的，只不过不再是简单意义上的主观认识与客观存在的符合，而是实体的主体化在概念中与实体的自在运动相符合。然而，斯宾诺莎的知识观则是与任何意义上的"符合论"真理观格格不入的。斯宾诺莎认为真知识即知识生成顺序本身，并在这一意义上拒绝了符合论真理观，后者恰恰是来源于"两种属性的对立统一"关系。在斯宾诺莎看来，真知识的内在标准即思想属性中观念的充分性。而符合论

---

[1] 见本书,第107页。

真理观则与错误来源于自由意志的观点相联系,在这种观点看来,错误源于主体由于其意志的不确定性而把不适当的判断加于在思想中被给予出来的东西之上。斯宾诺莎则证明,真观念必然是自我肯定的。其推论思路是:错误不能被理解为拥有自身品质的东西,只能被理解为思想在自身样式化中的不充分决定,是思想样式中的观念同其他观念处于不完整、残缺的顺序之中所产生的残缺观念,这种作为错误的残缺观念在这样一种意义上甚至也是充分的,即,该残缺观念的不充分性决定是它的生产理据,就它拥有这种充足理由而言,它在思想中是必然会发生的。因此,纠正错误,由错误转向真理,不是让观念在思想中符合某个被给予的对象,而是得出观念(诸观念)的正确顺序,发现观念完整决定性。马舍雷就此指出斯宾诺莎的认识理论有如下这两个基本特征:(1)从真理中排除了任何观念之外的标准,(2)真理与错误观念之间没有根本性的裂隙。在斯宾诺莎学说当中,思想是实体性属性,因而作为思想样式的观念也与广延属性中的样式是对等的现实性,但黑格尔则将思想界定为超越性的主体-现实性,在黑格尔这里,他对思想的定义将思想简化成了绝对之物自我实现的纯然中介,只有从"历时"性的绝对者自我返回的结果中,才能从事后发现思想现实性的意义。相反,斯宾诺莎反对诸属性(思想与广延)之间的等级性,并且反对以目的论去理解认识和理智,而是将理智和认识理解为观念在思想中的自我肯定本身。

在此点之上,黑格尔与斯宾诺莎的那种"跨越性"关系的特征就凸显了出来,"两人体系之间无论是各自独立还是近似,它们的这种关系都绝不仅仅是外在的:黑格尔与斯宾诺莎针锋相对的那些哲学论点支撑起了一种真正的抉择关系,抉择中的那些项之间又以内在性的方式紧密联系在一起。在返回我们这里研究的具体问题时,需要解释的事实是:黑格尔之所以同斯宾诺莎对峙,就因为他们在同一个概念——关于绝对的、实际的、具体的、真实的事物的概念——上各有主张"①。

* * *

黑格尔的辩证法从"单纯直接性"开始,"由于开端不应当有任何前提,而本身应当被看作一个直接的东西,所以这个规定仅仅意味着,开端应当是逻辑的开端或思维本身的开端。当下呈现出来的,只是一个决心(人们也可以把这个决心看作是一个独断的决定),即人们想要考察思想本身。就此而言,开端必须是一个绝对的开端,或在这里换个同样的意思的说法,必须是一个抽象的开端;它不可以预设任何东西,既不能以任何东西为中介,也不能有一个根据;毋宁说,它本身必须是整个科学的根据(Soll aber keine Voraussetzung gemacht, der Anfang selbst unmittelbar genommen werden, so bestimmt er sich nur dadurch, daß es der Anfang der Logik, des Denkens für sich, sein soll. Nur der Entschluß, den man auch für eine Willkür ansehen kann, nämlich daß man das Denken als solches betrachten wolle, ist vorhanden. So muß der Anfang absoluter oder, was hier gleichbedeutend ist, abstrakter Anfang sein; er darf so nichts voraussetzen, muß durch nichts vermittelt sein noch einen Grund haben; er soll vielmehr selbst Grund der

---

① 见本书,第100页。

ganzen Wissenschaft sein)"①。因此,对黑格尔辩证法来说,客观直接性的开端以思想直接性为真实的、无中介的开端。进而,黑格尔辩证法以实体的主体化开始并以回归主体为目的的,是实体的概念化过程,或者说,是在主体化的精神之中得到反思-反射的实体的"我=我"这一自我识别的观念上升过程:"只有当实体被思想或被直观为一个绝对的统一体,它才被看作是绝对之物,而全部彼此有别的内容都必须脱离实体,落入一种并不隶属于实体的反映当中……但是精神已经向我们表明,它不仅仅是自我意识之退回到自身内的过程,也不仅仅是指自我意识沉浸在实体之中,各种差别荡然无存,毋宁说,精神是主体的这样一个运动:主体一方面脱离自身发生外化,沉浸在它的实体之中,另一方面又作为主体摆脱实体,并返回到自身之内把实体当作对象和内容,因为它扬弃了客观性与内容之间的差别。那个来自直接性的最初反映是主体的一种自身区分活动(即主体把自己与它的实体区分开),或者说是一个自行分裂的概念,是纯粹自我的自身回归运动和转变过程。由于这种区分是'我=我'的纯粹活动,所以概念就是那个以实体为本质并且自为地持存着的实存的必然性,就是那个实存的上升过程"②。对"我=我"的这种主体观念论的辩证法,青年阿尔都塞就曾评价说:"实体转变为主体的意义由此而变得清晰了。实体是总体,但它是必然性的王国,自由在实体的层面上仅仅是对这种必然性的意识,也就是说,是对奴役地位的屈从。黑格尔的自由是一个圆圈,这只是因为实体被解放了:主体不能

---

① G.W.F. Hegel, *Wissenschaft der Logik*, Hamburg, Meiner, 1990, ss 80-81.
② *Georg Wilhelm Friedrich Hegel Werke* 3, Berlin, Suhrkamp, 1986, ss 587-588.

随意地认可实体的必然性,除非这种必然性是由它自己所设计的;也就是说,除非它能控制这种必然性,除非实体只是主体自己的已变成为实体的本质;除非通过控制实体,主体最终能控制它自己。因此,真理中的这种兄弟般的关系是实体变成主体的运动;但是,这种运动不是简单地把某个新人推向统治地位,把奴隶推到王位上去,把君主驱逐到用奴隶来划桨的单层甲板大帆船上去的一种纯粹的突变;它同时也是主体变成实体,即占有它自身的真理以及使其成为它自己的王国的一种运动"①。

对马舍雷(或阿尔都塞)来说,斯宾诺莎那里存在着一种替代性的唯物主义辩证法,这种辩证法从"实体"开始,这个实体不再是某种纯粹的直接性,而是全部的自然原因性本身,它无须借助主体的思想、借助"否定的否定"去展开,也不可能从有限理智角度去否定性地展开,因为它既是开端,也永远到处同一地决定着"万有的全貌"。就去除了目的论的唯物辩证法的实体而言,实体的真理不存在于去占有未来的"生成",相反,实体的真理就在每一个现在的现实性之中,每个现在现前的现实性都以完满的原因性肯定着由实体所决定的实际本质,任何既有的"错误观念"就使它得以造成的充分原因而言都是"完满"的,任何既有的事情,无论从人的角度看是"善"的还是"恶"的,就其具有内禀的存在之力(conatus)而言,都是"完满"的,这就是斯宾诺莎所说的"现实性,我将它与完满理解为同一个东西(Per realitatem et perfectionem idem

---

① Louis Althusser, "Du contenu dans la pensée de G. W. F. Hegel", dan *Écrits philosophiques et politiques*, T1, Paris, Éditions STOCK/IMEC, 1994, pp.132-133.

intelligo)"①的意思。唯物辩证法的理论实践,恰恰就意味着去按照事物性质本身的顺序与联系对既有的具体情况的充分原因形成充分的观念——"有智慧的人的自由并不在于根除激情/被动情状和奴役的效果,而在于改变他自己与这些激情/被动情状及与它们相伴随或由它们而来的那些印象之间的关系:所有这些激情/被动情状及印象按其自身的方式表现着必然性,在承认这一点的基础上,有智慧的人才能将它们转化为快乐的激情/被动情状,转化为清楚的印象,从而使这些激情/被动的情状和印象在它们所受的决定机制的整体之中得到解释",这里的"智慧"指的就是唯物辩证法的对具体问题充分分析的政治智慧,因为,"知识——首先取决于人们的认识实践样式的知识——也是一个政治问题"②。

多年后,马舍雷在回顾他的这部斯宾诺莎研究处女作时,特别强调:"如果斯宾诺莎可以被视为黑格尔的替代选择,恰是由于他对目的论作了彻底批判。这样的批判要求在一个新的基础上……重新思考万物的性质。如果把斯宾诺莎和黑格尔生硬地放在一起,就好像他们构成了界线清晰、非此即彼的两极似的,那么这种做法是毫无生产性的。我以'黑格尔或斯宾诺莎'命名这部书,这个提法并不意味着我将黑格尔判入思辨的地狱,而选择站在斯宾诺莎一边。在斯宾诺莎之光的照射之下,黑格尔学说体系一旦得到本着'真哲学'精神的重读,该学说将从内部被一种打破其自身界限的思想动力所贯穿——'真哲学'不是对一劳永逸

---

① 《伦理学》,第二部分定义六。
② 见本书,第96页。

地确立的思想或真理的沉思,而是一项不断接受检验并总是重新开始的事业。"①从"真哲学"事业的角度看,《黑格尔或斯宾诺莎》一书勾勒了唯物辩证法可能的样貌,也让我们看到了黑格尔的斯宾诺莎和斯宾诺莎的黑格尔的思想史意义。

* * *

在对本书的翻译过程中,对马舍雷所引用的法译本黑格尔著作,我们根据法文译出,同时参考了已有的汉译本:杨一之译《逻辑学》(北京:商务印书馆1966年版)、贺麟译《小逻辑》(北京:商务印书馆1981年版)、梁志学译《哲学全书第一部分逻辑学》(北京:人民出版社2017年版)、梁志学、薛华、钱广华、沈真译《自然哲学》(北京:商务印书馆1980年版)、贺麟、王玖兴译《精神现象学》(北京:商务印书馆1979年版)、先刚译《精神现象学》(北京:商务印书馆2013年版)、贺麟、王太庆译《哲学史讲演录》第四卷(北京:商务印书馆1978年版)、王造时译《历史哲学》(上海:上海书店2001年版)。

分别收在《康德著作全集》第二卷和第四卷(北京:中国人民大学出版社2004、2005年版)的李秋零译《将负值概念引入世俗智慧的尝试》《自然科学的形而上学初始根据》以及收入《历史理性批判文集(注释版)》(北京:中国人民大学出版社2018年版)的李秋零译《万物的终结》是本书译者所参考的康德文献汉译。

---

① Joseph Serrano,"Between Literature and Philosophy: An Interview with Pierre Macherey",In *Pierre Macherey and the Case of Literary Production*,p.197.

翻译是语际之间的历史性交流，前辈译者的实践为我们创造了极大的便利条件，在此我们向前辈译者们致以崇高的敬意和谢忱。

　　本书的初稿第一、二、三章先由华东师范大学的曹振威博士译出，初稿第四章由上海大学的林佳信博士译出，我在两位译者翻译的基础上再次译毕并统稿校订，历时近三年。马舍雷的这部著作虽然篇幅不算大，但由于概念的复杂性、推理的细致性和所涉对象的系统性，对我们来说构成了一项挑战。感谢主编陈越老师和责任编辑任洁老师的耐心。

赵　文

2023 年 8 月

于陕西师范大学

著作权合同登记号:陕版出图字 25-2017-0014

图书在版编目(CIP)数据

黑格尔或斯宾诺莎 /(法)皮埃尔·马舍雷著;赵文,曹振威,林佳信译. —西安:西北大学出版社,2023.12
(精神译丛 / 徐晔,陈越主编)
ISBN 978-7-5604-5283-8

I. ①黑… II. ①皮… ②赵… ③曹… ④林… III. ①黑格尔(Hegel, Georg Wilhelm Friedrich 1770—1831)—哲学思想—研究 ②斯宾诺莎(Spinoza, Benoit de 1632—1677)—哲学思想—研究 IV. ①B516.35 ②B563.1

中国国家版本馆 CIP 数据核字(2023)第 241289 号

黑格尔或斯宾诺莎

[法]皮埃尔·马舍雷 著

赵文 曹振威 林佳信 译

出版发行	西北大学出版社
地　　址	西安市太白北路 229 号
邮　　编	710069
电　　话	029 - 88302590
经　　销	全国新华书店
印　　装	陕西博文印务有限责任公司
开　　本	889 毫米×1194 毫米　1/32
印　　张	10.75
字　　数	250 千
版　　次	2023 年 12 月第 1 版　2023 年 12 月第 1 次印刷
书　　号	ISBN 978-7-5604-5283-8
定　　价	92.00 元

本版图书如有印装质量问题,请拨打电话 029-88302966 予以调换。

Hegel ou Spinoza

By Pierre Macherey

Copyright © Editions LA DECOUVERTE,

Paris, France, 1977, 1990

(www.editionsladecouverte.fr)

Chinese simplified translation copyright © 2023

by Northwest University Press Co., Ltd.

ALL RIGHTS RESERVED

精神译丛（加*者为已出品种）

第一辑

*从莱布尼茨出发的逻辑学的形而上学始基	海德格尔
*德国观念论与当前哲学的困境	海德格尔
*正常与病态	康吉莱姆
*孟德斯鸠：政治与历史	阿尔都塞
*论再生产	阿尔都塞
*斯宾诺莎与政治	巴利巴尔
*词语的肉身：书写的政治	朗西埃
*歧义：政治与哲学	朗西埃
*例外状态	阿甘本
*来临中的共同体	阿甘本

第二辑

*海德格尔——贫困时代的思想家	洛维特
*政治与历史：从马基雅维利到马克思	阿尔都塞
*怎么办？	阿尔都塞
*赠予死亡	德里达
*恶的透明性：关于诸多极端现象的随笔	鲍德里亚
*权利的时代	博比奥
*民主的未来	博比奥
帝国与民族：1985—2005年重要作品	查特吉
*政治社会的世系：后殖民民主研究	查特吉
*民族与美学	柄谷行人

第三辑

*哲学史：从托马斯·阿奎那到康德	海德格尔
布莱希特论集	本雅明
*论拉辛	巴尔特
马基雅维利的孤独	阿尔都塞
写给非哲学家的哲学入门	阿尔都塞
*康德的批判哲学	德勒兹
*无知的教师：智力解放五讲	朗西埃
*野蛮的反常：巴鲁赫·斯宾诺莎那里的权力与力量	奈格里
*狄俄尼索斯的劳动：对国家—形式的批判	哈特 奈格里
免疫体：对生命的保护与否定	埃斯波西托

第四辑

*古代哲学的基本概念	海德格尔
黑格尔《精神现象学》的发生与结构（上卷）	伊波利特
卢梭三讲	阿尔都塞
*野兽与主权者（第一卷）	德里达
*野兽与主权者（第二卷）	德里达
*黑格尔或斯宾诺莎	马舍雷
第三人称：生命政治与非人哲学	埃斯波西托
二：政治神学机制与思想的位置	埃斯波西托
领导权与社会主义战略：走向激进的民主政治	拉克劳 穆夫
德勒兹：哲学学徒期	哈特

第五辑

基督教的绝对性与宗教史	特洛尔奇
黑格尔《精神现象学》的发生与结构（下卷）	伊波利特
哲学与政治文集（第一卷）	阿尔都塞
疯狂，语言，文学	福柯
与斯宾诺莎同行：斯宾诺莎主义学说及其历史研究	马舍雷
事物的自然：斯宾诺莎《伦理学》第一部分导读	马舍雷
*感性生活：斯宾诺莎《伦理学》第三部分导读	马舍雷
拉帕里斯的真理：语言学、符号学与哲学	佩舍
速度与政治	维利里奥
《狱中札记》新选	葛兰西

第六辑

生命科学史中的意识形态与合理性	康吉莱姆
哲学与政治文集（第二卷）	阿尔都塞
心灵的现实性：斯宾诺莎《伦理学》第二部分导读	马舍雷
人的状况：斯宾诺莎《伦理学》第四部分导读	马舍雷
帕斯卡尔和波–罗亚尔	马兰
非哲学原理	拉吕埃勒
*连线大脑里的黑格尔	齐泽克
性与失败的绝对	齐泽克
*探究（一）	柄谷行人
*探究（二）	柄谷行人

第七辑

论批判理论：霍克海默论文集（一）	霍克海默
美学与政治	阿多诺 本雅明等
现象学导论	德桑第
历史论集	阿尔都塞
斯宾诺莎哲学中的个体与共同体	马特龙
解放之途：斯宾诺莎《伦理学》第五部分导读	马舍雷
黑格尔与卡尔·施米特：在思辨与实证之间的政治	科维纲
谢林之后的诸自然哲学	格兰特
炼狱中的哈姆雷特	格林布拉特
活力物质："物"的政治生态学	本内特